D1857154

Stadt Frankfurt a. M., Umweltdezernat
Tom Koenigs / Roland Schaeffer (Hg.)

Energiekonsens?

Der Streit um die zukünftige Energiepolitik

Die Deutsche Bibliothek - CIP-Einheitsaufnahme

Energiekonsens? : Der Streit um die zukünftige Energiepolitik /
Hrsg.: Stadt Frankfurt a. M., Umweltdezernat, Tom Koenigs ;
Roland Schaeffer. - München ; Raben-Verl., 1993
ISBN 3-922696-35-X
NE: Koenigs, Tom; Frankfurt <Main>

© für diese Buchausgabe: Raben Verlag von Wittern KG,
Frohschammerstr. 14, 80807 München
Das Copyright der einzelnen Beiträge liegt bei den Autoren.

ISBN 3-922696-35-X

Umschlag: Markus Schulz, Frankfurt a. M.
Satz: Eva Klapproth, Wolfgang Röckel, Frankfurt a. M.
Druck: Clausen & Bosse, Leck

Stadt Frankfurt a.M., Umweltdezernat
Tom Koenigs / Roland Schaeffer (Hg.)

Energiekonsens?
Der Streit um die zukünftige Energiepolitik

Gesellschaftliche Verständigung:
Aufgaben und Lösungsmöglichkeiten

Symposium Energiepolitische Verständigungsaufgaben
des Umwelt Forum Frankfurt a. M. am 26. Februar 1993

vRaEnAkBeLEaNg

Inhaltsverzeichnis

Tom Koenigs/Roland Schaeffer

Vorbemerkung

Auf den ersten Blick hat sich die Diskussionslandschaft zum Thema Energiekonsens in den letzten fünf Monaten völlig verändert. Dabei entsprechen die Ereignisse, die zwischen unserem Symposium im Februar und diesem Juli 1993 liegen, weitgehend den Prognosen, die damals von vielen Sprechern formuliert wurden. Die Bonner Politikerrunden haben getagt, Zeitpläne wurden aufgestellt (und, wie vorhersehbar, nicht eingehalten), Umweltverbände haben sich distanziert und dann doch (einstweilen) weiter mitgemacht. Schließlich haben als erste die VertreterInnen von Bündnis 90/DIE GRÜNEN die Verhandlungen wieder verlassen, begleitet von der höhnischen Bemerkung eines Abgeordneten der Regierungskoalition, dieser Abgang habe viel zur Klimaverbesserung beigetragen.

Gesellschaftlicher Konsens über die zukünftige Energiepolitik? Wir wissen nicht, ob und von welchen Bonner Akteuren dieses Ziel ernst gemeint war. Auf dem eingeschlagenen Weg ist er jedenfalls nicht mehr zu erreichen. Möglich bleibt allenfalls der Konsens einer parlamentarischen Mehrheit gegen eine parlamentarische Minderheit, wobei diese Minderheit eine gesellschaftliche Mehrheit hinter sich weiß.

In der Sache sind wir also keinen Flohsprung weiter. Dafür sind wir um eine Erfahrung reicher. Die Bonner Berufspolitiker haben das Modell eines gesellschaftlichen Verständigungsprozesses, das durch die Teilziffer 10 des Energieprogramms der Bundesregierung von 1991 (die sogenannte «Ueberhorst-Kommission») vorgezeichnet war, zurückgenommen. Die Klärung der unterschiedlichen gesellschaftlichen Ziele und der Pfade, die zu diesen Zielen führen können, wurde weder versucht, noch wurde ein Verfahren gewählt, das sie ermöglichen könnte. An die Stelle von diskursiver Sorgfalt und konsensorientiertem Gespräch ist wieder das immergleiche Vordergrundgeschrei getreten, vom

«Energiemix» und der Unverzichtbarkeit dieser oder jener Option bis zu Standort-Totschlagargumenten aller Art. Im Hintergrund wird, wenn man den Berichten von Teilnehmern Glauben schenken darf, knallhart gedealt und geschachert. Kohlesubvention gegen Kernkraftzustimmung – mag sein, daß derlei Politikerstrategien im Umgang zwischen Landes- und Bundesregierungen Tradition haben. Nur sollten diese Politiker dann nicht jammern, wenn niemand ihre Entscheidungen versteht, die Verdrossenheit wächst und der gesellschaftliche Konflikt sich verschärft.

Den Veranstaltern des Symposiums jedenfalls war die Forderung nach einem Energiekonsens sehr ernst. Wir brauchen ihn für den Schutz vor globalen ökologischen Risiken, und wir brauchen ihn wegen der Notwendigkeit langfristiger Planungs- und Versorgungssicherheit. Daß diese Auffassung bei der Veranstaltung von den Protagonisten der unterschiedlichen Lager geteilt wurde, war für uns eine wichtige Bestätigung, auch wenn die meisten Diskussionsbeiträge noch stark von den alten «positionellen» Argumentationsmustern geprägt waren. Wie Reinhard Ueberhorst sehen wir den Wechsel von einem «positionellen» zu einem «diskursiven» Politikstil als notwendig an (vgl. seinen Beitrag in diesem Band). Sehr optimistisch für die Wiedergewinnung politischer Gestaltungskompetenz darf man dabei derzeit aber nicht sein, weil in wirtschaftlichen Krisensituationen offenbar auch der gesunde Menschenverstand zum knappen Gut wird. Ein Verfahren zur Diskussion und zur Entscheidungsvorbereitung deshalb zu wählen, weil es Erfolg verspricht und allen Beteiligten bei der Lösung ihrer jeweiligen Probleme hilft, ist dann weder selbstverständlich noch naheliegend. Man verläßt sich stattdessen auf die alten Trampelpfade, selbst wenn sie vorhersehbar zum x-ten Male in die Irre führen. Nahe liegt das Bekannte, das die alten Schemata im Denken wie in den Institutionen zementiert. Gewiß: Eine Zeitlang kann man sich auf diese Weise vor der angsterzeugenden Konfrontation mit neuen Wirklichkeiten schützen. Ob eine solche Politik unsere Gesellschaft zukunftsfähig macht und ob sie die hochkomplexen Entscheidungsfragen beantworten kann, vor die sie durch die technische und soziale Entwicklung der Moderne gestellt wird, darf bezweifelt werden.

Die Planer der sogenannten Energiekonsens-Verhandlungsrunde in Bonn 1993 haben darauf verzichtet, Vertreterinnen und Vertreter der Städte zu beteiligen. Dabei ist die Suche nach einem strategischen Energiekonsens für die Kommunen von größter Bedeutung. Welche Chancen wir in Frankfurt haben, unsere lokalen energie- und klimapolitischen Ziele zu erreichen, hängt entscheidend davon ab, welche überörtlichen Rahmenbedingungen für eine innovative, ökologische Energiepolitik gesetzt werden. Wir haben deshalb ein elementares Interesse daran, über Fragen des Klimaschutzes und der Vermeidung katastrophenträchtiger Technologien mitzureden und eine Verständigung über das Ziel einer ökologischen, sozial- und wirtschaftsverträglichen Erbringung von Energiedienstleistungen zu erreichen.

Wir möchten von den in diesem Band dokumentierten Referaten und Diskussionsbeiträgen keinen besonders hervorheben. Bemerkenswert war für uns, daß niemand mehr die noch vor einigen Jahren populäre Behauptung aufstellte, auf die Frage nach der richtigen Energiepolitik müsse es eine rein wissenschaftliche Antwort geben. Es bestand vielmehr breite Übereinstimmung, daß die anstehende Entscheidungsfrage politisch-ethischer Natur sei und ein Konsens zwischen den unterschiedlichen Positionen und gesellschaftlichen Akteuren angestrebt werden sollte. Und obwohl, wie erwähnt, der für die Akteure schon aufgrund der Öffentlichkeit der Veranstaltung kaum vermeidbare «positionelle» Diskussionsstil vorherrschte, wurden für Insider der Energiedebatte doch in jedem Vortrag kleinere Überraschungen sichtbar: Hinweise auf einen Spalt weit offene Türen, neue Sichtweisen, Möglichkeiten für Fortsetzung und Vertiefung. Nicht mehr, aber auch nicht weniger. Es ist zu hoffen, daß diese Chancen für Verständigung, so verborgen sie gewesen sein mögen, weiterverfolgt, ausgearbeitet, geklärt und nicht im Zuge der Rückkehr zu den alten Fronten und Methoden wieder zugeschüttet werden. Wenn dieses Buch dazu einen Beitrag leistet, hat es seinen Zweck erfüllt.

Das Umwelt Forum der Stadt Frankfurt hat sich mit dem Symposium bemüht, als Moderator zu wirken. Es hat eine Anregung von Reinhard Ueberhorst aufgegriffen, mit dem es u. a. bei einem Projekt zu chemiepolitischen Verständigungsaufgaben seit langem kooperierte. Die Planung, die konzeptionelle Vorbereitung der Veranstaltung und die pluralistische Einladung wurden von Reinhard Ueberhorst geleistet. In einer Vorstudie, die in überarbeiteter Form diesen Band einleitet, hat er die Hintergründe und Perspektiven der Konsensbemühungen ausgeleuchtet. Seine Kenntnis der energiepolitischen Diskussion und der Personen, die sie tragen, hat eine Veranstaltung ermöglicht, in der wichtige

Vertreterinnen und Vertreter energiepolitisch relevanter Institutionen und Positionen sich trafen. Wir möchten uns bei ihm an dieser Stelle nochmals ausdrücklich für die gute Zusammenarbeit bedanken. Ohne die Bemühungen von Wolfgang Gartmann vom Raben-Verlag und Christoph Zielonka vom Umwelt Forum Frankfurt, die bei der Bearbeitung der Manuskripte für diese Buchausgabe halfen, wäre dieser Band nicht zustande gekommen. Sehr zu Dank verpflichtet sind wir den Referenten, die uns trotz kurzer Einladungsfristen zusagten und bereit waren, ihre Vorträge für diese Veröffentlichung zur Verfügung zu stellen. Bedanken möchten wir uns auch bei den Teilnehmerinnen und Teilnehmern des Symposiums, besonders bei jenen, die sich an der (viel zu kurzen) Diskussion beteiligten.

Juli 1993

Reinhard Ueberhorst

Der Energiekonsens *oder* Die Überwindung der paradoxen Popularität positioneller Politikformen

1. Die Aktualität der Leitfrage: «Wie könnte ein Energiekonsens erarbeitet werden?»

Warum haben wir keinen Energiekonsens? Seine Bedeutung ist lange erkannt. 1980 wurde in der ersten energiepolitischen Enquete-Kommission des Bundestages (Deutscher Bundestag, 1980, 32) einstimmig gefordert, daß Energiesysteme «von einem breiteren politischen Konsens» getragen sein müßten, wenn sie sozialverträglich sein sollen. Über den Aspekt der Sozialverträglichkeit hinaus ist die Notwendigkeit eines «Energiekonsenses» seitdem mit vielen unbestreitbaren Begründungen hervorgehoben worden.

Warum haben wir keinen Energiekonsens, wenn der Begriff heute doch im Zielkatalog (fast) aller energiepolitischen Programme auftaucht und jede Studie zu langfristigen Entwicklungsmöglichkeiten unseres Energiesystems seit 1980 immer auch die Notwendigkeit strategischer Allianzen verdeutlicht hat, weil kein Konzept ohne eine langfristig tragfähige Akteurskoalition umgesetzt werden kann (vgl. Ueberhorst et al., 1992, 66ff.)?

Warum haben wir keinen Energiekonsens, wenn es doch lange schon keine Vorteile bringt, die Klärung strategischer Fragen Jahr für Jahr zu vertagen oder Antworten schlicht alternativ zu diskutieren, was immer auf dasselbe strategische Handlungsdefizit hinausläuft, solange nicht einmal Teilkonsense mit strategischer Bedeutung erreicht werden? Was hindert uns, aus unserem gemeinsamen Wissen über strategische Entscheidungsmöglichkeiten und -notwendigkeiten gemeinsame Konsequenzen zu ziehen, und wie müßten diese Konsequenzen heute aussehen?

Es ist an der Zeit, langfristige Energiepolitik nicht nur als gesellschaftliche Konsensfindungsaufgabe anzusprechen, sondern sie auch in einer Form zu bearbeiten, die Konsenserfolge ermöglicht.

Ohne gelingende energiepolitische Konsensarbeit wird es keine gelingende Energiepolitik geben, und ohne gelingende Energiepolitik nur viele Verlierer und keine Gewinner. Verlieren würde die Umweltpolitik, z.B. im Hinblick auf die klimapolitisch gebotene Zielsetzung, die CO_2-Emissionen in kurzer Zeit sehr stark zu reduzieren. Verlieren würde auch die Energiewirtschaft, die ohne langfristige Konsense keine Investitionssicherheit für langfristige Projekte (gleich welcher Art) erreicht (vgl. ausführlicher Ueberhorst et al., 1992).

Das Symposium des Umwelt Forum Frankfurt zu energiepolitischen Verständigungsaufgaben wurde nicht geplant, um erneut zu erfahren, was wir schon aus der Zeitungslektüre über die Existenz kontroverser Positionen wissen. Auf dem Symposium sollten die Verständigungschancen und ihre Voraussetzungen jenseits der aktuellen Dissenslandschaft reflektiert werden. Die Leitfrage ist also nicht «Energiekonsens – ja oder nein?», sondern: Wie könnte ein Energiekonsens erfolgversprechend erarbeitet werden?

Zu diesem Fragenkomplex hat das Frankfurter Umwelt Forum zu einer ersten bundesweiten öffentlichen Aussprache eingeladen. Damit kommen erstmals Vertreter der Bundesregierung, der Parteien, der Wirtschaft, der Gewerkschaften, der Wissenschaften und der Umweltschutzorganisationen sowie interessierte Bürgerinnen und Bürger zu einem gemeinsamem Ratschlag zusammen. Wenn das Symposium keine Verständigungschancen verdeutlichen kann, werden wir schlimmstenfalls etwas über undeutliche Verständigungschancen jenseits der Konsensrhetorik lernen. Wenn es aber, wie angestrebt, zu einer durch Verständigungsbemühungen geprägten ersten öffentlichen Aussprache kommt, werden wir erfahren, inwieweit wir uns auf gemeinsame Prinzipien bei der Gestaltung der anstehenden Konsensfindungsprozesse stützen können.

2. Warum ohne Politikstilwechsel kein Energiekonsens zu erreichen ist.

Die Politikstilfrage stellt sich für die Energiepolitik dann, aber auch nur dann, wenn erfolgreiche Energiepolitik an Konsensergebniserfolgen gemessen wird. Mit der Thematisierung von Energiekonsens-Aufgaben und dem Proklamieren unterschiedlicher Lösungsmöglichkeiten haben wir keine Gewähr für eine gemeinsame erfolgversprechende Bemühung um aufgabenadäquate Arbeitsprozesse.

Solange politische Akteure – also nicht nur Politiker – mit einer bloßen Thematisierung der Energiekonsens-Aufgabe mehr Profil und Anerkennung gewinnen (zu können glauben), als sie mit seiner inkompetenten Bearbeitung zu verlieren rechnen müssen, dürfen wir uns nicht wundern, wenn eine kompetente, erfolgversprechende Bearbeitung der Aufgabe auf sich warten läßt und wir aus allen Ecken nur die Bedeutung des Themas sowie viele untaugliche Vorschläge zu seiner Lösung hören.

Untaugliche Vorschläge sind Vorschläge, die erkennbar weder zu einem Sofortkonsens führen können noch eine seriöse, erfolgversprechende Konsenssuche befördern. Untauglich sind demnach alle Vorschläge, die von anderen die Aufgabe der für sie wesentlichen strategischen Orientierung verlangen und im übrigen die eigene Position verkünden. Mit dem expliziten oder nur implizierten Motto: «Folgen Sie mir, dann haben wir einen Konsens.»

Warum sollte jemand, der eine Kernenergienutzung so schnell wie möglich vermeiden oder langfristig herbeiführen will und das Gegenteil für falsch hält, aus Konsensfindungsgründen als strategischer Mehrheitsbeschaffer für seine Gegenposition zur Verfügung stehen? Nicht diese Frage, wohl aber das Verhalten, auf das sie sich bezieht, ist naiv.

In dieser Naivität manifestiert sich die Dissenspflege durch einen Politikstil, mit dem jeder Änderungen einer Position von anderen verlangen und für sich ablehnen darf, also von anderen immer gerade das erwartet, was man sich für sich selber gar nicht vorstellen kann.

Wer Konsenserfolge will, muß sich mit diesem «positionellen Politikstil» beschäftigen und fragen: Welche Politikform und welcher Politikstil wären aufgabenadäquat, erfolgversprechend und demokratiegemäß? Mit dem Symposium wird vorgeschlagen, diese Frage zum zentralen Thema zu machen.

Angesichts der konkreten Vielfalt und Widersprüchlichkeit unzähliger energiepolitischer Positionen wird es nur dann zu einer gemeinsamen Beantwortung dieser Frage kommen können, wenn die energiepolitischen Akteure im Hinblick auf die Interpretation von bearbeitungsbedürftigen Aufgaben gemeinsamen Kriterien folgen und diese bei ihrem Engagement auch dann beachten können, wenn sie damit mehr tun müssen, als ihre jeweilige Konzeption zu vertreten. Unsere Diskussion über einen Energiekonsens ist damit eine Diskussion über aufgabenadäquate Politikformen und Verhaltensweisen, die längerfristige Verständigungen zwischen VertreterInnen strategischer Alternativen ermöglichen.

Wer ein wünschbares Ergebnis dieser Verständigungsprozesse – was legitim ist – in erster Annäherung aus dem Kontext seiner Partei, seines Unternehmens, seines Verbandes beurteilt, wird gleichwohl allein unter Durchsetzungsaspekten gut daran tun, sich auch zu fragen, wie er andere Kontexte seiner Verständigungspartner berücksichtigen kann, um Chancen zu gesellschaftlichen Verständigungsprozessen erschließen und fördern zu können. Dies ist die Kernfrage, die in der Arena der positionellen Politik regelmäßig zu kurz kommt und die wir mit dem Symposium in den Mittelpunkt stellen wollen.

3. Die Leistungsgrenzen der positionellen Politik

Die in früheren Arbeiten ausführlicher entwickelte idealtypische Unterscheidung zwischen einem positionellen und einem diskursiven Politikstil (vgl. u.a. Ueberhorst, 1985a, 1985b, 1986, 1992) soll hier nur kurz skizziert werden, weil wir uns für das Energiekonsens-Thema die Leistungsgrenzen der positionellen Politik bewußt machen müssen.

Ein positioneller Politikstil ist durch Denk- und Verhaltensweisen sowie Argumentationsformen bestimmt, die an einer bestimmten Position und ihrer strategischen Einbettung sowie dem Versuch ihrer maximalen Durchsetzung orientiert sind. Eine positionell angelegte Politik hat kein Auszugssystem aus ihrer Position, sie kann und will sich allenfalls immanent in ihrem Kontext weiterentwickeln. Sie versichert sowohl ihre Anhänger als auch ihre Gegner in ihrer jeweiligen Position.

Eine diskursive Politik hingegen ist offen und einladend für verschiedene Kontexte, ist offen auch für die Überwindung bisher eingenommener Positionen. Sie versucht die Bereitschaft aller Kontrahenten zu fördern, kontroverse Positionen in einen kooperativen Prüf-, Bewertungs- und Konsensfindungsprozeß einzubringen. Damit werden zuerst ein besseres gemeinsames Verständnis der strategischen Optionen und gemeinsame Maßstäbe zu ihrer Bewertung gesucht, wobei von bisher nicht erkannten Konsenschancen ausgegangen wird.

Im Wettstreit zwischen Konzepten, die nur immer jeweils innerhalb ihrer eigenen Logik rational und überzeugend sind, im Turnier dieser positionellen Politik haben wir keinen Mangel an kontroversen Vorstellungen, wohl aber an Verständigungschancen. Dort, wo Unterscheidbarkeit im Werben um Zustimmung – z.B. in Wahlkämpfen oder im parlamentarischen Streit – als identitätsstiftend oder als Stärkung der Wettbewerbsfähigkeit gilt, besteht wenig Anlaß, die Bereitschaft zur Entwicklung neuer gemeinsamer Positionen zu stark zu akzentuieren.

Für alle Themen, die wir mit knappen Mehrheiten und in Zeiträumen weniger Legislaturperioden, also in Zeiträumen normaler Regierungszeiten, bewältigen können, muß die positionelle Politik nicht prinzipiell kritisch diskutiert werden. Im Gegenteil, sie ist hier sehr nützlich und ermöglicht u.a. Wahlkämpfe zwischen Parteien und Wahlentscheidungen, die zu Regierungsmehrheiten führen.

Untauglich, ja kontraproduktiv wird dieser Politikstil aber, wenn es um breite gesellschaftliche Mehrheiten für längere Zeiträume, wenn es um strategische Allianzen geht, weil komplexe Aufgaben nur so praktisch gelöst werden können.

Im Politikmodus der positionellen Politik ist es unmöglich, zu strategischen Alternativen einen inhaltlichen Konsens zu erreichen, es sei denn,

– man einigte sich darauf, daß alle nur so tun müssen, als ob man einen Energiekonsens anstrebte (Variante der rhetorischen Konsens-Politik), oder
– man spekulierte darauf, daß x-1 der strategischen Alternativen irgendwann von ihren bisherigen Vertretern aufgegeben würden (Variante der spekulativen Konsens-Politik), oder
– es entwickelte sich als Folge der Rituale der positionellen Politik ein hinreichend großes und verbreitetes Unbehagen an diesem Politikstil, womit schließlich ein Politikstilwechsel angestrebt würde, der dann auch Wege zum Energiekonsens ermöglichte (prozeduraler Konsens).

Bei komplexen gesellschaftlichen Verständigungsaufgaben bestehen Chancen für rationale Verständigungsprozesse nur in dem Ausmaß, wie die Akteure der kontroversen Diskussion erkennen, daß es in dem Turnier der positionellen Politik keine Gewinner geben wird. Dies ist zum Beispiel dann der Fall,

- wenn im Streit über unterschiedliche CO_2-Reduktionsstrategien (vgl. z.B. die Szenarien der Klima-Enquete-Kommission, Deutscher Bundestag, 1990), die als solche die gesetzten Reduktionsziele erreichen könnten, keine dieser Strategien die notwendige langfristige Akteurskoalition zu ihrer Umsetzung findet. Es ist auch dann der Fall,
- wenn im Streit um unterschiedliche langfristige Energiestrategien für keine dieser Optionen die notwendige Akteurskoalition entsteht, die für ihre Umsetzung erforderlich ist.

Am Anfang des Verständigungsprozesses wird deshalb eine Verständigung über die Dimension der Themen stehen müssen, damit nicht über unterschiedliche Themen ohne Aussicht auf gemeinsame Ergebnisse gestritten wird und damit eine Arbeitsform für komplexe Verständigungsaufgaben verabredet werden kann, die jenseits der Streitformen und kleinen Koalitionspotentiale der positionellen Politik liegt.

Themen gesellschaftlicher Konsensarbeit sind:

- nicht ob ein energiepolitischer Konsens angestrebt werden sollte, sondern wie und welcher;
- nicht ob eine langfristige Strategie im Konsens verabredet werden sollte, sondern welche Optionen dafür vorhanden sind, welche ökonomischen, ökologischen, sozialen und internationalen Implikationen diese Optionen haben und nach welchen Kriterien sie bewertet werden sollen;
- nicht ob ein CO_2-Reduktionsziel (z.B. ausgehend von 1987 25% bis 2005 in der Bundesrepublik Deutschland) erreicht werden soll, sondern wie dieses Ziel mit Unterstützung einer breiten Akteurskoalition erreicht werden könnte;
- nicht technische Analysen von Atomreaktoren und des Systems einer Kernenergienutzung, sondern der Vergleich unterschiedlicher strategischer Optionen mit und ohne Kernenergienutzung.
- nicht technisch-wissenschaftliche Sicherheitsanalysen (besser Risikoanalysen), sondern unterschiedliche Sicherheitsphilosophien, also Konzepte zur Beurteilung der Akzeptabilität von Risiken und ihre Klärung.

Wenn wir uns über diese Themen verständigt haben, stellt sich die Frage, in welcher Form sie aufgabenadäquat und demokratiegemäß bearbeitet werden können. Hier ist prioritär zu klären,

– was kurzfristig, möglichst noch 1993, in Politikergesprächen mit Ergebnischancen behandelt werden und
– was nur in einem mehrjährigen gesellschaftlichen Verständigungsprozeß, der sorgfältig, seriös und fair vorzubereiten ist, geklärt werden könnte.

Dies wird aber nur gelingen, wenn wir einen produktiveren, Konsens ermöglichenden Umgang mit energiepolitischen Positionen praktizieren. Bisher ist die sogenannte Konsensdebatte durch diametral gegenüberstehende Positionen geprägt.

Auf der einen Seite steht die Auffassung, daß ein Energiekonsens nur zustande kommen könnte, wenn sich Koalition, Opposition und Energiewirtschaft darauf verständigen, neben den fossilen Energieträgern – Kohle, Erdgas und Erdöl – auch Kernenergie einzusetzen. Dieser Position steht eine andere, nicht weniger deutlich und nicht weniger zahlreich vertretene gegenüber, nach der ein Energiekonsens nur mit der Perspektive einer Vermeidung der Risiken der Kernenergienutzung erreichbar wäre.

Diese mit ihrer jeweiligen immanenten Logik entfalteten energiepolitischen Positionen sind für die jeweils andere Denkweise nicht anschlußfähig. Nicht anschlußfähig in dem Sinne, daß die argumentative Logik einer strategischen Denkweise aus der anderen heraus – oder umgekehrt – widerlegt werden könnte.

Lesenswert ist die Lektüre derartiger Stellungnahmen nur noch für diejenigen, die Wiederholungen ertragen können. Spannend sind sie nur im Hinblick darauf, welche Konsequenzen die Akteure aus der Erkenntnis ziehen, auf Dauer nur gemeinsam wie zu Lasten der Umwelt und Gesellschaft verlieren zu können. Dies müßte zu einem Unbehagen an positionellen Politikformen führen, einem Unbehagen, das die eigenen Verhaltensformen aller Teilnehmer am Turnier der positionellen Politik einschließt. Wir sollten dieses Unbehagen an der bisherigen Politikform nicht nur wahrnehmen, sondern produktiv umsetzen. Wer den Konsenserfolg will, muß sich bewußt machen, unter welchen Voraussetzungen die allseits postulierten Übereinstimmungen erzielt werden können.

Spätestens seit den Arbeiten der ersten energiepolitischen Enquete-Kommission und ihren vier Energiepfaden (Deutscher Bundestag, 1980)

kennen wir die Dimension der energiepolitischen Alternativen. Damit wissen wir auch, wie die systemaren Alternativen komplexer alternativer Energiezukünfte erkannt, anerkannt und zum Thema eines erfolgversprechenden Verständigungsprozesses gemacht werden können.

Der dominierende positionelle Politikstil hat für die politischen Akteure ganz offenbar Vorteile. Seine Vorteile liegen in der Deutlichkeit, mit der die Akteure für eine bestimmte Konzeption werben und diese auch umsetzen können, wenn sie eine hinreichende Mehrheit finden. Eine hinreichende Mehrheit für einen langfristigen Energiekonsens ist nun aber so groß, daß die positionelle Politik an ihre Leistungsgrenzen stößt. Sie kann die komplexen Alternativen nicht fair und rational klären. Sie kann deshalb nicht die breiten Mehrheiten erzeugen, die zu einer strategischen Allianz in einer langfristigen Akteurskoalition zusammenfinden müssen.

4. Womit sollten wir jenseits der positionellen Politik beginnen?

Mit dem angestrebten gesellschaftlichen Energiekonsens geht es nicht mehr um eine Mehrheitsbildung, wie sie mit Koalitionsverträgen erreicht wird, auch nicht um eine größere parteipolitische Verständigung, es geht um nicht weniger als um eine gesellschaftliche Verständigung in der Bürgergesellschaft.

Wenn wir die vorgeschlagenen Konzepte für die längerfristige Energiepolitik aus der energiepolitischen Kontroverse betrachten, wird uns deutlich, daß die Mehrzahl der Stimmen jeweils die Themen für energiepolitische Verständigungsprozesse vorschlägt, die im Sinne der vom Akteur jeweils verfolgten energiepolitischen Konzeption konsensbedürftig sind. In der positionellen Politik geht es den Akteuren darum, eine größere Zustimmung zu ihrer jeweiligen Konzeption zu erhalten. So gelingt es nicht einmal, eine konsensfähige Liste der anstehenden Verständigungsaufgaben zu erstellen.

Eine schlichte Addition von Themen, die von unterschiedlichen Akteuren als bearbeitungsbedürftig angesehen werden, kann keine Darstellung gemeinsamer Verständigungsaufgaben zeitigen. So machte es z.B. keinen Sinn, sich gleichzeitig über Kriterien neuer Kernkraftwerke und die Gestaltung einer kernenergielosen Zukunft einigen zu wollen, wenn die Beteiligten jeweils nur eines dieser Themen dezidiert für berechtigt halten. Der Versuch, gemeinsame Antworten auf unterschiedliche Fragen zu finden, muß zwangsläufig scheitern. Wir stehen vor der Herausforderung, im Kreise der kontrovers argumentierenden Akteure zuerst einmal gemeinsame Fragen zu erarbeiten. Jeder Versuch, der energiepolitische Verständigungsaufgaben unterhalb der alternativen langfristigen Alternativen zu konzeptualisieren versucht, verkennt den strategischen Kontext, in dem die Akteure jeweils konkret argumentieren. Ihre Kontroverse ist also nur gemeinsam thematisierbar, wenn die strategischen Alternativen gemeinsam thematisiert werden.

Die methodische Antwort auf das angesprochene Problem wäre eine kooperative Konzeptualisierung der komplexen Kontroverse in Form von Konsensoptionen. Damit sollen die strategischen Alternativen und ihre jeweils implizierten Akteurskoalitionen beschrieben werden. Der Fortschritt für die energiepolitische Diskussion bestünde darin, daß die Kontrahenten einen gemeinsamen inhaltlichen Bezugsrahmen hätten.

5. Ein Verfahrensvorschlag im Wartestand: das Konzept der Bundesregierung

Mit der Formulierung und Aufnahme der Teilziffer 10 in den Energiebericht der Bundesregierung vom Dezember 1991 ist explizit ein neues Aufgabenbewußtsein der staatlichen Energiepolitik beschrieben worden. Erstmals hat die Bundesregierung ihre Verantwortung hervorgehoben, im Bereich der langfristigen Energiepolitik «die gesellschaftliche und politische Verständigung zu fördern».
Die Teilziffer 10 lautet:

> «10. Für die zukünftige Energiepolitik sind ein parteienübergreifender Konsens, die Akzeptanz der Bürger und Verbraucher, die Mitwirkung der Wirtschaft und die breite Unterstützung der Länder und Gemeinden, die wichtige Funktionen nach dem Energie- und Planungsrecht haben, von entscheidender Bedeutung.
> Die Bundesregierung ist sich ihrer Verantwortung bewußt, diese gesellschaftliche und politische Verständigung zu fördern. Sie strebt deshalb an, die Verantwortlichen im Energiebereich für eine neue Zusammenarbeit zu gewinnen, die durch parteienübergreifende Suche nach den wirkungsvollsten Handlungsmöglichkeiten in der Energiepolitik zu Investitionssicherheit für die Wirtschaft und Vertrauen der Bürger und Verbraucher führt.

Der Bundesminister für Wirtschaft wird dazu im Zusammenwirken mit dem Bundesminister für Umwelt, Naturschutz und Reaktorsicherheit eine Kommission aus unabhängigen Persönlichkeiten berufen, die zur kooperativen Klärung von Konsensmöglichkeiten beitragen soll. Die Kommission ist frei, den Arbeitsbereich energiepolitischer Verständigungsprozesse nach ihrer Auffassung zu beschreiben. Die Bundesregierung sieht dadurch die Chance, mit der Kommission über alle Optionen zu sprechen und deren Empfehlungen für eine konsensfähige Energiepolitik in ihren Entscheidungsprozeß einzubeziehen. Nach ihrer Ansicht liegt eine Stärke der Energiepolitik in der Bereitschaft zu Offenheit und Transparenz, die zur Akzeptanz energiepolitischer Entscheidungen durch Bürger und Unternehmen beitragen.
Die Kommission wird ihre Arbeit Anfang 1992 aufnehmen. Unabhängig davon wird die Tätigkeit des Bund-Länder-Arbeitskreises auf Staatssekretärsebene zur Fortentwicklung des Entsorgungskonzepts und der interministeriellen Arbeitsgruppe CO_2-Reduktion fortgesetzt (s.Tz. 70 und 50).«

Das in der zitierten Passage des Energieberichts vorgesehene Verfahren ist 1991 vom Bundeswirtschaftsminister im Konsens mit führenden SPD-Politikern entwickelt worden. Allerdings wurde die Zielsetzung weder zum vorgesehenen Zeitraum – «Anfang 1992» – umgesetzt, noch wurde die vorgesehene Kommission bis heute eingerichtet. Das Vorhaben wurde allerdings von der Bundesregierung oder von der SPD bis heute auch nicht grundsätzlich widerrufen.

Der Verfasser hat im April 1992 im Auftrag des Bundeswirtschaftsministeriums eine Planungsstudie zu ihrer Umsetzung vorgelegt (Ueberhorst et al., 1992), in der die inhaltlichen Anlässe für energiepolitische Verständigungsprozesse sowie die prozeduralen und politikstilmäßigen Bedingungen der Möglichkeit ihrer Durchführung dargestellt wurden. Auf diese Studie kann hier insoweit aufgebaut und Bezug genommen werden, als ihre analytischen Erkenntnisse zu Verständigungsaufgaben und -bedarfen und die durch Recherchen und Gespräche ermittelten Vorstellungen zu ihrer Bearbeitung im Kreise der energiepolitischen Akteure bisher nicht widerlegt oder widerrufen worden sind.

Was sind die Kerngedanken dieser Konzeption zur Gestaltung energiepolitischer Verständigungsprozesse? Bei dem vorgesehenen Verfahren geht es im Kern darum,

1. politische Aushandlungsprozesse so vorzubereiten, daß sie in einem klaren thematischen Bezugsrahmen stattfinden können. Das ist erst dann der Fall, wenn die energiestrategischen Optionen gemeinsam

und nicht jeweils durch ein spezielles politisches Fenster wahrgenommen werden.

2. Weiter sollten die Akteure nicht den Anschein einer Konsensverhandlung in der Sache selbst erwecken, solange sie nicht vorher im Konsens herausgearbeitet haben, warum und wozu sie überhaupt einen Energiekonsens erarbeiten wollen. Im Wissen um die Schwierigkeit dieser Aufgabe wurde vorgeschlagen, in einem ersten Anlauf mit dieser Aufgabe nicht diejenigen zu beauftragen, die wegen ihrer Einbindung in das politische Tagesgeschäft die größte Schwierigkeit haben, tagespolitische Klarheit und eine Kompetenz für die ergebnisoffene Beschreibung strategischer Optionen zu verbinden. Der Vorschlag einer Phase I mit einer zivilgesellschaftlich besetzten Kommission war als Vorbereitung gesellschaftlicher Verständigungsprozesse angelegt, also nicht nur eng an Politiker-Verhandlungen orientiert. Dies ist aber nicht – wie verschiedentlich behauptet – politikerfeindlich. Im Gegenteil: Politiker wie alle Akteure der gesellschaftlichen Kommunikation sollten qualifiziert erarbeitete strategische Entscheidungsalternativen für ihre Verständigungsprozesse nutzen können.
3. Erst auf der Basis als konsensfähig bezeichneter Konsensfindungsaufgaben und mit klaren, nicht taktisch verbrämten Konsensfindungsmotivationen lassen sich sinnvolle Prozesse der gesellschaftlichen Kommunikation sowie politische Verhandlungen vorstellen. Ein Frühstart in nicht hinreichend vorbereitete Verhandlungen mit voraussehbarem Ergebnis wäre schlimmstenfalls nicht einmal ein Umweg. Er führte schlimmstenfalls zu der fatalen Einschätzung, daß energiepolitische Verständigungsprozesse derzeit gar nicht gelingen können und durch die energiepolitische Interpretation von allgemeinpolitischen Wahlergebnissen ersetzt werden müßten. Bestenfalls kann ein Frühstart und seine Reflexion dazu führen, einzuhalten und sich besser bewußt zu machen, welche Voraussetzungen besser geschaffen werden, um nicht in der Inszenierung eines untauglichen Versuchs proklamierter Konsensverhandlungen steckenzubleiben.

6. Sieben Ansätze zur Bearbeitung der Energiekonsens-Aufgabe

Mit den am 8. Februar 1993 zwischen den Politikern Fischer, Rexrodt, Schröder und Töpfer aufgenommenen Gesprächen zur Planung einer

Verhandlungsrunde im Jahre 1993 und den vorausgegangenen Initiativen aus den letzten Monaten des Jahres 1992, die zahlreiche Kommentare und Interpretationen erfahren haben, ist das Themenfeld ausgeweitet worden, vor dem wir jetzt im Februar 1993 stehen, wenn wir uns fragen, wie die energiepolitischen Verständigungsaufgaben am besten behandelt werden sollten.

Politiker, Sprecher der Industrie und der Energiewirtschaft sowie der Gewerkschaften und Umweltschutzorganisationen haben in den vergangenen Monaten verstärkt ihre Vorstellungen zu den aus ihrer jeweiligen Sicht wünschenswerten Konsensen veröffentlicht. Seit den energiepolitischen Kontroversen der siebziger Jahre ist die Konsensproblematik und die Frage nach ihrer erfolgversprechenden Bearbeitung noch nie so deutlich von so vielen verschieden orientierten energiepolitischen Akteuren angesprochen worden. Noch nie sind auch so viele Motivationen deutlich geworden, eine energiepolitische Konsensarbeit aufzunehmen. Wie dies aber erfolgversprechend geschehen sollte, dazu gibt es keinen Konsens. Ja, über diese Frage ist öffentlich unter Beteiligung der einzubeziehenden Akteure und mit praktikablen Ergebnissen noch nirgendwo gesprochen worden.

Die sachliche Notwendigkeit, einen strategischen Energiekonsens zu erreichen, und ein breites subjektives Aufgabenbewußtsein für energiepolitische Verständigungsaufgaben schaffen noch keine Garantie für erfolgreiche Verständigungen. Voraussetzung dafür wären aufgabenadäquate Arbeitsformen, die gemeinsam verabredet und umgesetzt werden müßten.

Wie sollten diese aussehen?

Unter Einbeziehung der öffentlichen sowie der dem Verfasser zugänglichen internen Stellungnahmen lassen sich derzeit sieben Ansätze bezeichnen, die sich zum Teil prinzipiell unterscheiden, zum Teil aber auch aus dem Versuch ergeben, unterschiedliche Arbeitsansätze nach Gesichtspunkten praktischer Effizienz oder politischer Opportunität zu verknüpfen.

Die sieben Ansätze lassen sich wie folgt skizzieren. Unter dem Abschnitt (a) wird jeweils das Modell skizziert, unter (b) angegeben, wie wissenschaftliche Vor- und Zuarbeiten insbesondere zur fairen Konzeptualisierung der komplexen Verständigungsaufgaben erfolgen könnten, und unter (c), wie und in welchem Ausmaß gesellschaftliche Diskussionsprozesse ermöglicht werden.

Ansatz I «Politiker-Modell»:

(a) Die erforderlichen energiepolitischen Abstimmungen sollen in Verhandlungen zwischen Politikern gefunden werden. Eine gesellschaftliche Rückkopplung erfolgt nicht formalisiert, sondern praktisch im Rahmen dessen, was die beteiligten Politiker für erforderlich und zweckmäßig halten. Dieses «Politikermodell» ist zeitweilig vertreten worden, darf aber seit dem 8. Februar 1993 als eher nicht mehr verfolgte Variante betrachtet werden. Sie bleibt hier aber nicht nur aus theoretischen Aspekten erwähnt, weil sie wieder Unterstützung finden könnte, wenn andere Modelle nicht erfolgreich umgesetzt werden können sollten.
(b) Vor- und Zuarbeiten müssen kurzfristig verfügbar, also im wesentlichen ausgearbeitet vorhanden sein oder in kurzer Frist erstellt werden können.
(c) Gesellschaftliche Diskussionen und Willensbildungsprozesse auch zu einer Weiterentwicklung von Beschlußlagen müssen parallel zu den Politikerverhandlungen durchgeführt und abgeschlossen werden.

Ansatz II «Politikermodell mit gesellschaftlicher Begleitgruppe»:

(a) Gemäß den Ergebnissen des 8. Februar 1993. An diesem Tag wurde zwischen den Politikern Fischer, Rexrodt, Schröder und Töpfer vereinbart, daß die energiepolitischen Gespräche in einer Verhandlungsgruppe geführt werden sollten, die jeweils aus sechs Mitgliedern der CDU/CSU/FDP bzw. der SPD/GRÜNEN bestehen sollte. In einer weiteren Gesprächsebene sollte «zur Vorbereitung der Diskussion» eine «Arbeitsgruppe Energiekonsens» gebildet werden. Neben den zwölf Mitgliedern der Verhandlungsgruppe sollten dieser Arbeitsgruppe je drei Vertreter der Gewerkschaften, der Umweltverbände, der Elektrizitätsversorgungsunternehmen sowie der verarbeitenden Industrie angehören. Bis zum Ende des Jahres 1993 sollte Klarheit geschaffen werden, ob ein Konsens auf der Basis der Gespräche gefunden werden kann oder nicht.
(b) Für die Einbeziehung von Expertisen gilt das zu Ansatz I gesagte, wobei zusätzliche Wissensressourcen durch die Beteiligung von

Vertretern gesellschaftlicher Gruppen und Institutionen erschlossen werden.

(c) Wie bei Ansatz I.

Ansatz III «Prozeßmodell gesellschaftlicher Verständigung mit einer unabhängigen Kommission»:

(a) Dieser Ansatz ist mit der zitierten Teilziffer 10 und der auf ihrer Basis erstellten Planungsstudie zu ihrer Umsetzung beschrieben. Das damit verfolgte Modell der gesellschaftlichen Verständigungsprozesse, die durch eine unabhängige Kommission vorbereitet und gefördert werden sollten, ist durch zwei Phasen bestimmt.
In der Phase I sollen notwendige Vorarbeiten für politisch-gesellschaftliche Verständigungsprozesse durchgeführt werden. Dazu gehören insbesondere die Erarbeitung von Konsensoptionen, die Darstellung sicherheitsphilosophischer Verständigungsaufgaben und von Modellen gesellschaftlicher Verständigungsprozesse.
In einer zweiten Phase, die durch breite öffentliche Diskussionsprozesse und durch die politische Auswertung derselben gekennzeichnet ist, sollte dann versucht werden, auf der Basis dieser gesellschaftlichen Diskussionen Ergebnisse für die langfristige Energiepolitik zu erarbeiten. In diese zweite Phase gehören dann auch Politiker-Verhandlungsrunden zur langfristigen Energiepolitik.

(b) Vor- und Zuarbeiten sollen erst einmal im Hinblick auf einen entsprechenden Bedarf durch die Kommission unter Einbeziehung eines wissenschaftlichen Stabes betrachtet werden. Die ca. zweijährige Phase I soll auch Studienarbeiten ermöglichen, sei es intern in der Kommission oder durch externe Studien, insbesondere zur Konzeptualisierung der Konsensoptionen und der sicherheitsphilosophischen Verständigungsaufgaben.

(c) Gesellschaftliche Willensbildungsprozesse sollen in einer etwa zweijährigen Phase II auf der Basis der Vorarbeiten der Phase I erfolgen.

Ansatz IV «Kombination von Politikermodell und unabhängiger Kommission»:

(a) Dieser Ansatz plädiert dafür, differenziert nach verschiedenen Aufgaben parallel sowohl die Politikerverhandlungsrunde '93 wie auch die längerfristig angelegte Energiekommission zur Förderung gesellschaftlicher Verständigungsprozesse einzusetzen.

(b) Dieses Modell kombiniert die Wissensressourcen, die mit den Ansätzen I, II und III erreicht werden.

(c) Gesellschaftliche Willensbildungsprozesse können wie nach Ansatz III sorgfältig vorbereitet werden, falls in der Verhandlungsrunde 1993 keine kürzeren Fristen für die Klärung längerfristiger Themen gesetzt werden.

Ansatz V «Politikermodell mit späterer unabhängiger Kommission»:

(a) Dieser Ansatz will wie Ansatz IV beide Politikformen nutzen, will sie aber nicht parallel einleiten, sondern die Energiekommission gemäß Teilziffer 10 erst im Lichte der Ergebnisse der '93er Verhandlungsrunde mit einem möglichst kleineren Aufgabenpaket dann noch ungeklärter Verständigungsaufgaben einsetzen. Die Bildung der Kommission für längerfristige Verständigungsaufgaben soll aber nicht als zweifelhaft gelten.

(b) Ansatz V erschließt die Wissensressourcen wie bei Ansatz I, II und III, z.T. zeitverzögert.

(c) Die Phase gesellschaftlicher Willensbildung würde später beginnen, insofern die Phase II nicht vor 1996 begänne.

Ansatz VI «Politikermodell plus eventueller späterer unabhängiger Kommission»:

(a) Dieser Ansatz setzt auf die Verhandlungsrunde '93 mit großen Ergebniserwartungen, will diese nicht durch eine gleichzeitig angekündigte Energiekommission für längerfristige Verständigungsaufgaben relativiert oder eingeengt sehen und die Teilziffer 10 nur als Option

aufrechterhalten, quasi als Rückfallmöglichkeit, wenn die '93er Verhandlungsrunde im Lichte ihrer Ergebnisse die Einsetzung der Energiekommission doch geraten erscheinen lassen könnte.
(b) Wissensressourcen wie bei Ansätzen I und II, später eventuell mehr.
(c) Gesellschaftliche Willensbildung wie bei Ansätzen I und II, später aber zeitverzögert wie bei Ansatz III.

Ansatz VII «Zivilgesellschaftliche Initiative zur Vorbereitung des Prozeßmodells»:

(a) Dieser Ansatz will die prozessuale und gesellschaftliche Vorgehensweise von Ansatz III (Teilziffer 10), wenn nicht anders möglich, auch ohne die Bundesregierung und ohne staatliche Bewilligung der erforderlichen Ressourcen für die Phase I (Vorarbeiten für gesellschaftliche Verständigungsprozesse) einleiten. Dieser Ansatz wendet sich an Stiftungen oder Unternehmen, die die derzeit erforderlichen Vorarbeiten für qualifizierte Verständigungsprozesse ermöglichen wollen könnten. Eine spätere Verknüpfung mit staatlich-politischen Aktivitäten und Verhandlungsrunden wird damit nicht ausgeschlossen, sondern angestrebt.
(b) Wie bei Ansatz III, eventuell ohne spezifischen staatlichen Input.
(c) Freie gesellschaftliche Willensbildung ohne staatlich bzw. politisch vereinbarte Terminvorgaben. Die Form der gesellschaftlichen Verständigungsprozesse bliebe zu planen.

Hinweis: Nach Kenntnis des Verfassers sind diese Varianten bisher (Februar 1993) in Verhandlungsrunden zwischen den Parteien nicht abgewogen worden.

7. An welchem Leistungsziel politischer Kompetenz sollten wir uns beim Umgang mit energiepolitischer Pluralität orientieren?

Wenn es im Hinblick auf Konsenserfolgschancen nicht beliebig ist, welche Politikform gewählt wird und wie wir mit der Vielfalt energiepolitischer Denkweisen umgehen, dann stellt sich die Frage: Welches Leistungsziel definiert politische Kompetenz im Umgang mit komplexen energiepolitischen Alternativen? Mit unserem Symposium übersetzen wir die Frage, indem wir vorschlagen zu klären, welche Vorgehensweise aufgabenadäquat und demokratiegemäß ist.

Ausgehen können wir von dem, was wir erfolgreich vermeiden wollen. Wir müssen uns dafür die fatalen Implikationen verfestigter Dissensperspektiven in der energiepolitischen Kontroverse bewußt machen und die Mechanismen verstehen, durch die sie – bei gleichzeitig allseits betonten Konsensanliegen – kontinuierlich gefestigt werden.

Dieses Verständnis wird in dem Ausmaß reifen, wie wir die paradoxen Auswirkungen des positionellen Politikstils beim Thema Energiekonsens erkennen.

Paradox ist eine Politikform, die in sich einen Widerspruch enthält und diesen in ihrem Vollzug stetig hervorbringt.

Der Widerspruch besteht in der positionellen Energiekonsens-Politik darin, daß

- einerseits nach unzähligen Studien (fast) allen Beteiligten klar ist, daß alle langfristig angelegten energiepolitischen Strategien eine strategische Allianz, eine langfristig tragfähige Akteurskoalition voraussetzen, wenn sie umgesetzt werden sollen,
- andererseits positionelle Politikformen bei ihrer Behandlung solche breiten Mehrheiten nicht hervorbringen können, weil jede Position die Anhänger anderer Positionen als strategische Mehrheitbeschaffer für sich selbst adressiert und dies im Ergebnis nur sicherstellt, daß der andere die Mehrheit nicht findet, die man selber auch verfehlt.

Hilfreich und weiterführend für die Lösung der Energiekonsens-Aufgabe sind deshalb in diesen Zeiten alle Beiträge, die das notwendige Unbehagen an positionellen Politikformen stärken, um Motivationen für einen Politikstilwechsel freizusetzen, sowie Verfahrensvorschläge, die uns helfen, einen produktiven, konsensermöglichenden Umgang mit unserer energiepolitischen Pluralität zu erreichen. Wenn wir wie in den vergangenen Wochen zahlreiche ebenso pessimistische wie einleuchtende Analysen zu den Erfolgschancen bisher geplanter Konsensfindungsprozesse lesen oder hören, dann haben wir Anlaß, die Frage nach einer anderen, erfolgversprechenden Vorgehensweise so lange zu diskutieren, bis diese als Chance deutlich wird. Das Symposium soll helfen, diese Chance zu erkennen und ihre Nutzung zu fördern. Ins Zentrum der Aufmerksamkeit rückt dann die Frage nach den Leistungszielen politischer Kompetenz im Umgang mit komplexer energiepolitischer Pluralität.

Konsensuale Bewertungen von strategischen Handlungsoptionen setzen eine gemeinsame Anerkennung der Handlungsoptionen und gemeinsame Maßstäbe für ihre Bewertung voraus. Die Bewertungskriterien können nicht aus einzelnen strategischen Konzepten, sondern nur aus Normen entwickelt werden, die von allen anerkannt werden. Das setzt eine gemeinsame Konzeptualisierung der strategischen Handlungsoptionen und gemeinsam erarbeitete Bewertungskritierien voraus. Mit diesem Bezugsrahmen und diesen Kriterien kann dann ein konsensorientierter Diskurs geführt werden, dessen Institutionalisierung und prozessuale Strukturierung bestenfalls vor uns liegen. Die denkbaren Politikformen müssen also danach bewertet werden, ob sie einen solchen Diskurs ermöglichen.

Es ist sicherlich bedauerlich und in der Sache ein unangenehmer Zeitverlust, wenn die Tz.-10-Initiative der Bundesregierung bisher nicht umgesetzt und auch nicht durch eine funktional-äquivalente Vorgehensweise zur Förderung erforderlicher gesellschaftlicher Verständigungsprozesse ersetzt wurde. Dramatisch würde es allerdings, wenn Ratlosigkeit oder ein passiver Zynismus einkehrten, wenn man die Dinge wider besseres Wissen laufen ließe und wenn weder im staatlich-politischen Raum noch in der Gesellschaft und Wirtschaft Initiativen entfaltet würden, die am Aufgabenbewußtsein der Konzeption der Teilziffer 10 und ihrer Umsetzung orientiert sind.

Die Überwindung der paradoxen Popularität positioneller Politikformen ist der anstehende Kompetenznachweis für Politik in unserer Zeit.

Nicht die Pluralität der angestrebten Energiesysteme hat mit verfehlten Konsensen eine Krise der Energiepolitik herbeigeführt, sondern ein unkompetenter Umgang mit dieser Pluralität. Der Energiekonsens setzt zu seiner Erreichung eine Politikfähigkeit voraus, die nur mit neuen, verständigungsorientierten Politikformen jenseits der positionellen Politik erreichbar ist, weil wir breitere Konsense benötigen, als sie mit diesem Politikstil prinzipiell erreichbar sind.

Die anzustrebende Politikfähigkeit wird in dem Ausmaße erfahrbar, wie wir in einer «kreativen Demokratie» (vgl. Burns/Ueberhorst, 1988) neue kooperative und diskursive Politikformen für die Klärung systemarer Alternativen entwickeln. Es reicht nicht, wenn einzelne Politiker eine «Politik des Diskurses» proklamieren, wiewohl dies eine wachsende Ahnung zeigt, welche Kompetenz heute über Politikfähigkeit entscheidet. Kompetenz für eine diskursive Politik wird nur im kooperativen, verständigungsorientierten Umgang mit kontroversen Positionen frei von positioneller Rechthaberei erfahrbar. Diese Erfahrung haben wir bestenfalls vor uns und mit ihr einen zukünftigen Energiekonsens.

8. Literaturhinweise:

Bundesministerium für Wirtschaft, 1992. Energiepolitik für das vereinte Deutschland.

Burns, T./Ueberhorst, R., 1988. Creative Democracy. Systematic Conflict Resolution and Policymaking in a World of High Science and Technology, Praeger, New York/Westport, Connecticut/London.

Deutscher Bundestag, 1980. Zukünftige Kernenergiepolitik, Bericht der Enquete-Kommission des Deutschen Bundestages, 2 Bde, Bonn.

Deutscher Bundestag, 1990. Schutz der Erde. Eine Bestandsaufnahme mit Vorschlägen zu einer neuen Energiepolitik. Dritter Bericht der Enquete-Kommission des 11. Deutschen Bundestages «Vorsorge zum Schutz der Erdatmosphäre», 2 Bde, Bonn.

Ueberhorst, R., 1985a. Zur Politikstilkrise der Kernenergiediskussion, in: Helmut Schmidt/Walter Hesselbach (Hrsg.): Kämpfer ohne Pathos. Festschrift für Hans Matthöfer, Bonn.

Ueberhorst, R., 1985b. Positionelle und diskursive Politik – Die Bewährung einer demokratischen Technologiepolitik an den Chancen kritischer Argumente zur Brütertechnik, in: Klaus-Michael Meyer-Abich/Reinhard Ueberhorst (Hrsg.): AUSgebrütet. Argumente zur Brutreaktorpolitik. Basel.

Ueberhorst, R., 1986. Methodologische Reflexionen zu Beratungsprozessen im Interaktionsfeld «Wissenschaft-Politik-Gesellschaftliche Gruppen». in: Wissenschaftszentrum Berlin, WZB-paper P86-15.

Ueberhorst, R., 1992. Planungsstudie zur Bildung und Arbeit einer unabhängigen Kommission zur Förderung energiepolitischer Verständigungsprozesse in der Bundesrepublik Deutschland. Unter Mitarbeit von Prof. Dr. P. Jansen und Prof. Dr. J. Radkau. Auftraggeber: Bundesministerium für Wirtschaft.

Symposium Energiepolitische Verständigungsaufgaben

Tom Koenigs

Begrüßung

Meine sehr verehrten Damen und Herren,

ich möchte Sie sehr herzlich im Kaisersaal des Römer begrüßen. Wenn hier Kaiser aus tausend Jahren auf Sie herabblicken, heißt das nicht, daß wir den Ort gewählt haben, damit möglichst viele Autoritäten auf andere hinunterschauen. Wir werden hier vielmehr daran erinnert, daß wir in der freien Reichsstadt sind und uns an einem Ort der gesellschaftlichen Innovation, der Diskussion und der demokratischen Verständigung befinden.

Zur demokratischen Verständigung gehört Pluralität. Wir haben heute pluralistisch diejenigen eingeladen, von denen wir glaubten, daß sie etwas Konstruktives zum Konsens beitragen könnten. Wir haben niemanden ausgeladen, und diejenigen, die sich selbst eingeladen haben, sind auch gekommen, wie Sie gesehen haben.

Ich bin der Meinung, wir brauchen einen Energiekonsens. Der Magistrat der Stadt Frankfurt – ich möchte Sie ausdrücklich von Oberbürgermeister von Schoeler grüßen – ist ebenfalls der Meinung, daß wir einen Energiekonsens brauchen. Und das nicht nur, weil wir hier auf der Grenze der Stromversorgung von zwei großen Konzernen liegen, weil wir Eigenstromerzeugung betreiben und ausweiten wollen oder weil wir unsere Fremdbezugsverträge demnächst erneuern müssen. Sondern auch, weil wir von hier aus ein Klimabündnis zwischen mehr als 200 Städten in Europa zusammengebracht haben, das sich eine CO_2-Reduktion auf die Fahnen geschrieben hat, die noch weitergehend ist als das schon relativ anspruchsvolle Programm der Bundesregierung. Eine CO_2-Reduzierung, die wir erreichen müssen, weil wir Sorge um das Erdklima haben. Dieses Bündnis verbindet die europäischen Städte nicht nur miteinander, sondern auch mit den indigenen Völkern im

Amazonasgebiet und mit ihrem Kampf um die Erhaltung der tropischen Wälder.

Wir brauchen den Energiekonsens auch deshalb, weil wir glauben, daß die Risiken, die bei der Energiewirtschaft eingegangen werden, gegenwärtig demokratisch kaum kontrolliert, sehr wenig diskutiert und auch sehr wenig in Frage gestellt werden. Wir müssen Mechanismen finden, um diese Risiken demokratisch zu bearbeiten – auch die heutige Veranstaltung ist einer dieser Mechanismen.

Wir brauchen einen Konsens auch aus wirtschaftlichen Gründen, weil große Investitionen notwendig sind und Richtungsentscheidungen bevorstehen. Schon heute heißt es ja gelegentlich in den Zeitungen, die Konsensbemühungen seien bereits im Ansatz gescheitert, wobei darauf verwiesen wird, daß einige Beteiligte nur über einen Ausstieg reden wollen. Ihnen muß man aber sagen – und auch mir, der ebenfalls darüber redet –, über Ausstieg und nur über Ausstieg reden wir schon seit zehn Jahren, ohne daß sich viel verändert hat. Andere sagen, daß sie nur über Zubau oder Ausbau des Atomenergieprogrammes reden wollen – auch dieses tun sie seit zehn Jahren, ohne voranzukommen –, und dazwischen gibt es unwahrscheinlich viele Positionen, die wegen der Polarisierung, wegen des latenten Dissenses und wegen der Blockade nicht formuliert werden und nicht formuliert werden können.

Diese Blockade führt nicht nur dazu, daß sich die einzelnen Gruppen, Lager, Banden nur noch mit sich selber beschäftigen. Sie bewirkt auch, daß Querdenker, Menschen, die versuchen, Wege, Konsenswege zu finden, die bisher nicht beachtet wurden, oder Konsensfelder zu finden, zum Beispiel zur Sonnenenergie, zum Schweigen gebracht werden. Eine sinnvolle Energiepolitik kann so nicht entstehen.

Was ein latenter Dissens und eine Kommunikationsunfähigkeit anrichten, was Bunkermentalität anrichtet, sieht man auf einem ganz anderen Felde: Wir sind Opfer eines Chemieunfalles hier in Frankfurt, der uns ganz aktuell zeigt, welche Probleme es aufwirft, wenn man einen Dissens nicht kooperativ bearbeitet. Wir haben eine solche kooperative Bearbeitung auch in der Chemiepolitik versucht, hier in Frankfurt, auch vom Magistrat organisiert und ebenfalls mit Hilfe von Herrn Ueberhorst. In der Energiepolitik sieht die Öffentlichkeit dieselbe Unfähigkeit zur Kooperation, was dazu führt, daß man verdrossen wird, daß man fragt, warum das, was wir von Politikern, aber auch von der Wirtschaft, von Umweltverbänden und von allen sonstigen Institutionen, die

Verantwortung tragen, erwarten, nicht realisiert wird. Warum man zum Beispiel dort, wo man nicht streiten müßte oder Ideologien zurückstellen könnte um der Sache willen, ebenfalls nicht zu Lösungen kommt.

Auf der anderen Seite spricht nichts dafür, daß die Fortsetzung der Blockade zu einem für irgend jemanden optimalen Ergebnis führen kann. Mit dem Fördern dieser Blockaden fördern wir aber auch die Häßlichkeit der Politik. Wir fördern, daß jeder Versuch, mehr Menschlichkeit, mehr Vernunft einzubringen, zum Scheitern verurteilt ist.

Ich halte viel davon, daß wir gerade im Bewußtsein sehr unterschiedlicher Positionen versuchen zu akzeptieren, daß die gegenteilige Position auch vertretbar, auch ehrbar, auch achtbar ist. Ohne den eigenen Standpunkt aufzugeben, kann man dieses – meines Erachtens – von allen den Positionen, deren Vertreter wir heute eingeladen haben, akzeptieren, und nicht nur akzeptieren, daß die Gegenposition mächtig ist – das wissen wir.

Deshalb geht es mir heute darum, die Kultur des Konsenses zu pflegen, ohne die Unterschiede zu verwischen. Es geht mir darum, in die Politik, in die Energiepolitik etwas mehr Ansehnlichkeit hineinzubringen, als wir das in den letzten zehn Jahren geübt haben. Das fordern von mir die Frankfurter Bürger, das fordern von Ihnen diejenigen, auf die Sie sich beziehen und für die Sie Verantwortung haben.

Frankfurt ist ein hochsensibler Wirtschaftsstandort, ein Ort, an dem Konflikte als erstes aufbrechen, aber auch Lösungen aufscheinen. Ein Ort, wo Kompromisse möglich sind, das haben wir oft genug gezeigt. Wir sind eine Stadt, in der Umweltpolitik großgeschrieben wird und sehr viel Energie vorhanden ist, und deshalb spielt auch das Umwelt Forum – eine Institution der Stadt Frankfurt –, das auch dieses Treffen sehr kurzfristig organisiert hat, hier eine große Rolle. Wir versuchen Konsense möglich zu machen und zu diskutieren, und wir schaffen uns damit auch ein neues Instrument zur Kommunikation mit der Bürgerschaft.

Reinhard Ueberhorst hat schon bei anderer Gelegenheit gezeigt, daß er alternative Wege geht, die unter Umständen die Blockaden aufbrechen. Er ist erfahren in energiepolitischen Verständigungsaufgaben, hat 1980 der Enquete-Kommission des Bundestages zur zukünftigen Kernenergiepolitik vorgesessen und ist deshalb auf das Thema bestens vorbereitet, denn er hat natürlich auch die Konsens- und Dissensbemühungen in den letzten Jahren verfolgt. Er hat dieses Symposium vorbereitet und eine Studie dazu angefertigt. Er wird diese Veranstaltung moderieren, zu der ich Sie ohne Nennung von einzelnen Exzellenzen, Namen, Titeln und so weiter alle sehr herzlich begrüße. Ich hoffe, wir haben eine informative Tagung, die uns alle weiterbringt. Vielen Dank!

I. Gesellschaftliche Verständigung über Energiepolitik: Aufgaben und Lösungsmöglichkeiten

Moderation:
Reinhard Ueberhorst

Reinhard Ueberhorst

Einführung

Meine Damen, meine Herren,

Tom Koenigs hat uns freundlich begrüßt, und ich glaube, auch im Hinblick auf Zeitaspekte ist es gut, wenn wir jetzt in das Programm einsteigen. Wenn das Programm gut vorbereitet ist – es ist ja auch kritisiert worden, daß wir überhaupt eine solche Veranstaltung zu diesem Zeitpunkt machen, weil sie die laufenden Politikerverhandlungen stören könnte –, dann soll es zeigen und soll erfahrbar machen, daß wir in einem so pluralistischen Kreis, wie wir ihn eingeladen haben, doch mehr Ansätze für gemeinsame zukünftige Arbeitsprozesse identifizieren können, als es bei der Lektüre der verschiedenen Verlautbarungen in der Tagespresse jeweils den Anschein hat.

Der erste Themenschwerpunkt soll uns die Möglichkeit geben zu hören, wie in den politischen und gesellschaftlichen Institutionen und Gruppierungen die aktuelle Aufgabenlage gesehen wird. Ich will es einmal etwas salopp so formulieren: Wir haben ja keinen Mangel an energiepolitischen Ideen, an Konzepten, an Szenarien, auch keinen Mangel an Beschwörungen der Notwendigkeit von energiepolitischen Konsensen, aber wir haben einen Mangel an praktischen Konsensen, und wir alle wissen, daß dies unter CO_2-Gesichtspunkten wie unter anderen ökonomischen Gesichtspunkten zunehmend dramatische Implikationen hat, wenn wir nicht in der Lage sind, eine längerfristig tragfähige Energiepolitik in der Bundesrepublik Deutschland und auch in internationaler Einbettung zu entwickeln.

Wenn wir eine Vielfalt von Konzepten haben, stellt sich die Frage, ob die politischen Parteien 1993 sich vielleicht schon in einem Verfahrenskonsens befinden oder einen solchen erarbeiten. Dazu werden wir gleich Vorträge hören.

In einem zweiten Schwerpunkt geht es darum, welche Alternativen wir überhaupt haben, denn die Verfahren, die jetzt entwickelt und verwirklicht werden sollen, müssen der Komplexität der Aufgaben gerecht werden. Es nützt nichts, wenn man ein Verfahren entwickelt, das nur sicherstellt, daß bestimmte Denkkonzeptionen, wie Herr Koenigs eben schon ansprach, für sich werben können.

Wir brauchen ein Bewußtsein von den Dimensionen der Optionen und von unserem gemeinsamen Verständnis der Auswahl- und Gestaltungsmöglichkeiten zukünftiger Energiepolitik. Dazu werden wir in erster Linie Wissenschaftler hören. Wir werden erfahren, wie weit aus deren Sicht diese Optionen bereits hinreichend bezeichnet sind, und auch darüber werden wir hier im Plenum diskutieren.

Im dritten Schwerpunkt soll nicht nur resümiert, sondern vielleicht auch die eine oder andere Idee entwickelt werden, was in der Fortsetzung dieser heutigen Veranstaltung an weiteren gemeinsamen Begegnungen und Arbeitsprozessen im gesellschaftlichen Raum – also völlig unabhängig von dem, was staatlich-politisch jetzt verabredet wird – gemacht werden kann. Dahinter steht die Überzeugung, gerade wenn – und erst recht, wenn nicht – in der Politik die gebotenen Arbeitsprozesse eingeleitet werden, bedarf es einer breiten gesellschaftlichen Kommunikation, um diese nicht nur zu unterstützen, sondern auch herauszufordern und zu begleiten und auch aus eigenem Anspruch heraus in der Gesellschaft Verständigungsmöglichkeiten zu sondieren. In diesem Sinne habe ich den Referenten vor unserem Treffen Fragen zugeleitet. In der Reihenfolge des Programms hören wir zuerst das Haus Rexrodt, vertreten durch dessen Planungschef, Ministerialdirektor Dr. Thomsen. Es folgen dann aus der Sicht der sozialdemokratischen und grünen Politik die beiden Landesminister, die Sie hier schon erkannt haben.

Stellungnahmen aus der Politik

Dr. Klaus Thomsen

Meine Damen und Herren,

in Eisensteins Film *Panzerkreuzer Potemkin* gibt es eine eindringliche Szene: ein hochrädriger Kinderwagen torkelt eine Treppe herab und droht dabei ständig umzukippen. Diese Filmsequenz von Sergej Eisenstein drängt mir die Assoziation zur Lage des nachrichtengefütterten Zeitgenossen auf: Er wird hin- und hergeschüttelt von Meldungen über allgemeine Katastrophen und Gefahren – aufgeschreckt und zugedeckt. Vielleicht beginnt er zu merken, daß sie für ihn bedrohlich sind. Im Kinderwagen fühlt der medial übersättigte Zeitgenosse sich geschützt. Wie könnte und warum sollte er diesen Ort verlassen?

Ein Kollege aus unserer Energieabteilung hat dieses Phänomen als Kinderwagensyndrom umschrieben: Es ist immer jemand da, der einen führt und die Sorgen übernimmt, bevor sie die eigenen zu werden drohen.

Mit diesem Bild möchte ich auch andeuten, was diese heutige «öffentliche Aussprache», zu der Sie, Tom Koenigs, eingeladen haben, im Hinblick auf energiepolitische Verständigungsbemühungen für die Bundesregierung wichtig macht. Es geht um die grundsätzliche Frage, wie Gesellschaft, Politik und Wirtschaft sich richtig und verläßlich orientieren. Und dies auf Gebieten, wo einfache Antworten unmöglich sind, man könnte auch sagen: infantil. Wie – um im Bild zu bleiben – wir uns ohne Kinderwagensyndrom verhalten, wo wir umsorgt wie «eingewickelt» verdauen, was in uns hineingestopft wird.

Voraussetzung für Verständigungsprozesse, die ja nur Sinn haben, wenn sie auch «Erkenntnisprozesse» sind, ist zunächst einmal, daß wir die Sprachlosigkeit überwinden. Alle Initiativen der jüngeren und jüngsten Zeit haben m. E. das Ziel, die gegenseitige «Verständnislosigkeit» zu überwinden. Unvoreingenommen über alles zu sprechen, ist kein Zeichen der Schwäche, sondern ein Gebot der Zeit. Das kann man den Fundamentalisten aller Lager nicht eindringlich genug entgegenhalten. Wer will schon vor lauter Eigeninteresse Probleme und Fragen beantworten, die jenseits des sichtbaren Horizonts liegen, hinter dem oft nicht nur das eigentliche Leben beginnt, sondern von woher auch «Gefahr im Verzug» ist?

Ernsthafte Gespräche werden vor diesem Hintergrund immer von unterschiedlichen Positionen ausgehen. Doch wir dürfen nicht den Fehler machen, die Kontroversen jeweils aus der Sicht eines der Beteiligten zu beschreiben. Die eigentliche Ambivalenz der unterschiedlichen Positionen liegt darin, daß die jeweiligen Rahmenbedingungen jeweils nicht unerschütterlich sind: Für Investoren sind Investitionssicherheit und Investitionsklarheit zwar grundsätzlich vorteilhaft. Aber zugleich gilt, daß Anpassungen möglich bleiben müssen, nicht nur ökonomische Anpassungen angesichts des Wettbewerbs, sondern auch Anpassungen an neue Erkenntnisse; das heißt, daß sich eine Energiewirtschaft für eine neue Zielsetzung im Rahmen der ökologischen Marktwirtschaft öffnen kann.

Die Kernenergiebefürworter kennen diese Rahmenbedingungen unseres Wirtschaftssystems. Wenn sie neben Taten z. B. zu Gesprächen einladen über sicherheitspolitische Weiterentwicklungen mit dem Ziel, Unfälle auf die Anlage einzugrenzen, sind sie sich dieser dauernden Anpassungsaufgabe bewußt. Die Befürworter einer alternativen Strategie reagieren darauf angemessen, indem sie öffentlich unterscheiden zwischen Ausstiegsforderungen einerseits und den Auswirkungen, die diese Forderungen in der Praxis haben, andererseits.

Ob wir zur Vermeidung von Risiken der Kernenergie künftige Generationen mit den Klimagefahren fossiler Energienutzung belasten dürfen (Meyer-Abich), ist für mich keine taktische Frage. Diese eigentliche energiepolitische Knappheitslage bezieht ein, wer eine Zukunft ohne Kernenergie ersinnt und verwirklichen will. Wer andererseits die Kernenergie als Option offenhalten will, bleibt aufgefordert zur Mitarbeit an der alternativen Option, an einer Zukunft ohne Kernenergie.

Diese Veranstaltung ist ein Beweis dafür, daß mit der Bereitschaft auch die Chance wächst für einen neuen energiepolitischen Diskurs. Die Bereitschaft zur Kontaktaufnahme zwischen den unterschiedlichen Akteuren ist schon an sich ein Erfolg. Und über alle Unterschiede hinweg wird sich hier niemand Illusionen machen über den Zeitbedarf für einen integrierten und integrierenden Neuansatz. Das, was keiner Änderung von Grundsatzbeschlüssen und keiner weiteren wissenschaftlichen Vorarbeit bedarf, erscheint abräumbar auch in direktem Anlauf. Dies ist keine Frage von Tagen. Doch schon die Festlegung von gemeinsamen Themen erweist sich als schwierig, wie von Reinhard Ueberhorst in seiner Studie vorhergesagt. Aber es gibt verläßliche Orientierungen.

Als Vertreter eines liberalen Hauses möchte ich mir den Hinweis erlauben, daß es in der jetzigen politischen Diskussion immer wieder von Interesse ist, sich an das zu erinnern, was das Marktmodell verspricht. Wie produktiv es für die energiepolitische Debatte ist, sich auf die Stammväter der Nationalökonomie zu berufen, zeigt das Beispiel der PROGNOS-Studie zu den externen Kosten der Energieversorgung.

Diese im Auftrag des Bundeswirtschaftsministeriums erstellte Studie kommt zu einer klaren Aussage: In den heutigen Energiepreisen sind wesentliche Kostenbestandteile nicht enthalten, vor allem nicht die Umweltkosten. Nach klassischem Verständnis ist dies eine ordnungspolitische Todsünde. Denn dies betrifft den Kern des marktwirtschaftlichen Effizienzkriteriums: die Allokation knapper Güter.

Zu niedrige Energiepreise sind langfristig falsche Signale für Innovationen, technischen Fortschritt, Strukturwandel und gesamtwirtschaftlich optimalen Energieeinsatz. Und nun zeigt sich gerade hier eine Brücke zu den Forderungen der ökologischen Seite nach Preisen, die «die Wahrheit sagen». Verheerende Unfälle von Billigtankern, eine Verkehrsexplosion auch durch eine «just in time-Produktion», die es in diesem Ausmaß nur solange gibt, wie die wahren Transportkosten außen vor gelassen werden, sind die nun gar nicht mehr niedlichen Symptome des Kinderwagensyndroms.

Gewiß, hinter den Preisen stehen Interessen. Und manche Mineralölsteuererhöhung kommt, weil der Staat Geld braucht, und nicht, weil er von wahren Preisen träumt. Aber immerhin: Kommunikation zwischen Ökonomie und Ökologie entdeckt Verbindendes gerade auch durch die ordnungspolitische Rückbesinnung.

Deutschlands Vorreiterrolle im Umweltsektor kann sich sehr schnell «erledigen», wenn es uns nicht gelingt, die Überlegungen zur langfristig durchhaltbaren Entwicklung – zum *sustainable development* – zu verbinden mit der Dynamik des Pluralismus. Die PROGNOS-Studie führt hierzu aus: Je weniger Initiativen aus dem gesellschaftlichen Raum einbezogen werden in die Regierungs- und Parlamentsarbeit, um so mehr verstärken sich bestehende Verkrustungen. Um so stärker wächst die Gefahr, daß die täglichen Aufgaben die internen Handlungskapazitäten absorbieren und man versäumt, sich den neuen Fragen zu stellen.

Die wachsenden Vertrauensverluste in der Bürgerschaft mit den besonders für Deutschland gefährlichen Symptombildungen gehören zu diesem Gesamtgefahrenkomplex. Eine Politik, die den gesellschaftlichen Suchprozeß aktiv unterstützt, begrenzt die Entstehung externer Kosten. Nicht auf den großen Entwurf, auf den Masterplan dürfen wir setzen bei dem Versuch, durchhaltbare Lösungen in und mit pluralistischen Strukturen zu finden. Beharrliche Such- und Lernprozesse, die ständige Konfrontation mit neuen Erkenntnissen, Widersprüchen und Widerständen sind ökonomisch, ökologisch und gesellschaftspolitisch durchzuhalten.

Externe Kosten wie die jeweilige Umweltbelastung lassen sich häufig nicht auf Heller und Pfennig beziffern. Alle Vorschläge zur pretialen Internalisierung setzen deshalb entsprechende politische Entscheidungen voraus. Ihre breitenwirksame Annahme und Durchsetzung machen eine breite Akzeptanz in der Gesellschaft notwendig. Die Internationalität der wirtschaftlich-politischen Entscheidungen wie der externen Kosten der Energieversorgung und der globalen ökologischen Risiken fordert zunehmend international gleichgerichtete Verhaltensweisen.

Mit dem Kabinettsbeschluß vom 11.12.1991 zum energiepolitischen Konzept stellt die Bundesregierung ihre Position klar: Es geht nicht ohne gesellschaftliche Prozesse, die qualifiziert vorbereitet und moderiert werden müssen. Mit der Teilziffer 10 setzt die Bundesregierung auf den zivilgesellschaftlichen Konsens: «Die Bundesregierung ist sich ihrer Verantwortung bewußt, diese gesellschaftliche und politische Verständigung zu fördern. Sie strebt deshalb an, die Verantwortlichen im Energiebereich für eine neue Zusammenarbeit zu gewinnen, die durch parteiübergreifende Suche nach den wirkungsvollsten Handlungsmöglichkeiten in der Energiepolitik zu Investitionssicherheit für die Wirtschaft und Vertrauen der Bürger und Verbraucher führt.»

Vielleicht verbreitert die aktuelle parteiübergreifende Vorgehensweise von Positionsdarlegung und Kompromißsuche in den zu bildenden Gesprächsgruppen den noch nicht hinreichend breiten Verfahrenskonsens zum prozessualen Vorgehen mittels der Energiekommission.

Argumentativ ausräumen wollen und müssen wir die Bedenken im parlamentarischen Raum, auf die die von der Bundesregierung zusammen mit dem Planer Ueberhorst entwickelten Vorstellungen gestoßen sind. Für die Bundesregierung liegt eine Stärke der Energiepolitik in der Bereitschaft zu Offenheit und Transparenz, zur öffentlichen Debatte.

Auch die jüngsten Initiativen im Energiebereich können ebenso wie die Vorstellungen von Parteien, Gewerkschaften, Umweltorganisationen, Verbänden und Unternehmen erst durch die öffentliche Debatte selbst wirken. «Was man nicht kommunizieren kann, das muß man lassen», stellt Hans Christian Röglin fest und nennt diesen Satz den «kategorischen Imperativ einer freiheitlich organisierten Gesellschaft».

Kommunikation muß dialogisch angelegt sein – im Gegensatz zur Öffentlichkeitsarbeit, die einschlägige Wertfragen immer schon für sich bereits entschieden hat. Kommunikation kennzeichnet die offene Gesellschaft. Sie will die Teilhabe des Bürgers an einem nicht vorausberechneten und nicht berechenbaren Prozeß. Und Kommunikation bedeutet über Partizipation die Chance zur Identifikation, zum Engagement.

Kommunikation muß schonungslos sein. Der Bürger will das Positive hören, er will aber auch das Negative hören. Und alle wollen vor allem wissen, welchen Grund es geben sollte, eine Entscheidung zu akzeptieren oder eben nicht zu akzeptieren.

Die Logik der Situation, die wachsende Komplexität und Vernetzung weisen dem Staat wie der Wirtschaft zwingend einen Kommunikationsauftrag zu. Auch die staatliche Verwaltung produziert das relevante Wissen zum größten Teil nicht selber. Sie bezieht es vom Wissenschaftssystem oder anderen zwischengeschalteten Agenturen. Sobald aber Fachwissen zu politisch bedeutsamen Steuerungsproblemen herangezogen wird, gibt es polarisierende Kontroversen unter den Fachleuten selbst, die nicht zwangsläufig zur Erhellung «blinder Flecken» führen. Auch die Zivilgesellschaft hat die Chance, Wissen zu mobilisieren und von einschlägigen Gutachten eigene Übersetzungen zu fertigen.

Gesamtgesellschaftliche Veränderungen kann es nur in Krisenzeiten geben, wenn klar ist, daß der elegante Kinderwagen keinen Schutz bietet vor den Umbrüchen, die ihn bewegen. Wenn sich in diesem Augenblick des allgemeinen Krisenbewußtseins zivilgesellschaftliche Akteure zusammenfinden, können ihre Initiativen Erfolg haben. Weder positives Recht noch parlamentarisch-demokratische Unterstützung allein sichern heute Großinvestitionen einen hinreichenden Bestandsschutz. Erst die zivilgesellschaftliche Zustimmung einer überwältigenden Bürgermehrheit schafft relativ sichere Kalkulationsgrundlagen. Diejenigen, die den Konsens verloren haben, Wirtschaft, Politik und Bürger, müssen ihn wiederfinden.

In der Rechtsstaatspolitik hat der Mut zum Rückzug des Staates, zur Selbsteingrenzung durch den Ausbau der Bürgerrechte und durch die Auslagerung öffentlicher Kontrolle auf Datenschutzbeauftragte mitgeholfen, die Selbstbestimmung des Bürgers angesichts immer komplexerer Datenströme zu sichern. Heute geht es um eine schrittweise Weiterentwicklung unseres Energiesystems. Ohne Schaden für die Volkswirtschaft – darauf hat Piltz kürzlich hingewiesen – geht dies nur über längere Perioden. «Kurzfristige Strukturveränderungen bedeuten immer Kapitalvernichtung.»

Diese Entwicklungsdynamik ist auch vielversprechend: Strukturelle und technologische Effizienzverbesserungen haben in den letzten Jahren zu einer immer stärkeren Entkoppelung von gesamtwirtschaftlichem Wachstum und Energienachfrage geführt. Der Beitrag vieler energieintensiver Branchen zur gesamtwirtschaftlichen Bruttowertschöpfung geht zurück. Auf allen Ebenen kommen immer effizientere Produktionsverfahren und Energietechnologien zum Einsatz. Auch durch laufende Produktsubstitution gelingt es immer wieder, Energie einzusparen. Der Ersatz von Kupfer-Telefonleitungen durch moderne Glasfasertechnik führt zu einer Energieeinsparung von nahezu 95%.

Dieser Trend wird und muß sich auch in Zukunft fortsetzen. Wir müssen die Energiesparpotentiale noch entschlossener als bisher ausschöpfen, die wirtschaftlichen Potentiale der Kraft-Wärme-Koppelung stärker wahrnehmen – deshalb Förderung der Modernisierung der Fernwärmeversorgung und Hausstationen in den neuen Bundesländern. Mit jährlichen Fördermitteln von 300 Mio. DM werden Investitionen von 1,2 Mrd. DM pro Jahr angestoßen zur Energieeinsparung, zum Umweltschutz, zur Entlastung der Heizkosten.

Wir müssen insgesamt alle Anstrengungen auf die Steigerung der Energieeffizienz konzentrieren. Hier liegen unsere ökonomischen und ökologischen Zukunftschancen. Wir dürfen allerdings nicht den Glauben verbreiten, damit das Klimaschutzziel zu erreichen. Maßnahmen auf der Angebotsseite, d. h. bei den Energieträgern, bleiben notwendig. Und solange niemand ausschließen kann, daß die Klimagefahren durch einen Verzicht auf die Kernenergie nicht noch größer werden, muß die Option ihrer verantwortbaren Nutzung offengehalten werden. Das gegen die Kernenergienutzung vorgetragene Argument der Entsorgung stellt sich dabei nicht neu. Auch die bereits unter sozial-liberaler Verantwortung ans Netz gegangenen Kernkraftwerke verlangen eine geordnete Entsorgung.

Ein Weg für eine Verständigung hierüber ist im Papier von Schröder, Piltz, Gieske und Rappe vom September 1991 bereits aufgezeigt. Diese Verständigung soll auch einbeziehen:

1. sparsame und rationelle Energieverwendung und stärkere Erschließung und Einsatz erneuerbarer Energien,
2. den ökologischen Umbau des Steuersystems,
3. aber auch die instrumentelle Gesamtpalette wie
   - Programme, die durch finanzielle Anreize eine sparsame und rationelle Energieverwendung fördern,
   - ordnungsrechtliche Regelungen, die durch gesetzliche Vorgaben wie zum Wärmeschutz von Gebäuden auf eine Verminderung der Energienachfrage abzielen, sowie
   - marktwirtschaftliche Instrumente, die den Energieverbrauch verteuern und über Strukturwandel, neue Technologien und Änderung des Verbraucherverhaltens Energie einsparen; den Bürger zum Mitakteur machen.

Es ist die Gesellschaft, es sind die einzelnen Bürger – siehe dazu Ulrich Beck –, an denen sich so oder so vollziehen wird, was gelingt und was verfehlt wird. Deshalb sollten alle Konsensbemühungen diesen übergreifenden Zusammenhang zur Geltung bringen: Die kommenden Wahlkämpfe dürfen nicht wiederum zu neuen Polarisierungen und Blockaden führen.

Was in diesem Jahr nicht zu klären ist, kann dann kraft parteiübergreifenden und gesellschaftlichen Verfahrenskonsenses überführt werden in die Arbeit der Energiekommission beim Bundesminister für Wirtschaft. Sie kann ruhige Arbeit leisten auch im «Super-Wahljahr 1994», in dem parteiübergreifende Konsensarbeit kaum angesagt sein dürfte. Die Energiekommission kann wesentliche und wichtige Vorarbeit leisten für die politische und gesellschaftliche Verständigung nach den Wahlkämpfen ’94.

Harald B. Schäfer

Meine Damen und Herren,

Energie ist eine Schlüsselfrage für die wirtschaftliche und gesellschaftliche Entwicklung eines Landes; das war in der Vergangenheit so, und das gilt für die Zukunft. Das gilt für die Industrieländer der Erde, und es gilt für die Entwicklungsländer.

Energie ist ebenso die Schlüsselfrage bei der Bekämpfung des globalen Umweltproblems Nr. 1, des Treibhauseffektes.

Der Weg zu einer ökologisch verantwortbaren und ökonomisch zukunftsfähigen Energiewirtschaft ist daher Kernstück des notwendigen ökologischen Umbaus der Industriegesellschaft und auch Kernstück der notwendigen tiefgreifenden Reform unserer Wirtschafts- und Lebensweisen.

Die Frage, die angesichts der wirtschaftlichen Situation jetzt so oft, implizit oder explizit, gestellt wird: »Können wir uns Umweltschutz noch leisten?« –, ist gerade in bezug auf das Energieproblem nicht nur falsch, sondern muß richtigerweise andersherum gestellt werden: Können wir es uns leisten, die Entwicklung hin zu einer ökologischen Energieversorgung zu verschlafen? Können wir uns es leisten, die Energieeffizienzrevolution und die Solarenergietechnik zu verschlafen?
Nein, das können wir uns in der Tat *nicht* leisten.

Im Moment sind wir auf dem besten Wege dazu: Seit zehn Jahren gibt es seitens der Bundesregierung keine Energiepolitik mehr, seit nunmehr zehn Jahren werden dieselben überholten Parolen ausgegeben, als ob das starre Festhalten an veralteten Strukturen jemals in irgendeinem Bereich die richtige Antwort gewesen wäre. Insbesondere wurde das Geschenk der niedrigen Energiepreise ab 1983 nicht für Investitionen genutzt.

Eine langfristige, eine zukunftsweisende Energiepolitik ist von zentraler ökonomischer und ökologischer Bedeutung. Ihre Realisierung wird durch einen möglichst weitgehenden gesellschaftlichen Konsens und durch eine gemeinsame Anstrengung der wichtigen gesellschaftlichen Gruppen erleichtert. Deshalb macht es Sinn, die Konsensmöglichkeiten für eine neue Energiepolitik auszuloten.

Der Kern eines neuen Energiekonsenses, der jetzt in der öffentlichen Diskussion ist, liegt daher nicht in der Frage, wann wir das letzte Atomkraftwerk abschalten; der eigentliche Kern dieses Konsenses liegt vielmehr in einer auf Jahrzehnte angelegten ökologischen Strategie in der Energiefrage.

Was heißt das konkret? Es heißt:

– Wenn wir uns einigen können über Maßnahmen für die effiziente Energienutzung (Wärmeschutzverordnung, Energiewirtschaftsgesetz, Energiespartechniken, Kraft-Wärme-Koppelung etc.),
– wenn wir uns einigen können über den konsequenten Einstieg in die Solarenergie,
– wenn wir uns einigen können über den Umbau der Energieversorgung hin zur dienstleistungsorientierten Energiewirtschaft (Least-Cost-Planning, Stärkung der kommunalen Energieversorgung etc.),
– wenn wir uns einigen können über die kontinuierliche Anhebung der Energiepreise,

dann ist die Frist für das Ende der Kernenergienutzung letztendlich zweitrangig; dann können wir über Zeiten und Modalitäten, über Entsorgungsoptionen und Übergangslösungen reden.

Die Grundanlage des Konsenspapiers von Gerhard Schröder, der VEBA und der RWE ist daher zu eng. Es ist ein Diskussionsanstoß, aber keine Grundlage für einen tragfähigen, langfristigen energiepolitischen Konsens.

Die Grundkompromißlinie mit den Energieversorgungsunternehmen (EVU) bzw. Kernkraftbefürwortern liegt nicht innerhalb der näheren Modalitäten des Kernenergieausstiegs; die Grundkompromißlinie muß heißen: Geordnetes Auslaufen der Kernenergienutzung mit gemeinsamer Entsorgungsverantwortung auf der einen Seite dies ist das Zugeständnis von SPD und GRÜNEN, Verpflichtung zum konzentrierten Einstieg in eine ökologische Energiewirtschaft und zum Umbau der Energieversorgungsstruktur auf der anderen Seite, dies ist das Zugeständnis der EVUs.

Allerdings muß jedem klar sein: Daß die Kernenergienutzung auslaufen muß, steht für uns, die SPD, nicht zur Disposition.

Für uns steht auch nicht zur Disposition, daß es keinen Neubau von Atomkraftwerken gibt;

für uns steht auch nicht zur Diskussion, daß es keine öffentlichen Gelder für Atomtechnologie mehr gibt.

Kernenergie ist und bleibt zu risikoreich, sie ist volkswirtschaftlich zu ineffizient, die Proliferationsgefahr ist zu hoch, die Plutoniumwirtschaft auf Dauer nicht akzeptabel.

Wenn die Enkel unserer Enkel zu anderen Auffassungen kommen, steht das natürlich in deren Belieben.

Die SPD hat ein großes Interesse an einem neuen Energiekonsens, weil uns die Zeit beim Treibhauseffekt davonläuft und weil wir jeden Weg zur Verminderung des Atomrisikos ausloten müssen.

Die EVUs aber sollten nicht nur ein Interesse an diesem Konsens haben, sie sind nachgerade auf ihn angewiesen. Die EVUs täten daher gut daran, erstens einmal selbst intern zu einem Konsens zu kommen und zweitens nicht den Hardlinern, den kleinkarierten Ideologen unter ihnen, das Feld zu überlassen.

Wer den Konsens wirklich ernsthaft will, dem muß klar sein,

- wir brauchen einen Verfahrenskonsens,
- wir brauchen einen Konsens zu Themenkomplexen
- und wir brauchen einen Konsens über mögliche, langfristig angelegte Energiestrategien.

In diesem Zusammenhang muß klar sein,

- daß ein Konsens so weit wie möglich alle gesellschaftlichen Gruppen – Umweltverbände, Gewerkschaften, Wirtschaftsverbände – miteinbeziehen muß
- und daß ein solcher Konsens auf Jahrzehnte angelegt sein muß und daher Zeit und Nachdenken erfordert; er ist nicht in ein paar Monaten abzuhaken.

Was wir brauchen, ist eine Art konzertierte Aktion für eine ökologische Energiestrategie; eine konzertierte Aktion auch, um neues Denken an die Stelle der alten, überholten Wachstums- und Konsumphilosophie zu setzen.

Am 12. Dezember 1991 habe ich im Bundestag für die SPD-Fraktion ausgeführt:

> »Der Wirtschaftsminister hat angekündigt, im Einvernehmen mit dem Umweltminister, eine unabhängige Kommission für Energiefragen zu berufen. Wenn die Kommission, Herr Möllemann und Herr Töpfer, tatsächlich frei von politischen Vorgaben arbeiten kann und die verschiedenen, in

der Gesellschaft diskutierten Entwürfe über eine künftige Energiepolitik auch personell vertreten sind, ergibt die Kommission einen Sinn. Dann sollten wir gemeinsam alles unterlassen, was eine sinnvolle Arbeit dieser Kommission erschweren könnte. Aber nur in diesem Sinne kann die Kommission, wie wir finden, sinnvoll sein!«

Soweit meine damaligen Äußerungen.

Ich halte fest: Heute, nach mehr als einem Jahr, konnte diese Kommission ihre Arbeit noch nicht aufnehmen. Dies ist mehr als zu bedauern.

Aber noch ist es für die Einsetzung der Kommission nicht zu spät.

Joschka Fischer

Meine Damen und Herren,

wir haben seit 1989 große Veränderungen erlebt. Und wenn wir jetzt über Energiekonsens reden, dann sollten wir vielleicht zunächst einmal einen Augenblick lang über die Rahmenbedingungen nachdenken, innerhalb deren eine neue Energiepolitik definiert wird.

Ich glaube, gegenwärtig decken die Probleme mit der deutschen Einheit die wirklichen Probleme dieses Landes mehr zu als auf. Das heißt, wir stehen international – und spätestens Rio hat das gezeigt – vor einer grundsätzlichen Neustrukturierung der Zugangsmöglichkeiten zu den Ressourcenquellen dieser Welt, begrenzt allerdings durch dieses Ökosystem «Erde», das innerhalb von 20 bis 25 Jahren nach der konsumkapitalistischen Revolution in seinen Grenzen erkennbar war, ja sogar errechnet werden konnte.

Wenn ein Industrieland, eines der größten Industrieländer wie die Bundesrepublik Deutschland, die Notwendigkeiten einer grundsätzlichen Restrukturierung und Umstrukturierung hin zu einer umweltverträglichen Wirtschaft – und dabei kommt der Energiepolitik die zentrale Leitfunktion zu – nicht erkennt, dann wird das über eine Energiepolitik, eine Umweltpolitik hinaus weitreichende politische, soziale und außenpolitische Konsequenzen haben.

Wir sollten auch sehen, daß zumindest in den USA gegenwärtig versucht wird, einen solchen Aufbruch – man mag die Chancen bewerten, wie man will – zu vollziehen. Das heißt, vor diesem Hintergrund halte ich es für eine sträfliche Blindheit, wenn jetzt verkündet wird, der Umweltschutz wäre zu teuer, Umweltschutz hier nur als ein Synonym genommen für die gesamte Entwicklung. Wenn jetzt wieder im wesentlichen Kostendämpfungsstrategien an oberster Stelle bei der Industrie in diesem Lande gesehen werden und der Imperativ einer ökologischen Modernisierung, eines ökologischen Umbaus zu kurz kommt, wird hier eine ganz entscheidende historische Zäsur bei uns, aber auch in der Weltwirtschaft verschlafen.

Vor diesem Hintergrund sollten wir über Konsens reden. Bevor wir allerdings über Konsens reden, sollten wir über Dissens sprechen. Und ich würde gerne eingrenzen, wo ich Konsensmöglichkeiten und -notwendigkeiten sehe und wo ich sie überhaupt nicht sehe.

Punkt 1: Der Dissens ist doch offensichtlich. Es gibt einen tiefen energiewirtschaftlichen, energiepolitischen Dissens, der sich an zwei Fragen festmacht.

Frage eins: Die Nutzung der Atomenergie zum Zwecke angeblich billiger Stromerzeugung. Frage zwei: Das Energieerzeugungs- und das Energienutzungssystem.

Wollen wir an dieser Dualität des traditionellen Energieerzeugungssystems, das im wesentlichen aus zwei Teilen, einem kraftgebundenen und einem wärmegebundenen, besteht, festhalten, oder sehen wir es als notwendig an, über eine Effizienzrevolution und technische Fortschritte den Durchbruch zu einer hochtechnischen Energiesparwirtschaft als der Grundlage unserer Wirtschaft von morgen und übermorgen zu schaffen?

Und ein weiterer Aspekt darf nicht zu kurz kommen: Sehen wir auch aus der internationalen Verantwortung für die Entwicklungsmöglichkeiten anderer Regionen dieses als die Grundlage der zukünftigen Energiepolitik an?

Zwischen beiden kann es keinen Konsens geben, vielmehr muß eine solche Grundlagenentscheidung erst einmal getroffen werden. Es macht wenig Sinn, dieses zu verkleistern. Das heißt, so wichtig Konsensdiskussionen auch sind, wenn die Grundrichtungen diametral entgegengesetzt sind, vermag ich beim besten Willen auch die rationale Plausibilität eines Konsensbemühens nicht zu erkennen.

Eine Grundrichtungsentscheidung, um dann im Konsens die unterschiedlichen Interessen abzuwägen und aufeinander abzustimmen, macht hingegen Sinn. Ich erkläre aber nochmals, diese Grundentscheidung muß zunächst einmal gefällt werden. Anders als der Kollege Schäfer würde ich die Gleichrangigkeit dieser beiden Punkte, welche die Grundentscheidung ausmachen, betonen. In den Konsequenzen bin ich gar nicht so weit von ihm entfernt.

Das heißt, daß natürlich die Frage des Einstiegs in eine Energiesparwirtschaft von zentraler Bedeutung ist, aber die Frage der Fortführung der Atomenergierisiken, die ich nicht für vertretbar halte, hat für mich natürlich einen gleichrangigen Stellenwert. Bei einem Konsens, der in die Richtung ginge: Wir garantieren den Weiterbetrieb, wir garantieren die Entsorgungsverantwortungsübernahme für einen definierten Zeitraum, der aber aufgrund der Länge in der ferneren Zukunft liegt – Schweden hat ja einen ähnlichen Weg beschritten mit einer langen, langen Perspektive –, ohne daß es gleichzeitig zu konkreten, sofortigen Schritten kommt, würde mein Vertrauen nicht ausreichen, um allein auf die Entwicklung der Alternativen zu setzen.

Ich stimme dem Kollegen Schäfer dort natürlich voll zu, wo es um die Parallelität der Entwicklung des Umstiegs, das heißt der Energiealternativen und neuer Strukturen der Energienutzung und Energieerzeugung mit dem Ziel des Ausstiegs, des geregelten Auslaufens geht, die für ihn unverzichtbar ist. Dieses teile ich!

Meine Damen und Herren, ich möchte noch etwas bei der Frage des Dissenses bleiben. Ich glaube, es ist nicht notwendig, der Bundesregierung eine neue Mehrheit für ihre heutige Energiepolitik zu verschaffen. Die Bundesregierung hat eine große Mehrheit im Bundestag. Was sie damit macht, kann man parteipolitisch verschieden bewerten, aber ohne jeden Zweifel hat sie den parlamentarischen Auftrag und die volle Legitimität zum Handeln. Wie weit sie handelt, was sie damit macht, ist ihr Problem, das politisch, in der Öffentlichkeit, im Parlament zu bewerten sein wird.

Wenn also ein Konsensansatz den Dissens zwischen einem Ja zur Atomenergie und einem Nein zur Atomenergie, zwischen einem Ja zur Fortführung der heutigen Energieerzeugungstrukturen und einem Ja zur Durchführung einer Energiesparwirtschaft in einen Konsens überführen soll, dann wird man diese Grundentscheidung ausdiskutieren müssen.

Im Klartext: Die Ueberhorst-Kommission sollte diese Grundentscheidung ausdiskutieren und vorbereiten, das finde ich eine sehr gute und sehr wichtige Initiative. Man würde sich wünschen, daß die Bundesregierung, die sich doch schließlich selbst Daten gesetzt hat – mit 1992, Beginn 1992 oder so ähnlich –, endlich einmal hier zu Stuhle käme.

Wenn aber ein politisch praktischer Konsens, wie er von der Schröder-Initiative und dann auch von der Initiative der Herren Gieske und Piltz ausging, kurzfristig angestrebt wird, dann darf man nicht zukleistern, sondern muß sehr vorurteilsfrei ausloten, ob eine solche Konsensgrundlage gegeben ist. Ist das der Fall, ist eine solche Initiative sinnvoll, handelt es sich bei Beibehaltung aller Dissense jedoch nur um eine politische Veranstaltung mit Öffentlichkeitswirkung, aber einem absehbaren Null-Ergebnis, dann sollte man es lassen! Dann ist die Zeit noch nicht reif.

Ich möchte das kurz erläutern. Auf der Grundlage der Gieske-Piltz-Initiative, die ursprünglich begonnen hat, ihre eigenen Interessen zu definieren, und so einen Konsens auf der Grundlage des geregelten Auslaufens der Atomenergie, eines neuen energiewirtschaftlichen Standes und eines Konsensstandes in diesem Land zu erreichen versuchte, war das ein Schritt nach vorn – nach meiner Bewertung.

Lassen Sie mich die Gründe aus meiner Sicht, warum es sich hierbei um ein rationales Verhalten gehandelt hat – auch im Interesse der Energiewirtschaft –, kurz darstellen. Es ist völlig klar, die Entscheidungen über die Nachfolgegeneration auf dieses Energiesystem und die Kraftwerke, vor allen Dingen die Atomkraftwerke, die wir heute haben, kommen auf die Energiewirtschaft zu. Die europäische Neuordnung der Energiewirtschaft steht unmittelbar an. Es muß also auch vor diesem Hintergrund klar sein, wie die Heimatmärkte in Zukunft geregelt sind.

Und in der Tat, ich habe aus der Position von Gieske und Piltz – vor allen Dingen von Piltz – die Erkenntnis herausgelesen, daß es um die Sicherung der Investitionen geht, und vor allen Dingen auch um die Investitionssicherheit in die Zukunft hinein. Das heißt aber im Klartext, daß diese dissenten Positionen im Grundsatz, wie sie heute existieren, und die Unwägbarkeiten der Zukunft an der jeweiligen Rechtsinterpretation und vor allen Dingen an der Mehrheitsentscheidung des Souveräns, nämlich der Wählerin und des Wählers, hängen.

Ich habe verstanden, daß man diese Unwägbarkeit nicht zur Grundlage zukünftiger Investitionen machen will, sondern daß man bereit ist, auf die energiepolitische Opposition einen entscheidenden Schritt im Grundsatz zuzugehen, um die Möglichkeit einer energiewirtschaftlichen Zukunft jenseits der Atomenergie zu erörtern. Eine solche Initiative war ein guter Eröffnungszug, der gleichzeitig klar die Interessen der Stromwirtschaft definierte, nämlich langfristige Fortführung der heute getätigten Investitionen im Atomkraftwerksbereich. Dabei ist die Entsorgungssicherheit der Pferdefuß des ganzen Unternehmens, wie alle Experten von Anfang an wußten, und um diesen Punkt wird es garantiert – was die Atomopposition betrifft – die schärfsten Auseinandersetzungen in einem Konsensprozedere geben. Denn dieser Pferdefuß wird noch mächtig treten, wenn es zu keinem Konsens kommt, das kann man ganz offen sagen, das wissen auch alle Beteiligten.

Entsorgungssicherheit hängt mit der Investitionssicherheit zusammen, und die langfristige Sicherheit zukünftiger Investitionen – Herr Schäfer hat das bereits gesagt – muß auf 30 bis 50 Jahre gerechnet werden. Auf dieser Grundlage wurde die Einstiegsposition definiert. Nur, was wir heute erleben, ist in dieser Frage ein Rückzug auf der ganzen Linie. Was wir heute erleben, und das bedauere ich nachdrücklich, vor allen Dingen angestoßen durch die süddeutschen Stromerzeuger und die CDU/CSU, ist ein Rückzug von diesem Eröffnungsschritt, der bedeutete, in der Grundsatzfrage sich auf ein Gespräch einzulassen, eine Zukunftsperspektive zu eröffnen für eine Energiewirtschaft jenseits der Nutzung der Atomenergie hier in Deutschland.

Aus meiner Sicht ist es so, wir sind auf die Ueberhorst-Kommission, wir sind auf den Ansatz jetzt des Konsensfindungsprozesses zurückgefallen, nach allem, was ich in den letzten Wochen mitbekommen habe, was ich an Gesprächen geführt habe, und am Montag wird es wieder ein Gespräch geben, wo sich ähnliches, mutmaße ich, nachdrücklich wieder bestätigen wird. Daher sehe ich die Initiative von Piltz und Gieske eigentlich festgelaufen. Das heißt, ich sehe, daß wir von einem Konsens des geregelten Auslaufens der Atomenergie weiter denn je entfernt sind.

Trotzdem sollte uns das nicht verdrießen, Gespräche zu führen, nur möchte ich zum Schluß nochmals klarstellen: Gespräche, da bin ich anderer Meinung als die Demonstranten vorhin, sollte man immer und mit jedem führen, das kann nie schaden, nur muß man sie dann unter die richtige Überschrift einordnen. Das heißt, man wird gut beraten sein, die Bedingungen des Konsenses, sozusagen erst einmal die Verfahrensvorläufe, zu prüfen und festzustellen, ob es einen Konsens überhaupt geben kann angesichts der Position, respektive wie man Positionen annähern kann, damit Konsensgespräche überhaupt eröffnet werden können.

Man wird gut beraten sein, sich zuerst darauf zu konzentrieren, denn dieser mutige Schritt – ich finde ihn nach wie vor mutig – von Gieske und Piltz, ihr Versuch, die Grundsatzdissensposition aufzubrechen in Richtung Energiekonsens jenseits der Perspektive der Atomenergie, dieser Schritt scheint mir mittlerweile zurückgenommen zu sein.

Das ist zu bedauern, aber das ist nun einmal ein realistisches Faktum. Ergo spricht vieles dafür, daß die entscheidenden Dissens- oder Konsensprobleme im Bundestagswahlkampf eine Rolle spielen und die

Entscheidung bei der Bundestagswahl mitbestimmen werden. Trotzdem halte ich es aus meiner Sicht für eine vorzügliche Initiative, wenn die Bundesregierung endlich zu Stuhle käme, die Konsensfindung auszuloten und zu betreiben.

Lassen Sie mich schließen mit dem Satz: Eine weitere Nutzung der Atomenergie mit den Grünen zu verhandeln – in welcher Variation auch immer –, wird ein aussichtsloses Unterfangen sein. Meine Partei, entstanden aus der Anti-Atombewegung, hat auch über viele Jahre hinweg, in denen das Thema nicht gerade im Mittelpunkt der Gesellschaft stand, aus der Überzeugung heraus, daß es eine gefährliche Sackgasse ist – die Franzosen werden das noch erleben –, auch was die Energiesystematik betrifft, und aus vielen Gründen, die ich hier nicht mehr zu spezifizieren brauche, diesen Weg der Fortführung der Atomenergie für nicht akzeptabel gehalten. Einen Konsens auf der Grundlage der Fortführung der Atomenergie sehe ich nicht für möglich an, sondern das wird bedeuten, man wird es ausfechten müssen.

Über kommende Mehrheiten werden die notwendigen gesetzgeberischen Entscheidungen zu treffen sein, und auf der Grundlage der vom Gesetzgeber getroffenen Entscheidung wird es dann einen neuen Konsens mit der Energiewirtschaft geben.

Ich denke mir, die beiden Punkte müssen eindeutig geklärt werden, und ich würde auch dafür plädieren, heute gar nicht darum herumzureden. Die Grundsatzentscheidung Ja oder Nein für einen Konsens, für einen wirklichen Durchbruch zu einer Energiesparwirtschaft perspektivisch jenseits der Atomenergie, würde mich schon brennend interessieren.

Stellungnahmen aus der Sicht gesellschaftlicher Akteure

Ralf Zimmermann

Meine Damen und Herren,

aus Sicht der in der leitungsgebundenen Energiewirtschaft Beschäftigten ist die in Gang gekommene Debatte um einen Energiekonsens zu begrüßen. Ein Verständigungsprozeß über die Strukturen der künftigen Energieversorgung in Deutschland ist unabdingbar, auch um den Beschäftigten in der Energiewirtschaft eine sichere Zukunftsperspektive zu bieten. Gespräche zum Ausloten einer derartigen Verständigung sind notwendig, sie müssen auch unabhängig von unterschiedlichen Grundsatzpositionen geführt werden. Es geht schließlich nicht nur um die Zukunft der Kernenergie, sondern um die Zukunft der Energiewirtschaft in Deutschland insgesamt und damit auch um die Arbeitsplätze der Beschäftigten.

In bezug auf die Kernenergie, aber auch in bezug auf die Energiewirtschaft insgesamt lohnt sich ein Ausloten, welche energiewirtschaftlichen Positionen vertreten werden.

1. Zur Option Kernenergie

In den bisherigen Positionsbestimmungen im Vorfeld der Gespräche zum Energiekonsens hat die Energiewirtschaft entschieden für das «Offenhalten der Option für die Kernenergie» auch in Zukunft plädiert. Es ist richtig: Das Offenhalten einer Option heißt nicht, daß dieser Option tatsächlich stattgegeben werden wird. Dennoch denken wir als Gewerkschaft ÖTV und DGB, es wird in diesem Punkt sehr schwierig werden, einen übergreifenden Konsens herzustellen. Denn die Energiewirtschaft setzt dies nicht gleich mit einem Verzicht, sondern mit dem Wiedereinstieg in die Kernenergie in der nächsten Kraftwerksgeneration. Siemens will hierfür gemeinsam mit Framatome den sogenannten «Euro-Reaktor» bis zum Jahre 2000 anbieten. Da es sich bei diesem Reaktor um eine einfache Weiterentwicklung der bisherigen Leichtwasserreaktoren und keineswegs um einen «inhärent-sicheren Reaktor» handelt und zudem die Entsorgungsfrage noch nicht ansatzweise gelöst ist, halten wir den Einsatz eines derartigen Reaktors für nicht konsensfähig.

Ein belastbarer Konsens über die Zukunft der deutschen Energieversorgung wird aus Sicht von ÖTV und DGB ohne einen festgeschriebenen Verzicht auf Kernkraftwerke in der nächsten Kraftwerksgeneration nicht zu haben sein. Ohne einen derartigen Verzicht ist aber auch die Akzeptanz der erforderlichen Ersatzkraftwerke in Deutschland und damit die Sicherung der Arbeitsplätze in der leitungsgebundenen Energiewirtschaft in Gefahr. Wir plädieren deshalb dafür, die Option für Kernenergie durch die Option «Erzeugung im Inland» zu ersetzen. Dabei ist auch eine Forschungsoption für die Kernenergie (beispielsweise zur Entwicklung eines inhärent-sicheren Reaktors und zur Lösung der Entsorgungsfrage) akzeptabel, solange keine öffentlichen Mittel dafür zur Verfügung gestellt werden. Die Freiheit der Forschung ist ohnehin gewährleistet. Öffentliche Förderung darf es jedoch nur für andere Erzeugungsalternativen geben.

2. Zur Frage der Restlaufzeiten

Bei der Frage der Restlaufzeiten der bestehenden Kernkraftwerke ist aus unserer Sicht eine höhere Konsensfähigkeit gegeben als beim Thema Option. Wichtig ist hier zum einen:

- daß die bestehenden Kernkraftwerke in ihrer gesamten Restbetriebsdauer jeweils auf den neuesten Sicherheitsstandard nachgerüstet werden und
- daß für jedes Kernkraftwerk ein realistisches Auslaufdatum festgelegt wird, um den Ersatzkraftwerkspark präzise planen zu können.

Ein derartiger Konsens in bezug auf die Auslaufzeiten beinhaltet die aus unserer Sicht notwendige Ausfüllung der Option «Erzeugung im Inland». Dabei ist anzustreben, daß die neue Kraftwerksgeneration zur

Sicherung heimischer Arbeitsplätze in Deutschland selbst und auf dem höchstmöglichen Umweltniveau errichtet wird. Dabei ist ein Kraftwerksmix zu verwirklichen auf der Basis von Braun- und Steinkohle sowie von Erdgas. Ein zunehmender Anteil von Anlagen regenerativer Energien (zum Beispiel Windkraft) wird zu berücksichtigen sein. Es ist unter dem Gesichtspunkt der Kohlendioxydreduktion insbesondere darauf zu achten, daß Kraftwerke mit hoher Effizienz, das heißt mit optimaler Ausnutzung des fossilen Brennstoffs, errichtet werden. Die Anlagen sind soweit wie möglich in umweltfreundlicher und rohstoffschonender Kraft-Wärme-Koppelung zu errichten.

3. Zur Energiesparstrategie

Wir plädieren dafür, daß die Energieunternehmen eine Selbstverpflichtung zur schnellstmöglichen Investition in Energieeinsparung und regenerative Energien eingehen. Damit können sie auf der Zeitachse ganz vorn deutlich machen, daß sie diesen beiden Energiequellen in einer zukünftigen Energieversorgungsstruktur einen wichtigen Stellenwert einräumen. Anzustreben ist die Verpflichtung auf ein nationales Energieprogramm mit klaren Zielvorgaben, wieviel Prozent der Energie in den einzelnen Bereichen bis zu einem bestimmten zu definierenden Zeitpunkt eingespart werden soll und wieviel Prozent zu diesem Zeitpunkt von erneuerbaren Energien geliefert werden soll. Ein nationaler Energiebeirat sollte unter Beteiligung der Gewerkschaften und der Umweltverbände eingerichtet werden, der u. a. die Realisierung dieser Zielvorstellungen laufend überprüft und die Zielvorstellungen im Sinne eines optimalen Konzeptes fortschreibt. Dies ist nicht zuletzt auch aus dem Grunde notwendig, um die gesellschaftliche Akzeptanz der neu zu errichtenden Kohle- und Gaskraftwerke, die den zunächst noch großen «Rest» der Energie herstellen müssen, bei allen gesellschaftlichen Gruppen zu gewährleisten.

Für Strom sollte unstrittig sein: Neben die neue heimische Kraftwerksgeneration müssen zunehmend «Einsparkraftwerke» treten also das strategische Einsparen von Strom und Wärme mittels Programm zur rationellen Energieverwendung. Geeignet, die Einsparpotentiale für Strom zu realisieren, erscheint insbesondere das Planungskonzept des Least-Cost-Planning. Einzelne Energieversorgungsunternehmen, insbesondere verschiedene Stadtwerke, haben bei der Realisierung von Programmen zum strategischen Stromsparen bereits wichtige Pionierarbeit geleistet. Durch die umfangreichen Beratungs- und Koordinierungstätigkeiten im Rahmen der Einsparprogramme werden auch zahlreiche qualifizierte Arbeitsplätze geschaffen. Nach einer Erhebung des VDEW existieren in der deutschen Elektrizitätswirtschaft bereits rund 3 600 Arbeitsplätze im Bereich Energieberatung. Das Konzept des Least-Cost-Planning ist bei der Novellierung des Energiewirtschaftsgesetzes als verbindliches Planungskonzept für die staatliche Energiefachaufsicht festzuschreiben.

Zur weiteren Finanzierung von Energiesparmaßnahmen insbesondere in den Bereichen Wärmedämmung und Verkehr fordern ÖTV und DGB die Erhebung einer zweckgebundenen Abgabe auf alle nicht regenerativen Energiequellen in ausreichender Höhe. Das Aufkommen aus dieser allgemeinen Energieabgabe ist zweckgebunden an verschiedene Fonds für Industrie, Energiewirtschaft und Haushalte abzuführen, um die jeweils notwendigen Maßnahmen zum Energiesparen und zur intelligenten Nutzung der Energiequellen zu finanzieren.

4. Zum Gesamtkonzept Entsorgung

Es ist aus Sicht von ÖTV und DGB unbedingt erforderlich, daß ein Gesamtkonzept für die Entsorgung der Kernenergie auf nationaler Ebene formuliert wird. Die Option Wiederaufarbeitung ist unverzüglich aufzugeben. Nachdem sich die Zweifel an der Endlagerfähigkeit des Standortes Gorleben für hochradioaktiven Atommüll verdichten, ist die systematische Prüfung der verschiedenen Optionen für eine heimische Endlagerung (Salzstock, Einschluß im Gestein oder ähnliches) wiederaufzunehmen. Erst im Rahmen eines darauf aufbauenden nationalen Gesamtkonzeptes kann auch endgültig über das Lager «Schacht Konrad» entschieden werden. Die auf der Basis des «Auslaufens der bestehenden Kernkraftwerke nach ihrer festgelegten Betriebsdauer» auch mengenmäßig ausreichende Gesamtlösung zur Entsorgung muß dann durch glaubwürdige Öffentlichkeitsarbeit Akzeptanz bei der Bevölkerung in den betroffenen Regionen finden.

Es mag sich nach der Prüfung der Optionen für eine heimische Endlagerung herausstellen, daß in Deutschland kein geeigneter Endlagerstandort zur Verfügung steht. In diesem Falle muß eine Kooperation innerhalb der Grenzen der Europäischen Gemeinschaft angestrebt werden. Dabei ist der höchstmögliche Sicherheitsstandard festzuschreiben. Ein Verhandeln mit einem GUS-Staat um eine mögliche «Kooperation» zur Entsorgung des deutschen Atommülls lehnen wir als ÖTV und DGB ebenso ab wie den Versuch, den Atommüll in ein Land der 3. Welt zu exportieren. Ein derartiges Vorgehen wäre unverantwortlich und keinesfalls konsensfähig.

Ein Endlagerkonzept in der Bundesrepublik Deutschland (oder notfalls in EG-Europa), das Entsorgung, Dekontamination und Abbau der Kernkraftwerke umfaßt, muß unter Federführung und in Verantwortung von fachlich ausgebildetem Personal durchgeführt werden salso hauptsächlich von den jetzt in den Kernkraftwerken Beschäftigten. Dadurch werden die Arbeitsplätze im Kernenergiebereich auch über das Auslaufen des letzten Reaktors hinaus gesichert.

Zum Schluß

Auf der Basis der eben genannten vier inhaltlichen zentralen Bausteine erscheint uns als Gewerkschaft ÖTV und DGB ein parteien- und verbändeübergreifender Konsens in der Bundesrepublik Deutschland herstellbar, da dieser den Interessen aller Beteiligten ausreichend Spielraum gewährt. Es wird in dem zu organisierenden Konsensfindungsprozeß wesentlich darum gehen, daß Maximal-Positionen auf der einen wie der anderen Seite in den Verhandlungen keine bremsende Funktion einnehmen können. Dabei wäre auch eine Verständigung über einen möglichen Dissens ein fruchtbares Ergebnis.

Dr. Hans-Ulrich Fabian

Meine Damen und Herren,

die Elektrizitätswirtschaft gehört regelmäßig zu den größten Investoren in der Bundesrepublik. So steht zum Beispiel allein in den neuen Bundesländern ein Investitionsvolumen von weit mehr als 20 Mrd. DM im Stromerzeugungsbereich bevor.

Sie kann aber ihre im Hinblick auf das Investitionsvolumen und zeitliche Wirkung weitreichenden Aufgaben und Entscheidungen nur dann treffen, wenn sie verläßliche Rahmenbedingungen vorfindet.

Kraftwerke und ihre gesamte zugehörige Infrastruktur wie Netze und sonstige Versorgungsstrukturen haben von der Planung bis zur Stillegung einen Lebenszyklus von 50 Jahren und mehr, umfassen somit mehr als 12 Legislaturperioden.

Die Elektrizitätswirtschaft ist daher in besonderem Maße auf den Bestand politischer und behördlicher Entscheidungen und die Berechenbarkeit rechtsstaatlichen Handelns und wirtschaftlicher Ordnungen angewiesen.

Die gegenwärtigen Bemühungen, im Energie- und Strombereich wieder einen überparteilichen Konsens zustandezubringen, wurden vorwiegend im Hinblick auf die zukünftige Rolle der Kernenergie angestoßen. Daher werde ich mich vor allem ihr widmen.

Der Wert aller kerntechnischen Anlagen in unserem Lande repräsentiert je nach kaufmännischem Ansatz zwischen 30 und 100 Mrd. DM, und der Wert des in ihnen jährlich erzeugten Stroms entspricht ungefähr 15 – 20 Mrd. DM.

Ein Ausstieg aus der Kernenergie im Sinne einer vorzeitigen Stillegung unserer Kernkraftwerke käme daher einer Verschwendung von letztlich Volksvermögen gleich.

Es ist daher dringend erforderlich, sich über die Grundzüge einer zukünftigen Energiepolitik zu verständigen. Eine solche Verständigung ist offensichlich immer schwieriger geworden angesichts der widerstreitenden Interessen in unserer von vielen Gruppeneinflüssen bestimmten demokratischen Gesellschaft. Alle Gruppierungen haben ihren Handlungsspielraum gegenwärtig in Positionspapieren, Parteitagsbeschlüssen und -erklärungen eingeengt und festgezurrt; differenzierende Meinungen, die es jeweils in jeder der gesellschaftsrelevanten Gruppen zu geben scheint, erschweren zusätzlich die Konsenssuche. Wenn es denn je einen Konsens und einen Willen, ihn zu finden, geben sollte, bedarf es folglich besonderer Vorgehensweisen zu seiner Realisierung.

Ich versuche einmal, diejenigen Grundsätze zu formulieren, von denen ich annehme, daß sie überwiegend Zustimmung finden können:

1. Es gibt Handlungsfelder, Wirtschaftsbereiche und damit auch Politikbereiche, die eine solche Reichweite – sei es wirtschaftlich, gesellschaftlich, ordnungsrechtlich – haben, daß ihre Entwicklungszeiten, ihre Bestandsdauern und ihre Auswirkungen über viele Legislaturperioden reichen und folglich nicht der Zufälligkeit kurzfristiger Saisonstrategien ausgesetzt sein dürfen.
   Die gesamte Energieversorgung und die sie tragenden Investitionen dürften neben vielen anderen Bereichen dazu gehören.
2. Es gibt rechtsstaatliche Grundsätze, an die alle demokratischen Kräfte gebunden sind:
   - rechtmäßig zustande gekommene Verträge sind einzuhalten;
   - der einzelne Bürger, aber auch Unternehmen müssen sich auf die Gültigkeit rechtsstaatlich eingeräumter Rechte – wie zum Beispiel Genehmigungen – verlassen können;
   - jeder hat einen Anspruch darauf, daß der Staat das Eigentum schützt.
3. Energiewirtschaft kann heute nicht mehr losgelöst vom globalen Umfeld betrieben werden. Zwar gilt der Grundsatz: «Global denken, lokal handeln.» Dies darf aber keinen Widerspruch bedeuten, sondern muß heißen, daß das jeweilige Handeln unter globalen Gesichtspunkten erfolgen muß.
4. Ein Konsens in der Energiepolitik kann nicht zustande kommen, wenn man jetzt kurzfristig alle Probleme in das Konsenspaket hineinpackt, die sich nur irgendwie unter dem Aspekt «Energie» finden lassen. Gewiß gibt es eine Fülle von inneren Zusammenhängen zwischen den Stichworten Verkehrspolitik, Wärmeschutzverordnung, Energiesteuer, Steinkohleverstromung, Kraft-Wärme-Koppelung, re-

generative Energieträger, dezentrale Energieversorgung, Least-Cost-Planning, Novellierung des Atomgesetzes, Energiewirtschaftsgesetz u.a.m.

Wir werden aber nicht alles in einer Art Königsweg auf einmal lösen und regeln können. Daher ist eine gewisse Bescheidenheit im Erwartungshorizont angezeigt und erforderlich. Ich unterstelle einmal Einigkeit in der Sicht, daß der «große Wurf» kurzfristig schwierig, wenn nicht gar unmöglich scheint.

In bezug auf die Kernenergie sind die Positionen der Elektrizitätswirtschaft wiederholt und öffentlich dargelegt worden, teilweise mit etwas unterschiedlichen Facetten. Ich erinnere nur an den Brief der Herren Piltz und Gieske, aber auch an Stellungnahmen der VDEW und einzelner Unternehmen: In der Substanz erscheinen sie mir nicht sehr verschieden und in der Zielsetzung identisch. Einig sind wir in folgenden Grundsätzen, die auch abgeleitet sind von den vorhin genannten, mehr grundsätzlichen Erwägungen:

1. Die bestehenden und rechtmäßig genehmigten Kernkraftwerke können weiterbetrieben werden, sofern und soweit sie die Randbedingungen ihrer Betriebsgenehmigungen erfüllen und auf dem erforderlichen Sicherheitsstand gehalten werden. Ihre Lebensdauer wird durch technische und wirtschaftliche Randbedingungen bestimmt. Eine absolute Grenze für eine Lebensdauer läßt sich technisch begründbar allerdings nicht konkret angeben.
2. Die fest geschlossenen Wiederaufarbeitungsverträge, die mit zwischenstaatlicher Absicherung zustande gekommen sind, werden erfüllt. Das dabei entstehende Plutonium sollte im Interesse der Nichtverbreitungsphilosophie und der Ressourcenschonung in Form von MOX-Brennelementen in bestehende Reaktoren zurückgeführt werden. Wenigstens für die Verarbeitung dieser durchaus begrenzten Menge Plutonium von circa 30 t Pu (spaltbar) sollte die neue Anlage in Hanau betrieben werden, da die Bundesrepublik weltweit die besten Erfahrungen in der Herstellung und dem Einsatz von MOX-Brennelementen hat. Es wäre nicht vertretbar, wollte man den Gegenwert von drei Jahresförderungen in Kraftwerken verfeuerter heimischer Steinkohle – dies ist der energetische Wert der 30 t Pu – wieder ungenutzt unter Tage bringen. Eingesetzte MOX-Brennelemente können nach ihrer Verwendung entweder erneut wiederaufgearbeitet oder aber direkt endgelagert werden. Es ist jetzt nicht unbe-

dingt erforderlich, über die nach 2005 anstehenden Optionsmengen der Wiederaufbereitungsanlagen-Verträge zu befinden. Die EVU haben zu erkennen gegeben, über die optional kontrahierten Mengen anders verfügen zu wollen.

3. Die direkte Endlagerung sollte soweit vorbereitet werden, daß jedes EVU entscheiden kann, ob es weiter wiederaufarbeiten oder direkt endlagern will. Allerdings wäre dies in einer Novellierung des Atom-Gesetzes zu verankern. Die Elektrizitätswirtschaft würde dies durchaus begrüßen. Beide Wege erfordern aber ohnehin Zwischenlager – auch noch neue. Durch eine Zwischenlagerung gewinnen wir auf jeden Fall viel Zeit (ungefähr 20 Jahre), um über den endgültigen Verbleib der abgebrannten Brennelemente nachzudenken. Ich bin sicher, daß sich im Interesse der Ressourcenschonung der Rezyklierungsgedanke wie auch in anderen Bereichen der Wirtschaft durchsetzen wird.
4. Bei allen denkbaren Varianten der Kernenergienutzung (sei es Weiterbetrieb, Restabwicklung oder Stillegung von KKW) entstehen Abfälle und Reststoffe, so daß auf jeden Fall – völlig unabhängig vom Szenario – Endlager erforderlich sind. Wir können uns nämlich nicht nur auf Zwischenlager abstützen, sondern müssen auch den endgültigen Verbleib der Abfälle und abgebrannten Brennelemente im Auge behalten.
   - Daher muß das Endlager KONRAD möglichst bald in Betrieb gehen, da – vertraglich bedingt – die nicht wärmeerzeugenden WA-Abfälle spätestens 1997 zurückkommen und außerdem der vorhandene und noch entstehende radioaktive Abfall möglichst bald endzulagern ist. Außerdem ist KONRAD nach allen Erkenntnissen – auch im weltweiten Maßstab – ein sehr geeignetes Endlager. Ob dies so von den Fachleuten bestätigt wird, mag das gegenwärtige Planfeststellungsverfahren ergeben.
   - Das Endlager GORLEBEN muß weiter erkundet werden. Wir gehen zwar von seiner Eignung aus; aber gerade dies soll ja erst gezeigt werden. Das Ergebnis muß bis dahin offen sein. Die geologische Fachwelt beneidet uns um den Salzstock in Gorleben. Aber: Erst wenn Gorleben erkundet ist und wenn erwiesen wäre, daß es als Endlager nicht geeignet ist, können wir es aufgeben. Zugleich könnte ein anderer Standort erkundet werden. Wir sehen aber zur Zeit niemanden, der einen anderen potentiellen

Endlagerstandort in der Bundesrepublik zur Verfügung zu stellen bereit wäre.

- Wir brauchen ein solches Endlager, unabhängig davon, ob wir nun wiederaufarbeiten oder direkt endlagern würden.

5. Die Option Kernenergie sollten wir auf jeden Fall offenhalten, aber nicht im Sinne einer passiven Feststellung purer Handlungsmöglichkeiten, sondern durch konkrete Arbeiten an akzeptablen Lösungen. Wir sollten den Faden keinesfalls abreißen lassen. Zum einen wollen wir die zum Teil noch viele Jahre laufenden Kernkraftwerke doch mit fachkundigen, motivierten Mitarbeitern betreiben. Dies sollte in unser aller Interesse liegen. Wie aber sollen wir die bekommen, wenn ein junger Ingenieur dort keine berufliche Perspektive für seine Lebensplanung sieht? Insofern sollte auch im Bereich der Kernenergie Forschung und Entwicklung ein fester Bestandteil deutscher Forschungs- und Bildungspolitik bleiben.

Im übrigen ist die Kernenergie neben den regenerativen und den fossilen Energieträgern angesichts ihres beeindruckenden Potentials zu wertvoll, um sie schlicht zu verwerfen.

Es könnte nämlich sein, daß man sehr schnell nach neuen Anlagen ruft, wenn sich die Erkenntnisse über den Treibhauseffekt weiter drastisch verdichten oder die anderen Anstrengungen wie zum Beispiel Sparen und rationelle Energieverwendung nicht im erwarteten Umfang greifen.

Dann aber sollte gemeinsam festgelegt werden, wie denn eine neue Generation von Reaktoren aussehen muß, damit die zur Kernenergie-Ablehnung oder zu Ängsten bisher Anlaß gebenden Phänomene nicht auftreten oder gemildert werden. Der Ruf nach Ausstieg sollte einer Präzisierung der Alternativen weichen, und zwar konkret. Rationale Konzepte müssen hier an die Stelle von träumerischer Verklärung treten.

Verantwortung wird nicht wahrgenommen durch Ablehnung des Vorhandenen, sondern nur durch konstruktive Mitgestaltung des Neuen. Es gilt ferner, weitere Gesichtspunkte zu bedenken:

1. Unser Land gründet seinen Wohlstand doch überwiegend auf sein Know-how in allen Bereichen der Technik und der Naturwissenschaften.
2. Man kauft unsere Produkte aber nur, wenn wir sie auch im eigenen Land anwenden. Niemand würde sich zum Beispiel mehr für unser

Wissen in der nuklearen Technik interessieren, wenn wir sie nicht im eigenen Land anwendeten.

3. Wenn wir uns von der Kernenergie verabschieden würden, dann würden dies längst nicht auch die anderen Nationen tun. Zum Beispiel werden die GUS-Staaten ihre Kernenergie nach eigenem Bekunden weiterbetreiben und ausbauen. Auch Frankreich, Japan und aller Voraussicht nach China werden zukünftig verstärkt Kernenergie nutzen. Sie werden aber unsere sachkundige Mitwirkung nur in Anspruch nehmen, wenn sie aus eigener – fortgeschriebener – Erfahrung kommt. Der ferne Osten zum Beispiel fragt uns bereits zunehmend weniger nach unserem Know-how.
   Welchen Sinn sollte ferner ein Ausstieg aus der Kernenergie machen, wenn wir Strom aus den Nachbarländern importierten, der ebenfalls aus der Kernenergie kommt?
4. Mir ist kein Fall in der Geschichte bekannt, wo man eine potentiell zukunftsträchtige Technik aufgrund anfänglicher Rückschläge oder Ängste aufgegeben hat, d. h. aus ihr ausgestiegen wäre.
   Die Geschichte zeigt viele Beispiele auf, wonach trotz anfänglicher Vorbehalte potentiell erfolgversprechende Techniken zum Nutzen aller fortentwickelt wurden. Der Wasser-Dampf-Kraftprozeß gehört dazu.

Zu den übrigen Komplexen der Energiewirtschaft möchte ich nur einiges wenige sagen:

Gewiß will die Elektrizitätswirtschaft auch die regenerativen Energiequellen nutzen, wo es möglich und wirtschaftlich sinnvoll ist. Aber ich weise auf folgendes hin: Kapital ist ein ebenso kostbares Gut wie Naturressourcen, zum Beispiel Rohstoffe, Luft, Wasser und Boden. Daher muß der Kapitalwirkungsgrad, d. h. der erreichte ökonomische und ökologische Nutzen, möglichst groß sein. Aber gerade der ist bei den regenerativen Energieträgern relativ gering im Vergleich zu den Alternativen. Wir sollten uns nicht zu sehr von Wünschen leiten lassen. Gerade das täte man, wollte man die Deckung des Energieverbrauchs vorrangig von den Regenerativen erwarten. Wir können vielleicht in 20 Jahren einen 5 – 10%igen Beitrag zum Bedarf schaffen, aber nach aller Erkenntnis nicht mehr. Dennoch: Die Energie-Wirtschaft engagiert sich auch bei der Nutzung der regenerativen Energieträger, kann doch hierbei auch fossiler Brennstoff, wenn auch kaum installierte Kraftwerksleistung, verdrängt werden. Wir haben keine grundsätzlichen Vorbehalte gegenüber irgendeinem Energieträger, sind allerdings gehalten, den Strom so wirtschaftlich und zugleich umweltfreundlich wie möglich zu erzeugen.

Wo es geht und wirtschaftlich gewollt und vertretbar ist, wird auch Kraft-Wärme-Koppelung, etwa bei den Blockheizkraftwerken, praktiziert. Wir wenden uns aber gegen jede Form zwangsweiser Einspeisevergütungen, weil diese letztlich immer eine Spezialausprägung von Subventionen darstellen.

Ein Ende der über die Stromwirtschaft abgewickelten Subventionen ist auch bei der deutschen Steinkohle erforderlich. Gleichwohl ist wohl bei der Ansteuerung eines Energiekonsenses auch das Problem der deutschen Steinkohle in das Konsenspaket einzubeziehen.

Ich komme zum Schluß:

- Die Elektrizitätswirtschaft begrüßt überwiegend den Eintritt in Konsensgespräche. Sie erhofft sich aus dem Dialog die Festlegung verläßlicher, langfristiger Rahmenbedingungen, insbesondere auch zur Nutzung der Kernenergie.
- Es hilft nicht weiter, Formulierungsbastionen aufzubauen und zu vertiefen: Die Diskussion, ob etwas «der Ausstieg aus dem Einstieg / der Einstieg in den Umstieg / oder der Einstieg in den Ausstieg» ist, ist jedem Konsensbemühen abträglich. Wichtig ist, daß wir den Abstieg vermeiden.
- Die Frage der Kernenergie sollte aus den Wahlkämpfen herausgehalten werden. Gerät sie erst einmal dort hinein, dürfte es keine Fortschritte geben. Man ist geneigt zu empfehlen, bei der Konsenssuche nur solche Mitwirkenden zuzulassen, die auf eine Profilierung nicht angewiesen sind.
- Jede Seite muß sich bewegen. Anzustreben wären Lösungen,
  - bei denen keine Wege endgültig verbaut werden;
  - bei denen Überlegungszeit enthalten ist;
  - die Anpassungszeiten enthalten;
  - die Handlungsklarheit über eine vernünftig lange Zeitspanne verschaffen.

Prof. Dr. Günter Altner

1. Für das Öko-Institut ist es in den vergangenen Jahren immer um einen energiepolitischen, nicht aber um einen atompolitischen Konsens gegangen. In diesem Sinne haben wir uns seinerzeit an der Engergie-Enquete des Deutschen Bundestages beteiligt. In diesem Sinne haben wir auch die in der Bundestagsdrucksache 12/1799 angekündigte Kommission zur Ermittlung einer konsensfähigen Energiepolitik für richtig gehalten.
2. Allerdings hat sich die Bundesregierung bislang als unfähig erwiesen, eine solche Kommission einzuberufen. Der VEBA/RWE-Brief an den Bundeskanzler kann aber nun keineswegs als Geschäftsgrundlage oder Arbeitsprogramm für die vieldiskutierte Konsens-Kommission gelten. Ebenso sind die aus landespolitischen Erwägungen entwickelten Vorstellungen des Ministerpräsidenten Schröder als Konsensfindungsgrundlage unzureichend. Der Meinungsbildungsprozeß zur Sache kann auch nicht einfach von den Kommissionsexperten zu den Parteipolitikern laufen, er muß vielmehr in die kritische Öffentlichkeit zurücklaufen, von wo er ursprünglich kam. Erst dann kommt die Stunde parteipolitischer Verständigungen.
3. Tieferliegende Wahrheitsfragen, Erkenntnisansätze und praktische Lösungskonzepte, wie sie für die Energieproblematik erforderlich sind, können nicht durch parteipolitische Kungeleien geklärt werden. Bevor die parteipolitische Pragmatik greifen kann, bedarf es einer umfassenderen Konsensfindungsarbeit, die die Öffentlichkeit einschließt. Wer sich dem nicht aussetzen will, hat mit unbilligen Mitteln die Wahrheit gepachtet.
4. Die Atomenergieoption ist nicht die energiepolitische Trumpfkarte für die Zukunft. Und selbstverständlich ist es auch nicht die Nutzung der fossilen Energien. Vielmehr gilt, und hier formuliere ich in Übereinstimmung mit Rudolf von Bennigsen-Foerder: »Das erheb-

lich verstärkte Energiesparen muß den größten Beitrag zur Problemlösung leisten.«

5. Will man die zu klärenden Rahmenbedingungen für eine konsensorientierte Energiepolitik genauer benennen, so muß man sagen: Die anzustrebende Effizienzrevolution hat viele Voraussetzungen: Effizienz statt neuer Großkraftwerke, dies bei der Wärme-Kraft-Koppelung, beim Einsatz effizienter Maschinen und Geräte und nicht zuletzt auch auf dem Verkehrssektor. Die Effizienzrevolution setzt ferner voraus: verstärkte Nutzung und Einführung regenerativer Energiequellen, Heranführung des Energiepreises an den Echtpreis, Starthilfe im Sinne der Effizienzsteigerung für die weniger entwikkelten Industrienationen, Schwellenländer und Entwicklungsländer.
6. Alles in allem wäre es verheerend blauäugig, den Energiekonsens unter Ausklammerung des Westeuropa- und Osteuropa-Bezugs suchen zu wollen. Gerade auch unter dieser Voraussetzung müssen Kurz-, Mittel- und Langfristoptionen entwickelt und vergleichbar gemacht werden. Dazu benötigt man Zeit und nicht eine von Wahlkämpfen überschattete Kurzzeit-Kommission.
7. Die Suche nach dem energiepolitischen Konsens darf nicht energietechnisch versimpelt werden. Es geht um die tieferliegende Frage, wie wir leben und was wir produzieren wollen. Das ist nicht zuletzt eine Angelegenheit des Diskurses zwischen Ökologiebewegung, Gewerkschaften und Industrie.
8. Die Entsorgungsfrage wird desto schwerer zu lösen sein, je länger und je höher der Atommüllberg wächst. Aber es gilt natürlich auch: Das Klimaproblem wird desto unlösbarer, je weiter die CO_2-Konzentration fortgeschritten ist. Angesichts dieser bedrohlichen Engpaß-Situation ist es unverzichtbar, bei dem zu suchenden energiepolitischen Konsens neben der Effizienzfrage die Sicherheitsfrage in einem sehr umfassenden Sinne ins Zentrum der Erwägungen zu rücken.
9. Die gegensätzlichen energiepolitischen Standpunkte und die dadurch bewirkte Blockade sind nicht nur negativ zu sehen. Sie dokumentieren die Weite des Spielraumes, der vor uns liegt, den wir erschließen müssen, ohne unsere Meinung an der Garderobe der Energiewirtschaft abzugeben. Will sagen: Der Weg zum Konsens läuft über den streitbaren Diskurs, und der beginnt dort, wo wir uns der Unterschiede mit vertretbaren Argumenten bewußt werden.

10. Für diesen Diskurs benötigen wir Zeit, was immer die energiepolitische Politikerrunde 1993 erbringt. Da seit 1991 schon viel Zeit verplempert wurde, benötigen wir zunächst einen Konsens darüber, daß eine längerfristige Kommissionsarbeit über den Wahltermin hinaus notwendig ist, um Verfahren, Themen und Lösungskonzepte zu klären.

Diskussion

Moderator: Meine Damen und Herren, ich mache Ihnen den Vorschlag, daß wir uns auf die Fragenkomplexe dieses ersten Bereiches konzentrieren: Welche Aufgaben sollen 1993 wie angefangen werden? Die anderen Fragen, welche energiepolitischen Möglichkeiten wir haben, können wir noch sehr gut in Verbindung mit den Optionen heute nachmittag diskutieren. Herr Vahrenholt!

Dr. Fritz Vahrenholt: Meine Damen und Herren, ich freue mich, daß Joschka Fischer wieder da ist, da ich ihn auch persönlich ansprechen wollte, denn wir haben ja heute von ihm das Paradebeispiel einer Volte erlebt. Denn als du, Joschka, in der ZEIT im Dezember das Kernenergiekonsenspapier begrüßt hast, da habe ich dich dafür kritisiert, und heute erleben wir, daß du dich von der Konsensarbeit faktisch verabschiedet hast, jedenfalls für 1993/94. Ich bedauere das sehr, und es macht mich sehr nachdenklich. Ich denke, die angelaufene Energiekonsensdebatte müssen wir fortführen, trotz der Mängel, die ich noch einmal deutlich machen will an dem Schröder-Gieske-Papier, das, wie der Kollege Schäfer auch gesagt hat, erhebliche Mängel hat.

Was ist die Kritik? Unabdingbare Voraussetzung für eine Einigung über die Restnutzungsdauer muß ein Konsens über ein Umsteuern in der Energiesparpolitik sein. Rio wurde hier erwähnt. Ich will noch einmal kurz erinnern: Die Beschlüsse von Rio bedeuten eine CO_2-Stabilisierung bei einem Ausstoß weltweit von zehn Milliarden Tonnen, d. h. bei zehn Milliarden Menschen eine Tonne CO_2 pro Kopf. Das bedeutet für die Bundesrepublik – wir haben 13 Tonnen pro Kopf zur Zeit – eine 80- bis 95prozentige Senkung des CO_2-Ausstoßes, und deswegen kommen wir nicht daran vorbei, über einen Konsens zur Energieeinsparung zu reden. Das muß auf der Tagesordnung stehen, auch wenn wir vor allem über die Kernenergie reden. Da kann es nicht sinnvoll sein, in einem Land wie Niedersachsen alleine zwei- bis dreitausend Megawatt durch Kohlekraftwerke zu produzieren – und das dann auch noch weitgehend ohne Kraft-Wärme-Koppelung –, um vier Kernkraftwerke abzuschalten. Das sind dann 13 Millionen Tonnen CO_2 mehr.

Was sind die Forderungen? Eine Energiesteuer muß her, die alle Energieträger einschließt. Ich erinnere an die Vorschläge von Ernst-Ulrich von Weizsäcker, der sehr realistisch in den nächsten 40 Jahren mit real 5% pro Jahr die Preisverdoppelung in 14 Jahren erreicht. Das ist ein Konzept, das Strukturbrüche vermeidet und moderate, antizipierbare Preiserhöhungen einschließt. Gerade weil heute die Ministerpräsidenten in Potsdam tagen, muß man hinsichtlich des Solidarpaktes doch noch einmal an das erinnern, was Oskar Lafontaine deutlich gemacht hat: Wir müssen die Frage der ökologischen Steuerreform und der Energiesteuer in die Solidarpaktverhandlungen mit einbringen.

Energie ist real billiger als in den fünfziger und sechziger Jahren, die Kraftstoffpreise liegen heute real unter denen von 1950. Die Energieimporte liegen um 50 Milliarden unter denen des Jahres 1982/83, und deswegen ist der Kleinmut, der uns bei der Frage Energiesteuer immer befällt – auch meine eigene Partei –, sehr zu bedauern.

Was sind für Konsensangebote zu machen? Ich denke, Konsens erfordert zunächst einmal Bewegung auf der Seite der EVU's, eine deutliche Zusage für die Unterstützung der Energiesteuer. Dann geht es vor allen Dingen darum, die Möglichkeiten der Kraft-Wärme-Koppelung auszuschöpfen und die Frage der Energieeinspeisung zu beantworten, wo ebenfalls noch nicht alle Chancen genutzt werden. Allerdings muß man auch Forderungen an die Bundesregierung stellen, denn alles, was 1989 bis 1991 an Subventionen eingestellt worden ist, konterkariert das, was hier von dem Vertreter des Bundeswirtschaftsministeriums gesagt worden ist.

Modernisierung von Heizungsanlagen – eingestellt 1989, Fernwärmeprogramm – eingestellt 1990, steuerrechtliche Begünstigung von energiearmen Produkten – eingestellt 1991. Das ist die reale Politik. Das andere, was wir einfordern müssen bzw. was schon eingefordert wurde, ist eine Wärmeschutzverordung: die Bundesregierung muß das nur machen. Wir haben in Hamburg ab 1. 1. eine Wärmeschutzverordnung mit schwedischer Norm eingeführt – bisher als einziges Bundesland. Ich finde, das zeigt beispielhaft den bundesweiten Attentismus in der Energiepolitik.

Zur Frage, was wir anbieten: Der Verzicht auf Wiederaufarbeitung dürfte ein Selbstläufer sein. Das impliziert natürlich auch Zwischenlager, wenn man real darüber diskutiert. Allerdings kann ich nicht anbieten einen Verzicht auf einen ausstiegsorientierten Genehmigungs- und Aufsichtsvollzug, wie das in dem Papier so schön heißt. So etwas kann ja wohl niemand, auch kein Landesminister, zusagen. Angebote werden sicherlich nach dem schwedischen Vorbild gemacht werden können.

Allerdings möchte ich vor einem warnen – insofern ein kleiner Dissens auch zu Harald B. Schäfer. Ich warne vor der Option zum Wiedereinstieg. Ich weiß als Aufsichtsratsvorsitzender eines Unternehmens, was das in einem Unternehmen für Signale aussenden kann, und ich denke, wir dürfen etwas nicht betonen, was selbstverständlich ist. Die Menschen können klüger und sie können auch dümmer werden. Wenn also unsere Kinder anders entscheiden, dann ist das eine Sache. Wenn man aber Selbstverständlichkeiten heraushebt und sie betont, dann hat das den Anschein, als wolle man darauf zuarbeiten. Deswegen sollte meiner Meinung nach eine solche Option auch nicht erteilt werden.

Ich will noch eine Bemerkung machen, weswegen ich so darauf dringe, und, Joschka, deswegen habe ich noch einmal so deutlich gemacht, warum wir in 1993 wirklich ganz wenig Zeit haben. Es geht um die MOX-Problematik. Die Altverträge sind sozusagen nicht mehr revidierbar, es geht um den Einstieg in die Neuverträge, und wir alle wissen, daß wir – das Öko-Institut hat uns hier dankenswerterweise einen Vorschlag zur Verglasung gemacht, der zur Zeit geprüft wird – nur noch zehn Monate Zeit haben, dann werden die Neuverträge mit «take or pay» Realität. Das heißt, wir haben ein Zeitfenster von zehn Monaten, und dann kommen die Neuverträge. Ich nenne die Energieindustrie und auch diejenigen, die politisch Verantwortung tragen in der Bundesrepublik, denn diese Verträge sind von der Bundesregierung, flankiert von den Landesregierungen, geschlossen worden – vielleicht nicht von dir persönlich, aber ich sehe mich hier auch in einer Gesamtsolidarität mit dem Ministerpräsidentenbeschluß von 1978, von dem man sich ja auch nicht so einfach davonstehlen kann.

Ich will nur sagen, die Neuverträge werden ab 1994 Gültigkeit haben, und dann wird die Unterbrechung des Brennstoffkreislaufes immer schwieriger werden. Deswegen muß man dieses Zeitfenster nutzen, denn wir haben in der Tat nur noch das Jahr 1993 dafür. 1994 – das haben wir ja heute schon erlebt – wird in Wahlkampf gemacht, und dann ist für Energiekonsens wieder die schlechteste Zeit.

Moderator: Es gibt jetzt eine Reihe von Wortmeldungen. Ich möchte vorschlagen – das gilt also auch für Herrn Fabian, Herrn Altner und Herrn Zimmermann –, wenn Sie direkt angesprochen werden, daß Sie sich mißverstanden fühlen oder replizieren möchten, so daß die Folgediskussion sinnvoll weitergeht, dann sollten Sie sich zwischendurch melden. Das gilt jetzt für Herrn Fischer, der kurz auf diese Bemerkung eingeht, dann sind Sie dran und dann Herr Koch als nächster und dann Herr Müller, der sich nicht einreihen möchte, und dann geht es so weiter. Bitte!

Joschka Fischer: Also, verehrter Kollege Vahrenholt, ich weiß nicht, wieso du mir eine Volte vorwirfst. Ich erlebe einfach, wie man von der ursprünglichen Ausgangsposition, nämlich dem geregelten Auslaufen der Atomenergie, mittlerweile zu einem »Konsens um seiner selbst willen«-Gespräch kommen will, und um damit nicht einverstanden zu sein, muß ich keine Volte machen. Ich habe heute nochmals betont – und davon habe ich nichts zurückzunehmen –, daß ich die Initiative von Gieske und Piltz und Schröder, die auf der Grundlage der Formel von einem geregelten Auslaufen faktisch zu einer Abkehr von der bisherigen atomgestützten Energiepolitik führen sollte, nach wie vor für richtig halte, ohne daß ich die Position, die sie dort formuliert haben, für eine kompromiß- und konsensgrundlagenfähige Position halte. Aber die Initiative, jenseits davon die Zukunft zu suchen, das anzustoßen finde ich nach wie vor richtig. Nur, beim besten Willen: Man mag mir viel unterstellen, aber ich kann mich doch nicht mit dem Brett vor dem Kopf und mit dicken Ohrenstopfen durch die Bonner Konsensgespräche bewegen und sagen, das ist gut und richtig.

Ich erlebe in den letzten Wochen, der Karren rollt rückwärts, und ich bin unter dem frischen Eindruck auch von Vorgesprächen in Vorbereitung auf Montag.

Lieber Fritz, ich sage dir, ich glaube da nicht mehr daran, obwohl ich dir ansonsten gerne zustimme. Ein Energiekonsens ist nötig, und ich würde es begrüßen, wenn wir ihn 1993 hinbekämen. Nur wirst du mir keine Volte vorwerfen können, wenn ich aufgrund meiner Datenlage, die ich mitbekommen habe, sage: Es geht mittlerweile nicht mehr um ein geregeltes Auslaufen, sondern wir diskutieren Energiekonsens ganz allgemein, nämlich die Fragestellung Fortführung der Atomenergie oder Ausstieg. Und da – mit Verlaub – sind wir zurückgefallen hinter eine frühere Position. Ich würde mich freuen, wenn wir uns wenigstens in Zukunft bei diesem Punkt nicht mehr mißverstehen würden.

Punkt zwei: MOX. Eines mit Verlaub. Wir erleben derzeit den Chemieunfall hier in Frankfurt. Nun ist in Hanau nichts Vergleichbares passiert, aber wer die Altanlage kennt, weiß, wenn es zu einem Störfall durch äußere Einwirkung oder durch Wasserstoff oder all diese Probleme, die da aufgetaucht sind, kommt, würde uns die Bevölkerung hier zu Recht vierteilen. Es gibt da also auch so etwas wie ein egoistisches Interesse.

Und wenn ich höre, der Energieeinsatz, der im Plutonium drinsteckt, soll weiterverwendet werden, das spricht für die Plutoniumwirtschaft – da müßte man konsequenterweise auch sagen, der Ausstieg aus der Wiederaufarbeitung war ein Fehler, wie der Herr von der Energiewirtschaft das vorhin gesagt hat. Ich sage dir, ich sehe überhaupt keine Rationalität in der Strategie, im Ausland wiederaufzuarbeiten, es dann in die MOX-Produktion in Hanau zu übernehmen und in den Reaktoren einzusetzen, sondern ich bin dafür, diese Verträge, wenn es die Möglichkeit dazu gibt, zu stoppen und ansonsten Konventionalstrafe zu zahlen und in die direkte Endlagerung zu gehen.

Und wenn eine Konditionierung notwendig ist, eine Schlußkonditionierung, nach einem ordentlichen Genehmigungsverfahren und nach Prüfung aller Sicherheitsaspekte am Standort Hanau, dann wird Hessen sich dem nicht verschließen.

Vahrenholt: Das ist ein Wort!

Fischer: Das ist nicht nur ein Wort, du solltest eben alles immer zur Kenntnis nehmen. Das habe ich von Anfang an gesagt, daran besteht überhaupt kein Zweifel. Also bitte, keine Volte, ich sage, der Karren rollt rückwärts, und ich behaupte auch, er rollt rückwärts wegen der süddeutschen Stromerzeuger und der CDU/CSU; die FDP hat hier nach meinem Eindruck eine etwas lockerere Position.

Moderator: Jetzt der Herr in der Mitte, sagen Sie bitte Ihren Namen!

Dr. Günther Burckhardt: Mein Name ist Burckhardt, ich bin Arzt und stehe hier für die Ärzte gegen den Atomkrieg, Ärzte in sozialer Verantwortung. Diese Erweiterung ist heutzutage unbedingt erforderlich, und ich möchte mich dem schönen Bild des Kinderwagens auf der Treppe von Herrn Eisenstein anschließen, nur daß dieser Kinderwagen bereits rückwärts diese Treppe runterstolpert.

Als Ärzte sind wir darauf angewiesen, Ätiologien im Auge zu behalten. Es hat die Kraft-Wärme-Koppelung bereits in den zwanziger, in den zehner Jahren gegeben. Sie ist abgeschafft worden dank Hitlers Energiewirtschaftsgesetz, das bis heute gültig ist. Und wenn ich in Bonn anfrage, was dort geplant wird, dann ist das bisher herzlich wenig; vor allem liegt überhaupt kein Konzept dafür vor, daß in der Energiewirtschaft die Chancengleichheit eingeführt werden soll. Es bleibt bei den monopolistischen Strukturen und bei der zentralistischen Energieproduktion, die von der Kraft-Wärme-Koppelung himmelweit entfernt ist.

Dazu wäre auch zu sagen, daß es den Bayernwerken gelungen ist, nachdem sie ihre Verbindung nach Thüringen aufgenommen haben, auszuhandeln, daß ein großes, modernes, effizientes Gasturbinenheizkraftwerk abgeschaltet wurde. Eine ökologische Sünde allerersten Ranges.

Wir alle hier wissen, was für eine Effizienz ein Atomkraftwerk oder auch ein konventionelles fossiles Kraftwerk erreichen kann. Es kann deshalb überhaupt keine Frage sein, daß wir zur Dezentralisierung kommen müssen. Und das ist auch eine Option für das Leben.

Von dem Zeitdruck, unter dem wir stehen, ist hier genug gesagt worden. Davon wird geredet seit 1975. Ich habe 1975 versucht, bei meinem örtlichen Energieversorgungsunternehmen eine Kraft-Wärme-gekoppelte Anlage durchzubringen. Da hat man mir gesagt:

Der eingespeiste Strom wird Ihnen mit vier Pfennig vergütet. Heute ist immer noch nicht die Voraussetzung dafür gegeben, daß Kraft-Wärme-gekoppelte Anlagen einen nur einigermaßen angemessenen Einspeisestromtarif erhalten. Es ist – Gott sei Dank – lediglich erreicht, daß wenigstens die erneuerbaren Energien einen erträglichen Bonus für eingespeiste Energien bekommen, aber das Wirtschaftsministerium oder der Bundestag haben sich leider immer noch gegen die Kraft-Wärme-Koppelung gewandt.

Die Fortsetzung der zentralen Energieproduktion ist in meinen Augen eine gezielte Verhinderung einer ökologischen und ökonomischen Wende in der Energieproduktion. Wenn wir als Ärzte sehen, in welchem Umfang die Immunität der Patienten nachläßt – die Ursachen liegen nicht nur bei der Atomenergie, sondern selbstverständlich auch bei der fossilen Energieproduktion –, wenn wir sehen, in welchem Umfang innerhalb weniger Jahre die Allergien zugenommen haben, dann, meine ich, wäre eine ganz andere Konzeption für den sogenannten Konsens angebracht. Der Konsens hat dann eine völlig andere Wertigkeit, als wir sie hier in gutem bürgerlichen Bemühen um Toleranz ansprechen, ohne jedoch auf den Zeitraum achtzugeben, in dem wir uns befinden.

Wir befinden uns in einer Katastrophe, die wir nur nicht mehr bemerken, weil wir uns so daran gewöhnt haben. Aber das Siechtum ist ja nicht nur in der Bevölkerung und in der lebendigen Natur zu konstatieren, mit massenhaftem weiteren Aussterben – auch das ist nicht nur eine Sache der Stromproduktion, sondern auch der Chemieproduktion, die wir gerade wieder in aller Frische erleben –, sondern es ist eine weltweite Angelegenheit. Und wenn wir heute einmal unvoreingenommen die Weltkarte des Atommülls betrachten, dann kann uns überhaupt nicht mehr wundern, daß die nachfolgenden Generationen in einem einzigen Dunst und Nebel von Angst verharren. Danke!

Moderator: Ich mache mich gerne bei allen, die hier sind, unbeliebt. Ich möchte bitten, hier weniger das Vorstellen individueller, teilweise auch schon häufiger gehörter energiepolitischer Positionen zu betreiben, sondern zu versuchen, darüber zu sprechen, wie man mit dieser Gemengelage in der Bundesrepublik umgehen sollte. Was wir an Verfahren, an Institutionen, an Prozessen von der Politik erwarten, oder ob wir das durchgängig so weitermachen wollen. Das ist meine Bitte, das ein bißchen mit im Auge zu behalten.

Dr. Frank Ludwig: Mein Name ist Ludwig. Ich bin bei der Deutschen Bundesbahn zuständig für das Thema Verkehrs- und Unternehmenspolitik, und wir sind natürlich an der ganzen Energieproblematik sehr stark interessiert, weil wir selber unsere Energieversorgung zu einem großen Teil sicherstellen müssen; wir haben zum Beispiel einen Anteil an Wasserkraftwerken von ca. 15 Prozent. Aber auf diesen Aspekt der Energieerzeugung möchte ich im Moment nicht eingehen, sondern ich möchte mich auf das oft angesprochene Thema Energieverbrauch, Energieeinsparung konzentrieren.

Wir als umweltfreundlicher Verkehrsträger erwarten natürlich eine Umkehr in der Verkehrspolitik, die eine unmittelbare Auswirkung auf die Energieeinsparung hätte. Wir haben zwar jetzt mit der Bahnreform im wettbewerblichen Umfeld gewisse Rahmenbedingungen bekommen, die uns die Dinge leichter machen. Ich möchte Ihnen aber doch noch einmal ein Problem verdeutlichen, an dem wir merken, wie schwer sich die Politik tut, im steuerlichen Bereich zum Beispiel eine Kehrtwende in der Energiepolitik durchzusetzen.

Als Deutsche Bundesbahn unterliegen wir der Mineralölsteuer. Die Mineralölsteuer wird aber nach deutschen Gesetzen nicht von der Luftfahrt erhoben. Wir halten diese Wettbewerbsverzerrung unter energiewirtschaftlichen oder Energieeinsparungs-Gesichtspunkten für absolut – ich möchte fast sagen – schizophren. Unsere Interventionen in Bonn in dieser Richtung haben leider gezeigt, daß man die Dinge nur unter dem Aspekt möglichst hoher Finanzen im Budget betrachtet und diesen energiewirtschaftlichen und verkehrspolitischen Aspekt überhaupt nicht sieht.

Ein kleiner Punkt noch, ich will das nicht lange ausdehnen: Wir werden eigene Anstrengungen unternehmen, den Energieverbrauch unserer Fahrzeuge weiter zu senken. Wir gehen davon aus, daß trotz höherer Geschwindigkeiten, die wir in allen Produktbereichen anstreben und die wir eigentlich nur deswegen anstreben, weil wir leider in einem verkehrspolitischen Umfeld leben, wo die Geschwindigkeit das höchste Maß aller Dinge ist, in den nächsten 20 Jahren eine Reduzierung des spezifischen Energieverbrauchs von 25 Prozent möglich ist.

Zu dem Thema ICE, der ja in diesem energiepolitischen Umfeld sehr stark unter Beschuß geraten ist, kann ich Ihnen versichern: Auch ein ICE mit 50 Prozent Auslastung liegt vom Energieverbrauch her immer noch wesentlich unter dem des Flugzeuges und des PKW; deswegen sind das für uns ein bißchen Nebenkriegsschauplätze, die von der eigentlichen verkehrspolitischen und energiepolitischen Diskussion ablenken. Schönen Dank!

Moderator: Schönen Dank, Herr Ludwig. Dann jetzt Herr Koch, der energiepolitische Sprecher der CDU-Fraktion hier im Hessischen Landtag.

Roland Koch: Meine Damen und Herren, Herr Ueberhorst, ich möchte zunächst noch einmal auf den Begriff des Konsenses und das, was hier zur Diskussion steht, zurückkommen und aus der Sicht eines handelnden Politikers sagen, daß wir aufpassen müssen, daß das nicht zu einem Selbstzweck wird. Denn in der Tat haben wir in der politischen Diskussion – und am Ende handelt es sich hier um Fragen, bei denen politische Rahmenbedingungen gesetzt werden müssen – klarzumachen, wo wir uns einig sind als Parteien, und wir haben die anderen Fragen, bei denen wir uns nicht einig sind, auch dem Bürger zur Beantwortung vorzulegen. Und es gibt auch ein Instrument des Konsensbildens in der Demokratie, das da lautet, daß dem Bürger vorgelegte Fragen auch am Ende durch ihn entschieden werden können und dann durch Unterwerfung des unterlegenen Teils zu einem Konsens führen.

Wahrscheinlich ist dieser Teil der demokratischen Auseinandersetzung, wen auch immer das betrifft, in den letzten Jahren nicht besonders weit entwickelt worden: die Frage nämlich, daß nach einer bestimmten demokratischen Entscheidung dann das die neue Basis ist, was von der Mehrheit der Bevölkerung in einer demokratischen Abstimmung als Konsens definiert worden ist. Aber vorher haben wir als Parteien zu prüfen, worüber wir uns verständigen können und worüber nicht.

Ich glaube, wir dürfen in der Energiepolitik nicht den Fehler machen, alles ständig in eine Kanne zu schütten und dann gemeinsam wieder auszuschütten. Insofern stimme ich Joschka Fischer zu – was ja relativ selten vorkommt, aber in Verfahrensfragen einigen wir uns gelegentlich –, daß es richtig ist, jetzt nicht zu vernebeln, worüber Einigkeit bestehen kann und worüber nicht.

Wenn Herr Fischer in die Konsensgespräche geht mit der Aussage seines Grünen Bundesvorstandes: Es ist mit uns ein Konsens nur auf der Basis des Ausstiegs möglich, dann sage ich, so wie ich es in der CDU im Augenblick einschätze, daß eine Konsensverabredung nur mit einer konkreten Zukunftsoption für die Kernenergie möglich sein wird. Und dann ist das die Rahmenbedingung, unter der es stattfindet. Dann bleibt nur noch das, was Professor Altner hier gesagt hat: daß wir im Rahmen eines solchen Gesprächs eine Fülle von Möglichkeiten haben, in einzelnen Punkten zu einem Konsens zu kommen. Ich nenne mal, ohne es auszuführen, den Punkt Kraft-Wärme-Koppelung. Darüber streiten wir uns doch nur noch in extremen Randbereichen in den politischen Parteien. Wir streiten uns darüber, ob das ausreichen wird, die Energiebedürfnisse zu decken oder nicht, und nicht darüber, ob man das machen soll oder nicht. Und deshalb ist das eine Frage, die es wert ist, daß man sie zu einem Handlungskonsens führt, denn ich teile die Auffassung, daß etwa auf der Ebene der Bundespolitik in den letzten Jahren nicht alles getan worden ist, um diese Kraft-Wärme-Politik zu befürworten und zu fördern, und deshalb bringt der Konsens in diesem Bereich auch aus meiner Sicht etwas, und es würde sich lohnen, ihn zu erreichen.

Aber es verbleibt dann ein bedeutender Rest, weil es um politische Grundsatzfragen geht, den wir streitig darstellen und zu Entscheidungen bringen müssen. Ob uns das als Politiker immer gelingt, eine Wahl mit einem Thema zu verbinden und dann aus dem Ergebnis der Wahl abzuleiten, daß das die Entscheidung sei, das ist eine Frage, die wir nicht ganz in unserer Hand haben und bei der wir uns vielleicht auch nicht immer sehr klug benehmen, das will ich einräumen. Aber ich glaube, es darauf zu konzentrieren wäre wichtig, und daher möchte ich – nur als kleine Erinnerungsposition – für diese Diskussion bitten, daß wir zwei Fragestellungen nicht aus dem Auge verlieren, weil sie für die Antwort, die wir den Bürgern abverlangen, nach meiner Ansicht sehr wichtig sind.

Das eine ist: Wir reden hier über Kernenergie, also über Elektrizität, und die Frage, welchen Anteil die Elektrizität an unseren Zukunftskonzepten von einer Industriegesellschaft hat, ist außerordentlich wichtig. Ich glaube, daß es sehr attraktiv wäre, unter ökologischen Gesichtspunkten einen möglichst hohen Anteil von Elektrizität an der Energieverarbeitung zu haben, und nicht andere Formen, weil wir mit dieser Form wahrscheinlich auf die Dauer am besten, am günstigsten und auch am effizientesten an den verschiedensten Orten umgehen können.

Das wird einer der Punkte sein, über die wir zu streiten haben. Und der zweite: Ich finde, daß wir oft etwas arg auf die Bundesrepublik Deutschland alleine schauen. Wir können uns in diesem Wohlstandsland sehr viel leisten. Wir können uns auch relativ hohe Energiekosten leisten, und wir können uns unterschiedlichste Formen von Energieproduktion leisten. Aber das werden andere, in Südost-Asien zum Beispiel, nicht tun. Es bleibt dann doch die Frage, wie wir das CO_2 reduzieren. Und dabei geht es nicht nur um die Bundesrepublik Deutschland, wo uns das schon soviel Kraft kostet, davon herunterzukommen. Wir müssen auch erkennen, daß andere nicht mit einem Zwanzigstel oder einem Zehntel unseres Energieausstoßes ihre Wirtschaft definieren werden; sie werden mehr draufsatteln, als wir herunternehmen können.

Deshalb wird, wenn Elektrizität überhaupt noch eine Rolle spielt, eine Antwort auf die Frage zu geben sein, wie man diese produziert, ohne in der Summe auf der Welt mehr CO_2 zu haben, und diese Antwort in einem Streit über moderne Industriegesellschaft zu suchen, wäre auch eigentlich nichts Schlimmes, wenn Politiker es schaffen könnten, im Energiekonsens die Fronten deutlich zu machen, zwischen denen der Bürger auch in einer solchen Dimension dann entscheiden könnte. Vielen Dank!

Moderator: Es folgt Michael Müller, umweltpolitischer Sprecher der SPD-Bundestagsfraktion.

Michael Müller: Ich teile die kritischen Bewertungen von Harald B. Schäfer und Joschka Fischer. Die sogenannte Energiekonsens-Kommission, wie sie bislang geplant ist, greift aus meiner Sicht sowohl inhaltlich wie organisatorisch zu kurz. Die Zielsetzung ist nicht ausreichend, und es sind auch nur unzureichend die gesellschaftlichen Interessenvertreter beteiligt, die bei der Neuformulierung eines möglichen Energiekonsenses gefragt werden müßten. Der zweite kritische Punkt für die Einsetzung der Energiekonsens-Kommission ist die Gefahr, daß gerade dadurch das aus meiner Sicht sehr sinnvolle Projekt von Reinhard Ueberhorst gefährdet ist. Das gute und richtige an dem Vorschlag Ueberhorsts ist der Versuch eines breiten und fundierten gesellschaftlichen Diskurses. Damit befinden wir uns durch die Art und Weise, wie die Energiekonsens-Kommission ins Spiel gebracht wurde, in doppelter Weise in einem Dilemma. Dennoch plädiere ich dafür, nicht die eine Gruppe gegen die andere Kommission auszuspielen, sondern halte es für richtig, sich an beiden Kommissionen zu beteiligen und die Diskussionen über die zukünftige Ausrichtung und Struktur der Energieversorgung offensiv zu führen. Dazu sind die vorliegenden Papiere keine ausreichende Grundlage. Sie sind keine Plattform. Im Gegenteil, was bisher für die Kommission Energiekonsens vorliegt, reicht sowohl im Ansatz wie in der Zielsetzung nicht hin.

Ich plädiere also sehr dafür, daß sowohl die Ueberhorst-Kommission schnell gebildet wird als auch die Gespräche auf der politischen Ebene geführt werden. Dabei muß zu Beginn der Gespräche versucht werden, das Themenspektrum zu erweitern und in Richtung auf eine moderne, risikoarme, umweltverträgliche und effiziente Energieversorgung zu lenken.

Aus meiner Sicht ist es richtig, daß wir uns heute an einer historischen Schnittstelle des Industriesystems befinden. Deshalb geht es bei der Auseinandersetzung um die Energieversorgung nicht alleine um Einzelaspekte, sondern um eine grundsätzliche Neuordnung der industriellen Basis. Der Zustand von Gesellschaft und Natur ist bereits so zugespitzt, daß wir die Entwicklung nicht länger treiben lassen dürfen, so wie sie die anderen treiben lassen in der illusionären Hoffnung, sie könnten sich an den Konzepten von gestern festhalten. Es gibt keine Alternative zu dem Versuch, die Industriegesellschaft und speziell das System der Energieversorgung ökologisch zu modernisieren. Dies muß allerdings transparent geschehen, jeder muß seine Interessen und Ziele öffentlich machen. Deshalb halte ich es auch für falsch, von vorneherein einen Konsens zu suchen. Wir müssen vielmehr erst einmal lernen, uns präzise über die Zukunftsherausforderungen ein Bild zu machen und uns damit auseinanderzusetzen. Dies wäre eine positive, ja konstruktive Streitkultur. Dafür müssen wir Foren schaffen, und die Ueberhorst-Kommission wäre dafür eine wichtige Chance. Deshalb plädiere ich dafür, die Debatte über die Zukunft der Energieversorgung zu nutzen für eine Debatte über die Modernisierung der Industriegesellschaft, in der die Energiefrage – genauso übrigens wie die Organisation von Mobilität, die ebenfalls eng mit dem Energieeinsatz verbunden ist – eine Schlüsselfrage ist.

Deshalb sollten beide Themen, die Energie- wie die Verkehrspolitik, in die Gespräche einbezogen werden, und hierbei müssen offensiv die Unterschiede aufgezeigt und aufgearbeitet werden. Mit anderen Worten: Von uns wird verlangt, die ökologische Alternative zu konkretisieren und auf ihre Machbarkeit hin zu präzisieren. Wenn wir dies nicht tun, wächst die Gefahr, daß der lähmende Status quo bestehen bleibt. Dabei dürfen wir uns nicht vormachen, daß die Zeit möglicherweise für eine Neubelebung der Atomenergie arbeitet: Es gibt eine ganze Reihe von Vertretern der Energiewirtschaft, die darauf spekulieren, daß, je länger gewartet wird mit einer Weichenstellung in Richtung auf eine Einsparwirtschaft, die Option des Wiedereinstiegs in die Atomenergie eröffnet wird, begründet mit dem zwar falschen, aber in seiner Wirksamkeit nicht zu unterschätzenden Argument der Klimarisiken durch die fossilen Energieträger. Deshalb gilt es klar herauszustellen, daß die Alternative nicht Atomenergie oder fossile Energieträger heißt, sondern die schnellsten und besten Weichenstellungen für die Erhöhung der Energieeffizienz in Quantensprüngen und die Verwirklichung der Solarwirtschaft.

Deshalb müssen wir den Stillstand der Politik, der seit einigen Jahren herrscht, durchbrechen. Und wir sollten uns auch nicht davor scheuen, die Diskussion über die ökologische Modernisierung der Energiewirtschaft zum Thema für die Bundestagswahl 1994 zu machen. Wenn wir diese Diskussion über die Alternativen so führen könnten, hätten wir viel erreicht.

Ich teile nicht die hier geäußerte Position, daß wir den Ansatz verbreitern sollten. Wir haben dank der Arbeiten der Klima-Enquete-Kommission die Optionen über unterschiedliche Pfade auf dem Tisch. Die Kommission hat nachgewiesen, daß es sehr wohl vereinbar ist, den Ausstieg aus der Atomenergie mit den Anforderungen an den Klimaschutz zu verbinden. Die vorliegenden Szenarien liegen seit einiger Zeit auf dem Tisch, sie sind im übrigen auch durch eine Kommission der Bundesregierung nachgerechnet und bestätigt worden. Diese sogenannte interministerielle Arbeitsgruppe hat quasi regierungsamtlich nachgewiesen, welche ungenutzten Potentiale für einen Umbau der Energieversorgung bestehen. Wir haben also eine konzeptionelle Grundlage für einen breiten und umfassenden Ansatz zur Diskussion über die zukünftige Energieversorgung. Was wir brauchen und bisher zu wenig haben, sind der gesellschaftliche Druck und der gesellschaftliche Dialog darüber, wie und unter welchen Bedingungen diese Ziele auch umgesetzt werden können.

Ich plädiere deshalb erstens für eine umfassende Diskussion auf der Basis der Szenarien der Klima-Enquete-Kommission. Und ich plädiere zweitens dafür, die Diskussion über die Neuordnung der Energieversorgung als eine Richtungsentscheidung für die Zukunft der Industriegesellschaft zu verstehen. Wir brauchen heute die notwendige Dynamik für eine Richtungsänderung hin zu einer ökologischen Wirtschafts-, Technik- und Industriepolitik, zu einer ökologischen Modernisierung der Gesellschaft insgesamt. Insofern muß jetzt beides zusammenkommen, die Konkretisierung eines umfassenden Konzeptes wie das Bewußtsein einer strategischen Richtungsentscheidung.

Eine letzte Bemerkung: Ich warne davor, die Steuerungsproblematik auf die Energiesteuer zu reduzieren. Mir wird in der Debatte die Energiesteuer viel zu häufig als ein Königsweg angesehen. Die Energiesteuer ist ein notwendiger, aber noch längst kein hinreichender Bestandteil für eine Energiewende. Die Neuausrichtung der Energieversorgung verlangt vielmehr ein umfassendes Konzept neuer, auch in der Systematik anders gelagerter ordnungsrechtlicher, normativer und preislicher Maßnahmen. Gefordert ist ein umfassendes Konzept mit vielfältigen Einzelmaßnahmen, die sich nicht in einem Instrument bündeln lassen. Das ist übrigens auch bei den Szenarien der Klima-Enquete-Kommission deutlich geworden. Nur wenn es ein umfassendes Konzept der Mobilisierung von Einsparpotentialen gibt, sind wir in der Lage, die notwendigen Ziele für den Klimaschutz zu erreichen. Eine derartige Richtungsänderung verlangt aus meiner Sicht auch den Ausstieg aus der Atomenergie, weil gerade die großtechnologische und ineffiziente Struktur der Atomenergie die Verwirklichung einer effizienten Sparwirtschaft blokkiert. Innovationen und Investitionen werden solange nicht ausreichend getätigt, solange es die vermeintliche Alternative der preiswerten Großtechnologien gibt. Wir müssen deshalb auch über die Chancen reden, die eine derartige Umstrukturierung nicht nur ökologisch, sondern auch ökonomisch eröffnet. Die Richtungsentscheidung für die Spar- und Solarwirtschaft durch ein strategisches Zurückschrumpfen der heutigen Energieversorgungsstrukturen führt zu einer Verringerung der Risikopotentiale und zu einer Stärkung von Technik und Ökonomie in den Zukunftsfeldern.

Horst Schörshusen: Mein Name ist Schörshusen, ich komme aus der Niedersächsischen Staatskanzlei und koordiniere dort die Energiepolitik. Ich möchte diese Veranstaltung unter eine zentrale Fragestellung fassen: Ist die Zeit eigentlich reif für einen Energiekonsens, oder ist sie nur reif für eine Konsensfindungs-Kommission, die erst einmal das Konzept klärt, wie man eine solche Konsensbildung gesellschaftlich überhaupt verankert? Da wird mir ein bißchen zuviel daran vorbeigeredet, nach dem Motto – Herr Müller hat das gerade gesagt – sowohl als auch. Ich glaube, daß man sich in der knappen Zeit hier darauf beschränken sollte, den Zusammenhang zwischen diesen beiden verschiedenen Ebenen zu klären.

Ich denke, man sollte auf der einen Ebene einen mutigen Weg suchen und auch schon in diesem Jahr bestimmte Entscheidungen vereinbaren. Das geht natürlich nicht in Richtung eines Gesamtkonzeptes, wie das hier angeklungen ist, da darf man sich nicht zuviel zumuten. Man kann höchstens zu bestimmten Eckpunkten gelangen, vielleicht auch zu bestimmten Wendepunkten. Wenn man aber nicht den Mut hat, Wendepunkte zu definieren, dann wird auch die sogenannte Konsensfindungs-Kommission nicht viel zu tun haben, außer den Diskurs in der Gesellschaft, der hier seit Tschernobyl stattfindet, noch ein bißchen länger auf einer anderen akademischen Ebene in Gang zu halten. Dann sind nämlich grundsätzliche Entscheidungen wahrscheinlich nicht möglich.

Ich will noch einmal daran erinnern, warum die Zeit gerade 1993 drängt, warum denn überhaupt dieser Weg in Richtung eines Konsensbildungs-Prozesses mit dem Termin: Ende dieses Jahres muß da irgendetwas stehen, eingeschlagen worden ist. Das hängt doch damit zusammen, daß in der Entsorgungsfrage im Arbeitskreis der Staatssekretäre des Bundes und der Länder eine Selbstblockade entstanden ist, und zwar bei der Frage: Wo liegt denn heute noch der Entsorgungsnachweis? Ich möchte daran erinnern, daß es dort bis heute keine Entscheidung gibt. Es gibt nette Papiere in den Akten, da stehen sich zwei Fraktionen – ich nenne sie mal die A- und die B-Länder – konträr gegenüber; faktisch wird aber keine Entscheidung getroffen.

Mit dieser Entscheidung hängt auch die Entscheidung über die Novelle des Atomgesetzes zusammen. Die Themen, die der Bundesumweltminister in die Diskussion gebracht hat, können nicht einfach wieder auf die lange Bank geschoben werden. Ich nenne als Beispiele die Privatisierung der Endlager, die WAA-Verträge und ähnliches. Es sind auch die MOX-Verträge, es ist eine ganze Reihe von entscheidungsrelevanten Punkten, die man jetzt nicht in eine Kommission verschieben kann, sondern bei denen man heute auch den Mut haben muß, zu entscheiden, oder man muß den Mut haben, dem Produkt dieser Nicht-Entscheidung auch entgegenzusehen.

Ich möchte daran erinnern, daß ab 1994 bzw. bis spätestens 1997 ein Großteil des wiederaufgearbeiteten Atommülls zurückkommt. In Niedersachsen steht zum Beispiel die Entscheidung an, ob die hoch radioaktiven Glaskokillen dort irgendwo in ein Zwischenlager eingelagert werden sollen. Das sind eine ganze Reihe von Entscheidungen, die jetzt anstehen, und ich kann nur davor warnen, sie verschieben zu wollen, wie ich das jetzt hier mitbekommen habe. Da würde ich auch gerne insbesondere von Herrn Ueberhorst hören, ob das bei mir falsch angekommen ist, vielleicht ist es auch nur ein Mißverständnis.

Ich habe so ein bißchen den Eindruck, die Konsensfindungskommission, die seit langem diskutiert wird und die bisher immer im Haushaltsausschuß – aus unterschiedlichen Gründen – blockiert worden ist, wird plötzlich hoffähig gemacht, weil man gemerkt hat, man muß diesen Prozeß durchziehen, man wird auch Entscheidungen treffen müssen. Und jetzt – ich habe das zumindest gemerkt aus der Ecke der Bundesregierung, aber auch der Energiewirtschaft – freut man sich eigentlich, daß man noch so eine Kommission hat, der man die ganze Arbeit übergeben kann, denn dann braucht man auch jetzt konkret noch keine Entscheidung treffen. Ich möchte nur gerne, daß – auch Herr Schäfer hat das angesprochen – dieses Mißverständnis ausgeräumt wird.

Ich bin selbst – wie auch Gerhard Schröder und andere, auch Joschka Fischer hat das gesagt – nicht so optimistisch, und wir sind auch keine Propheten und können nicht sagen, am Ende dieses Prozesses steht eine wesentliche Entscheidung, die uns weiterbringt; das kann heute noch niemand sagen. Aber wenn man jetzt eine Tür aufmacht und sagt, wir basteln uns schon pro forma diese Kommission zurecht, die dann alle nicht geklärten Fragen entscheiden soll, dann heißt das natürlich, daß man praktische Entscheidungen von vornherein blockiert. Ich hoffe, das war ein Mißverständnis.

Ich möchte nur noch eine Anmerkung machen. Wir müßten doch eigentlich eine Möglichkeit haben, auch an der Stelle eine übergreifende Diskussion zu führen, wo Herr Dr. Fabian gesagt hat, Ausstieg kommt überhaupt nicht in Frage, weil das auch eine Verschwendung des Volksvermögens wäre. Herr Dr. Fabian, da möchte ich Sie daran erinnern, daß ja alle diese Argumente, die jetzt wieder kommen, schon in vielen Gutachten untersucht worden sind. Ich denke nur an das RWI-Gutachten zu der Frage, was der Ausstieg kostet. Lassen Sie doch dann auch die Frage in einem Prozeß verbands- oder parteiübergreifend klären, ob denn die Gesellschaft bereit ist, diese Ausstiegskosten, in Form zum Beispiel von Preiserhöhungen, mitzutragen. Damals beim RWI waren das Kosten von zwei bis drei Pfennig pro Kilowatt-Stunde, heute ist das vielleicht etwas mehr oder weniger, aber um die Pfennigbeträge kann es doch wohl nicht gehen. Wenn es nur diese Punkte sind, die dazu führen, daß man sich für nicht konsensfähig erklärt oder immer nur auf dem Standpunkt beharrt, den man schon seit zehn oder zwanzig Jahren einnimmt, dann sollte man auch einmal rational über energiewirtschaftliche Perspektiven reden und dieser Frage auch auf den Grund gehen.

Ich möchte noch an einen anderen Punkt erinnern, weil hier vorhin das Energiewirtschaftsgesetz angesprochen worden ist. Es stehen ganz entscheidende Probleme auf der Tagesordnung, wie z. B. die Fragen: Wird Least-Cost-Planning in die Preisaufsicht eingebaut? Oder wie sieht es mit der Energieeinsparpolitik aus? Es ließe sich bei den jetzigen Strukturen durch einen Konsens wahrscheinlich auch erreichen, daß solche Ausstiegskosten, die die Energiewirtschaft nicht tragen will, entsprechend volkswirtschaftlich umgesetzt werden in eine andere Energiepolitik. Aber überhaupt einmal darüber zu reden, ob denn diese sogenannte ökonomische Rationalität nicht auch eine Energiewende möglich macht, das muß doch zu schaffen sein, und ich hoffe, daß zumindest in diesem Jahr der Diskussionsprozeß verstärkt werden kann und man sich nicht vertröstet nach dem Motto: Na ja, wir haben ja bald Bundestagswahlkampf, und dann gucken wir mal, wie die Mehrheitsverhältnisse sich ändern, dann ändert sich vielleicht auch etwas mit dem Weisungsrecht des Bundesumweltministers.

Es gibt da eine ganze Reihe an Hintergedanken, die man natürlich haben kann, aber ich denke, hier sind sehr viele Argumente genannt worden, warum wir nicht mehr soviel Zeit haben, sondern daß man versuchen muß, in diesem Jahr schon einige Eckpunkte in diesem Prozeß zu benennen. Man wird dabei sicher noch nicht zu dem Gesamtkonzept kommen, da gebe ich Michael Müller recht, das wir letztendlich brauchen, um eine Energiewende einzuleiten.

Harald B. Schäfer: Ich will dazu drei Bemerkungen machen. Erstens will ich noch einmal die Dimension des Problems ganz kurz skizzieren und noch einmal deutlich machen, weswegen ich es für notwendig halte, Konsensmöglichkeiten auszuloten. Konsens als solcher ist kein Selbstzweck, aber es geht darum, Konsensmöglichkeiten auszuloten, sie wirklich auf einen diskursiven Prüfstand zu bringen. In der Sache geht es ganz nüchtern darum, daß die Art und Weise, wie wir in den westlichen Industrienationen, in den Industrienationen überhaupt, produzieren und konsumieren, weder auf andere Generationen noch auf andere Teile des Globus übertragen werden kann. Wir brauchen vielmehr eine grundlegende Änderung der Art und Weise, wie bei uns produziert und konsumiert wird – mit tiefen, radikalen Veränderungen, darüber besteht überhaupt kein Dissens bei allen, die sich nur ein bißchen mit der Frage befassen. Und dabei kommt der Energiefrage eine Schlüsselrolle zu.

Um diesen großen gesellschaftlichen, ökonomischen, politischen Umstrukturierungsprozeß in der notwendigen Zeitdichte hinzubekommen, ist es gut, wenn man einen breiten gesellschaftlichen Konsens hat. Weil man Lebensgewohnheiten ändern muß, weil man da und dort kürzer treten muß, weil man eine neue Art der Wachstumsphilosophie – weg vom quantitativen, hin zum qualitativen Fortschritt – auch als gesellschaftspolitische Herausforderung in die Wirklichkeit einbringen muß. Und es ist gut, wenn bei so wichtigen

Fragen nicht eine Spaltung quer durch die Gesellschaft geht. Man muß das vielmehr ausloten, und das ist kein Prozeß, der von heute auf morgen geht, zumal – wenn ich hier die Debatte höre, auch Joschka Fischer hat darauf hingewiesen – angesichts der ökonomischen Schwierigkeiten viele Lippenbekenntnisse von gestern und vorgestern zur Ökologie heute wieder Schall und Rauch sind.

Der zweite Punkt ist natürlich – da stimme ich Herrn Schörshusen zu: Es müssen jetzt Entscheidungen getroffen werden, es steht die Atomgesetznovelle an.

Es ist ja vernünftig, wenn man sich gelegentlich in die Rolle des anderen hineinversetzt. Die EVUs haben am 15. März 1991 erklärt, als der Versuch gescheitert war, in Greifswald, also in Ostdeutschland, neue Leichtwasser-Reaktoren zu etablieren, sie würden gegen den Widerstand einer großen demokratischen Partei keinen Neubau von Kernkraftwerken mehr betreiben; sie würden auch keinen Antrag stellen. Für uns, für meine Partei ist es eine Frage der politischen, der gesellschaftlichen Identität, daß Schluß gemacht wird mit dieser nicht zukunftsfähigen Technologie der Kernspaltung.

Joschka Fischer: Da können wir uns hundertprozentig darauf verlassen?

Harald B. Schäfer: Ja sicher, sicher! Haben Sie da Zweifel? Es hat ja, lieber Joschka, nicht nur Schröder Gespräche geführt mit den Herren der Energiewirtschaft, das haben auch andere getan. Es ist auch lange ausgelotet worden, ob das überhaupt feststeht bei den Sozialdemokraten, und das war das Ergebnis. Jetzt müssen wir über die Atomgesetznovelle entscheiden. Wenn es wahr ist, daß niemand mehr an Wiedereinstieg denkt, dann laßt uns doch beschließen im Paragraph 7 Atomgesetz, meinetwegen gleich im Sommer in Konsensgesprächen vorweg: Es gibt in der Bundesrepublik Deutschland keinen Neubau mehr von kerntechnischen Anlagen. Dann haben wir auch gleich die Voraussetzung gefunden für die Lösung des Entsorgungsproblems. Dann wird klar, es gibt keinen Zubau, wenn es ernst gemeint ist mit den Bekenntnissen.

Die Beendigung der Atomenergienutzung in absehbarer Zeit ist die Voraussetzung für eine tragfähige Lösung der Entsorgungsproblematik. Wer das anders sieht, der macht sich vielleicht etwas vor, aber das ist doch absolut entscheidungsreif heute, das kann man doch entscheiden. Warum kann man nicht im Vorfeld entscheiden, daß man zumindest den Vorschlag der EG-Kommission für eine Primärenergiesteuer, die EG meint damit eine kombinierte CO_2/Energiesteuer, übernimmt? Warum kann man sich nicht einmal darüber verständigen, was mit den Kohlebeihilfen, die ab 1995/1996 auslaufen, geschehen soll? Welchen Stellenwert künftig die heimischen Energieträger haben sollen? Das kann alles gleichsam vor der Klammer der notwendigen Organisation eines breiten gesellschaftlichen, diskursiv angelegten Konsensfindungsgesprächs geschehen.

Jetzt komme ich zu den Wahlen. Der Joschka Fischer hat doch recht – jedenfalls in dem Punkt: Ein Konsens kann nicht grundlegende Positionen verwischen. Wenn es denn so ist, daß die CDU heute wieder sagt – anders als gestern –, Kernenergie ist eine dauerhafte Option; wenn es denn so ist, daß wichtige Energieversorgungsunternehmen sagen, wir wollen im Grunde keinen Konsens, wir wollen nur überwintern, fünf oder zehn Jahre überwintern, dann ist in der Zwischenzeit nicht die große Energieeinspareffizienz-Revolution erfolgt, dann ist die CO_2-Problematik drückender, dann gilt das Motto: Kommt Zeit, kommt Atom. Das hört man doch! Wenn das tatsächlich so ist, daß es nicht ernst gemeint ist, sondern nur für die Übergangszeit gelten soll, dann ist das ein Punkt, über den in einer Demokratie politisch entschieden werden wird. Dann ist das eine Streitfrage, an der sich entscheidet, wohin die Bundesrepublik Deutschland geht, ob weiter auf dem bisherigen Weg oder auf dem einer ökologisch orientierten Wirtschafts-, Produktions- und Konsumstruktur.

Deswegen sehe ich den Gegensatz nicht. Die Gespräche sind sinnvoll, und es würde mich schon interessieren, ob Töpfer noch dabei bleibt, man müsse so schnell wie möglich eine »Zukunft ohne Kernenergie« erfinden, wenn es sie nicht geben sollte. Ich will auch die andere Seite auf den Prüfstand dessen bringen, was sie seit fünf Jahren und seit Tschernobyl formuliert hat.

Deswegen zusammengefaßt: Beides beißt sich nicht! Die Gespräche jetzt sind sinnvoll. Zugleich kann man vor der Klammer entscheiden, was entscheidungsreif ist. Dazu habe ich einiges gesagt. Und dann kann man trotzdem noch, und dafür würde ich plädieren, auch über den Bundestagswahlkampf hinaus streiten über unterschiedliche Entwürfe. Das gehört zur Demokratie dazu, daß tatsächlich über Alternativen entschieden wird und nicht nur über leichte Anpassungsveränderungen, zwischen denen der Wähler dann die Wahl hat.

Dann ist die Kommission noch wichtiger, weil dann die Frage beantwortet wird, und da greife ich auf, was Herr Altner gesagt hat: Wie wollen, wie können wir in Zukunft leben? Und das ist in der Tat eine Frage, die aus meiner Sicht breit diskursiv vorbereitet werden sollte. Das sei noch einmal zu Herrn Schörshusen gesagt. Es kann gut, wenn man darüber nachdenkt, beides geben.

Moderator: So, jetzt Fischer, Ueberhorst, dann das Mittagessen, und das andere nehmen wir nachher wieder auf.

Fischer: Ich würde gerne noch einmal eine Frage stellen, die gewissermaßen auch Niedersachsen betrifft. Der entscheidende Punkt, warum wir auch heute hier sitzen, war doch, daß angeboten wurde, über ein geregeltes Auslaufen der heute am Netz befindlichen Reaktoren zu sprechen. Nur das hat doch die Konsensdebatte überhaupt erst – jenseits der Initiative der Bundesregierung – losgetreten.

Diesen Ansatz finde ich unglaublich wichtig; in vielen Beiträgen, die ich jetzt höre, kommt der allerdings in dieser zugespitzten Form eigentlich nicht mehr vor. Und das ist mein ganzes Problem, weshalb mir vorhin eine Volte vorgeworfen wurde, daß ich diesen entscheidenden Schritt nach vorne, den für mich entscheidenden Schritt, gemacht auf politische Initiative von Gerhard Schröder und den Herren Piltz und Gieske, für einen unglaublich weitgehenden Schritt gehalten habe – und weiterhin auch halte, damit wir uns nicht mißverstehen –, der Konsensmöglichkeiten eröffnet.

Mit Herrn Töpfer über die Atomgesetznovelle zu diskutieren, das wird doch dauerhaft gemacht, da brauchen wir keine neuen Konsensgespräche, da hat der Verfassungsgeber die Gremien vorgesehen, wo das abgewickelt wird, und die Kreativität der Politik hat das ihrige dazu beigetragen. Ein Staatssekretärsausschuß, dessen Erklärungen völlig unverbindlich sind, der einigt sich nicht, aber das ist nichts, was von besonderer Bedeutung wäre. Den eigentlichen Inhalt des Konsensansatzes von Piltz, Gieske und Schröder – das sage ich jetzt in Richtung Harald B. Schäfer und auch in Richtung Niedersachsen – vermag ich beim besten Willen im Augenblick nicht mehr zu sehen. Man erhelle mir also die Szenerie, auf daß ich wieder der Zukunft teilhaftig und einsichtig werde.

Es folgen einige Wortgeplänkel zwischen Teilnehmern aus dem Saal und dem Podium über Verfahrensfragen.

Moderator: Wir müssen die Diskussion hier für die Mittagspause unterbrechen. Da Herr Schörshusen aus Niedersachsen mich persönlich angesprochen hat, möchte ich dazu nur kurz sagen, daß nach meiner Ansicht selbstverständlich aktuelle Entscheidungen auch in diesem Jahr getroffen werden müssen. Davon unabhängig sind aber die langfristigen energiestrategischen Verständigungsprozesse in einer dafür angemessenen Form vorzubereiten und zu organisieren. Ich würde mich freuen, wenn wir das am Nachmittag vertiefend diskutieren könnten.

II. Energiestrategische Optionen für die Bundesrepublik Deutschland

Übersichtsvortrag

Teil 1:

Dr. Hans-Joachim Ziesing

1. Die Diskussion über energiestrategische Optionen hat in der BRD schon eine längere Tradition. Die Abkehr vom Denken in prognostischen Kategorien und die Hinwendung zur Abbildung unterschiedlicher Energie»zukünfte« mit Hilfe von Szenarien wurde – zumindest im parlamentarischen Raum – eingeleitet Ende der siebziger Jahre durch die Enquete-Kommission »Zukünftige Kernenergiepolitik« des 8. Deutschen Bundestages.[1] Damals sollte keine »wahre« Prognose der energiewirtschaftlichen Veränderungen erarbeitet werden, vielmehr ging es darum, unterschiedliche Entwicklungsmöglichkeiten diskutierbar zu machen – also einem politischen Diskurs zu eröffnen.

   Diese unterschiedlichen Entwicklungsmöglichkeiten wurden an der Beschreibung von vier Pfaden exemplifiziert. Hierauf kann an dieser Stelle nicht eingegangen werden. Es möge der Hinweis darauf genügen, daß damals schon der intensive Versuch gemacht worden ist, zwischen den divergierenden Positionen zumindest ein gemeinsames Verständnis der existierenden energiestrategischen Optionen herzustellen und damit auch die Spielräume ihrer Realisierung erkennbar werden zu lassen.

2. Diese Verständigungsaufgabe konnte damals *innerhalb* der Kommission anscheinend recht erfolgreich gelöst werden. Allerdings wurde sie in der damaligen Nachfolgekommission schon weniger konsens-

---

1 Deutscher Bundestag (Hrsg.): Bericht der Enquete-Kommission »Zukünftige Kernenergiepolitik«. In: *Zur Sache* 1/80 und 2/80. Bonn 1980.

orientiert und in der weiteren politischen Praxis fast überhaupt nicht fortgeführt. In den achtziger Jahren beschränkte sich die Erörterung energiestrategischer Optionen weitgehend auf den gutachtengestützten vermeintlichen Nachweis der relativen Vorteilhaftigkeit des einen oder anderen Weges, ohne daß es darüber zu einem gesellschaftlichen Verständigungsprozeß gekommen wäre. Selbst nach Tschernobyl ging es weniger um eine Verständigung über die daraus zu ziehenden energiepolitischen Schlußfolgerungen, sondern im wesentlichen wohl doch nur um den Versuch, die Notwendigkeit der weiteren Nutzung der Kernenergie oder den erforderlichen wie möglichen Ausstieg aus dieser Technik positionell zu untermauern.

3. Eine gewisse Rückkehr zu gemeinsamen Verständigungsaufgaben wurde mit den Arbeiten der beiden Enquete-Kommissionen des 11.Deutschen Bundestages gefunden, die sich mit Energiefragen befaßt haben. Einerseits mit der Enquete-Kommission »Gestaltung der technischen Entwicklung, Technologiefolgen-Abschätzung und -Bewertung«, in deren Auftrag etwa eine Untersuchung über »Bedingungen und Folgen von Aufbaustrategien für eine solare Wasserstoffwirtschaft«[2] durchgeführt worden ist, andererseits mit der Enquete-Kommission »Vorsorge zum Schutz der Erdatmosphäre«[3], deren Arbeit im jetzigen 12.Deutschen Bundestag in der Kommission »Schutz der Erdatmosphäre« fortgesetzt wird.
4. Die weiteren Überlegungen konzentrieren sich in erster Linie auf die Diskussion der energiestrategischen Optionen, die ihren Ausdruck in den von der Enquete-Kommission »Vorsorge zum Schutz der Erdatmosphäre« vorgelegten Energieszenarien gefunden hat. Diese Szenarien dürften noch immer den aktuellen Stand der Überlegungen zu

---

2 Deutscher Bundestag (Hrsg.): Bedingungen und Folgen von Aufbaustrategien für eine solare Wasserstoffwirtschaft. Bericht der Enquete-Kommission »Gestaltung der technischen Entwicklung, Technikfolgen-Abschätzung und -Bewertung des Deutschen Bundestages«. In: *Zur Sache* 24/90. Bonn 1990.

3 dazu vor allem Deutscher Bundestag (Hrsg.): Schutz der Erde. Eine Bestandsaufnahme mit Vorschlägen zu einer neuen Energiepolitik. Dritter Bericht der Enquete-Kommission des 11. Deutschen Bundestages »Vorsorge zum Schutz der Erdatmosphäre«. In: *Zur Sache* 19/90, Band 1 und 2. Bonn 1990.

den künftig möglichen Entwicklungspfaden des Energiesektors repräsentieren. Wesentlich für die Interpretation dieser Szenarien und deren Konstruktion ist es zunächst einmal, daß dahinter die Verständigung aller Kommissionsmitglieder auf eine *gemeinsame Bewertung der Problemlage* und über die *Vorgabe eines Zieles* gestanden hat. Das gemeinsame Verständnis bezieht sich auf die Erkenntnis der überwiegend energiebedingten Klimagefahren, woraus die unabweisbare Notwendigkeit abgeleitet wurde, die CO_2-Emissionen in der Bundesrepublik Deutschland (damals noch die alten Bundesländer) bis zum Jahre 2005 um mindestens 30% und bis 2050 sogar um 80% zu reduzieren.

5. Allen Beteiligten war und ist klar, daß derartige Ziele (dies gilt im übrigen auch für das von der Bundesregierung propagierte Ziel einer Reduktion der CO_2-Emissionen bis 2005 um 25 bis 30%) mit der herrschenden Energie- und Umweltpolitik nicht erreichbar sind. Die unter diesen Bedingungen abgeleitete prognostische Entwicklung läuft für das vereinte Deutschland nämlich allenfalls auf einen leichten Emissionsrückgang – für Westdeutschland sogar noch auf eine Erhöhung der CO_2-Emissionen – hinaus.[4] Vor dem Hintergrund dieser Erwartungen galt es also, mit Hilfe von Szenarien Wege zu beschreiben, wie entgegen den sonst wahrscheinlichen Tendenzen die CO_2-Emissionen bis zum Jahre 2005 um mindestens 30% reduziert werden könnten. Die Ergebnisse des für die Enquete-Kommission bearbeiteten (und auf mehr als 9000 Seiten dokumentierten) Studienprogramms[5] zeigten, daß zumindest aus *technischer Sicht* nichts gegen die Realisierbarkeit auch durchaus sehr großer Reduktionspotentiale spricht. Bei der Entwicklung der Reduktionsszena-

---

4 Dazu etwa die jüngste Vorausschätzung der PROGNOS AG: Die energiewirtschaftliche Entwicklung in der Bundesrepublik Deutschland bis zum Jahre 2010 unter Einbeziehung der fünf neuen Bundesländer. Untersuchung im Auftrag des Bundesministers für Wirtschaft. Basel, Dezember 1991.

5 Dazu Enquete-Kommission »Vorsorge zum Schutz der Erdatmosphäre« des Deutschen Bundestages (Hrsg.): Energie und Klima. Studienprogramm »Internationale Konvention zum Schutz der Erdatmosphäre sowie Vermeidung und Reduktion energiebedingter klimarelevanter Spurengase«. Band 1 bis 10. Bonn und Karlsruhe 1990.

rien wurden die folgenden *energiestrategischen Optionen* berücksichtigt:

- Energieeinsparung durch rationellere Energienutzung und Energiebereitstellung sowie durch Verminderung der Energiedienstleistungen,
- Nutzung erneuerbarer Energiequellen,
- Austausch fossiler Energieträger untereinander,
- Nutzung der Kernenergie,
- Entwicklung neuer Sekundärenergieträger sowie neuer Energienutzungssysteme mit neuen Speichern,
- Möglichkeiten der Verkehrspolitik, insbesondere den *modal split* zugunsten der energieeffizienteren und emissionsärmeren Verkehrsträger zu verändern,
- CO_2-Rückhaltung und -Entsorgung.
- Optionen, die eine Problemlösung durch eine explizite Veränderung unserer Wirtschaftsweise und unseres Lebensstils herbeiführen wollen, wurden nicht berücksichtigt; in künftigen Diskussionen können sie vermutlich aber nicht ganz ausgeschlossen werden.

6. Insbesondere die *divergierenden energiepolitischen Auffassungen gegenüber der Kernenergie* führten zu einer *weiteren* Vorgabe der Enquete-Kommission. Danach waren nämlich drei Reduktionsszenarien zu beschreiben, die sich – immer unter jeweiliger Beachtung der einvernehmlich festgelegten Zielvorgabe hinsichtlich der CO_2-Emissionen – zunächst einmal im Umfang der künftigen Kernenergienutzung unterscheiden sollten. Vor diesem Hintergrund lassen sich die *Charakteristika der drei Szenarien*, die im wesentlichen auch als ein Ausdruck der prinzipiell verfügbaren energiestrategischen Optionen aufgefaßt werden können, wie folgt skizzieren (vgl. auch Bild 1):
7. In einem sogenannten *Energiepolitik-Szenario* sollten
   - der Energieeinsparung durch rationelle Energieverwendung und Verminderungen von Energiedienstleistungen bzw. energiebewußteres Verhalten Priorität eingeräumt,
   - die regenerativen Energiequellen umfassender eingesetzt,
   - die Möglichkeiten der Emissionsreduktion im Verkehrsbereich verstärkt genutzt sowie
   - bei dem Einsatz der Kernenergie und dem Austausch fossiler Energieträger untereinander von einer Status-quo-Entwicklung

Die Rolle einzelner Strategieelemente in den Szenarien der Enquete-Kommission			
Strategieelemente	Reduktionsszenario		
	Energie-Politik	Kernenergie-Austieg	Kernenergie-Ausbau
Energieeinsparung durch rationelle Energieennutzung und Energiebereitstellung	stark	sehr stark	Trend +
Nutzung erneuerbarer Energiequellen	stark	sehr stark	Trend +
«full switch» zu Erdgas	Status quo	sehr stark	Status quo
Kernenergie-Nutzung	Status quo	Ausstieg	Ausbau
Reduzierung der verkehrsbedingten Emissionen	stark	sehr stark	Trend +
Verminderung der Energiedienstleistungen	Reduktion in allen Szenarien mit 5% angenommen		
Neue Sekundärenergieträger, neue Energienutzungssysteme mit neuen Energiespeichern	Erst nach 2005		
CO_2-Rückhaltung	In keinem Szenario berücksichtigt		

Bild 1

ausgegangen werden. Für die Kernenergie bedeutet dies bei einer gegenüber heute unveränderten Kraftwerkskapazität von knapp 23 Gigawatt, aber einer im Durchschnitt hohen Auslastung, eine Stromerzeugung von rund 160 Mrd. kWh im Jahre 2005 – also noch etwas mehr als im vergangenen Jahr.

8. In einem Szenario *Kernenergieausstieg* waren die Strategien zur Emissionsreduktion unter der Voraussetzung eines Ausstiegs aus der Kernenergie bis zum Jahre 2005 zu untersuchen. Danach würde also eine Stromerzeugung in Höhe der im Energiepolitik-Szenario unterstellten 160 Mrd. kWh im Jahre 2005 nicht zur Verfügung stehen. Diese Vorgabe stellt im Vergleich zum Energiepolitik-Szenario natürlich *erheblich höhere Anforderungen*
   - an die notwendigen Einsparaktivitäten,
   - an die umfassende Nutzung erneuerbarer Energiequellen,
   - an verkehrsvermeidende und effizienzsteigernde Maßnahmen im Verkehrssektor und
   - an einen verstärkten Einsatz des vergleichsweise CO_2-armen Erdgases.
9. In einem Szenario *Kernenergieausbau* waren schließlich die Reduktionsstrategien zu analysieren, die sich bei einer verstärkten Nutzung der Kernenergie ergeben könnten. Hier wurde ein Ausbau der Kernkraftwerkskapazitäten auf fast 37 Gigawatt unterstellt, also ein Zubau von insgesamt zehn 1 300 Megawatt-Blöcken bis zum Jahre 2005. Außerdem wurde ein Zubau von 30 Hochtemperaturreaktor-Doppelblockanlagen zu jeweils 2 x 200 Megawatt (*thermisch*) – insgesamt also 12 Gigawatt (*thermisch*)– zugrunde gelegt. Berücksichtigt man die Planungs-, Genehmigungs- und Bauzeiten, so müßte es aus heutiger Sicht vom Ende der neunziger Jahre an in Deutschland zu einer hier bisher nicht gekannten massiven Inbetriebnahme von Kernkraftanlagen kommen. In einem solchen Szenario würde den klimarelevanten Problemen somit weitgehend über eine – auf Kernenergie beruhende – *angebotsorientierte Strategie* begegnet. Energieeinsparmaßnahmen und erneuerbare Energiequellen treten dahinter weit zurück. An dieser Stelle sei nur vermerkt, daß dieses Szenario innerhalb der Enquete-Kommission (wenn überhaupt) kaum Befürworter gefunden hat.
10. Von ihrem Ansatz her unterscheiden sich diese drei Reduktionsszenarien also im wesentlichen in dem Ausmaß des zu unterstellenden

Einsatzes der Kernenergie. Dies hat natürlich Konsequenzen auf die »Komposition« der jeweiligen Strategien. Im Szenario Energiepolitik, in viel stärkerer Eingriffstiefe aber bei einem Ausstieg aus der Kernenergie, müssen folgende Maßnahmen absoluten Vorrang haben:

- die rationelle Energieverwendung und -bereitstellung, insbesondere ein wesentlich verbesserter Wärmeschutz der Gebäude, effizientere Heizungssysteme und andere Energiewandleraggregate sowie der Ausbau der Kraft-Wärme-Kopplung,
- die verstärkte Nutzung erneuerbarer Energiequellen,
- eine veränderte Verkehrspolitik zugunsten der Verkehrsvermeidung und einer energieeffizienteren Aufteilung der Verkehrsleistungen auf die unterschiedlichen Verkehrsträger sowie
- weitgehende Substitutionsprozesse zwischen den einzelnen fossilen Energieträgern zugunsten des vergleichsweise kohlenstoffarmen Erdgases.

Der Schwerpunkt dieser beiden Strategien liegt also bei der Nachfragesteuerung, die bei einer Strategie der Ausweitung der Kernenergie in den Hintergrund gerät.

11. Wie sieht nun das Resultat dieser Szenarien aus?

Um es gleich vorwegzunehmen: Es konnte gezeigt werden, daß das Ziel einer Emissionsreduktion um mindestens 30% bis zum Jahre 2005 in allen Szenarien erreicht werden kann – also auch bei einem Ausstieg aus der Kernenergie. Dies erscheint als eine vergleichsweise komfortable Situation, können wir doch entscheiden, welchen der aufgezeigten Wege wir tatsächlich gehen wollen.

In den einzelnen Sektoren ergibt sich je nach der verfolgten Strategie ein differenziertes Bild. Während unter der Annahme eines *weiteren Ausbaus der Kernenergie* die wichtigsten Reduktionsbeiträge im Umwandlungssektor, speziell im Bereich der Strom- und Fernwärmeerzeugung geleistet werden, aber kaum durch Energieeinsparungen bei den Endenergieverbrauchern, schlagen bei einer Strategie, die auf den *Ausstieg aus der Kernenergie* setzt, vor allem die Reduktionsbeiträge aufgrund umfassender Maßnahmen zur rationellen Energieverwendung im Bereich der Endenergieverbraucher sowie die verstärkte Nutzung der Kraft-Wärme-Kopplung und der erneuerbaren Energiequellen zu Buche (vgl. Bild 2).

Innerhalb der Endenergiesektoren werden in allen Szenarien die bedeutsamsten Minderungspotentiale bei den Haushalten und Klein-

CO_2-Emissionen in den alten Bundesländern im Basisjahr 1987 sowie im Jahre 2005 nach Sektoren

	Basisjahr 1987	Reduktionsszenarien 2005			Reduktionsszenarien		
		Energiepolitik	Kernenergie-		Energiepolitik	Kernenergie-	
			Ausstieg	Ausbau		Ausstieg	Ausbau
	CO_2-Emissionen in Mill. t				Veränderungen 1987/2005 in %		
Endenergiesektoren:							
Haushalte	113	52	41	62	-54	-64	-45
Kleinverbrauch	60	36	24	40	-40	-60	-33
Industrie	131	127	113	144	-3	-14	10
Verkehr	143	129	120	144	-10	-16	1
Nicht beh. Sektoren	6	9	5	5	50	-17	-17
Substitution durch KWK		-20	-29	-12			
Summe Endenergiesektor	453	333	274	383	-26	-40	-15
Umwandlungssektoren:							
KWK und Heizwerke	45	71	82	16	58	82	-64
Sonstige Stromerzeugung	189	94	140	82	-50	-26	-57
Übrige Bereiche	28	12	14	14	-57	-50	-50
Summe Umwandlungssektor	262	177	236	112	-32	-10	-57
Summe Endenergie- und Umwandlungssektor	715	510	510	495	-29	-29	-31
Verhaltensbedingte Reduktion	–	-36	-36	-36	(-5)	(-5)	(-5)
Gesamtsumme	715	474	474	459	-34	-34	-36

Quelle: Enquete-Kommission «Vorsorge zum Schutz der Erdatmosphäre»

Bild 2

verbrauchern gesehen. Dies ist Ausdruck der Tatsache, daß hier einerseits die größten Energieeinsparpotentiale – insbesondere im Raumwärmebereich durch verbesserten Wärmeschutz und effizientere Heizungssysteme – andererseits aber auch – ebenfalls bei Wärmeanwendungen – günstigere Einsatzmöglichkeiten für erneuerbare Energiequellen, z.B. durch Solarkollektoranlagen und Wärmepumpen, gesehen werden.

12. Die drei Szenarien unterscheiden sich also – beinahe spiegelbildlich zur jeweiligen Nutzung der Kernenergie – wesentlich durch das jeweilige Ausmaß der rationellen Energieverwendung und -bereitstellung und des Einsatzes der erneuerbaren Energiequellen. Sie zeigen auch hinsichtlich der künftig zu realisierenden Energieträgerstrukturen ein sehr unterschiedliches Bild. Gemeinsam ist ihnen, daß es durchweg zu einem kräftigen Rückgang des Verbrauchs von Stein- und Braunkohlen kommen muß.
Dies ist die Konsequenz einer jeden Energiepolitik, die die CO_2-Emissionen in dem angestrebten Umfang mindern will. Es ist aber auch eine Konsequenz, die energiepolitisch besonders schwierig zu handhaben ist. Einerseits bedeutet es ein deutliches Zurückfahren der inländischen (hoch subventionierten) Steinkohleförderung, andererseits wird mit der Braunkohle ein Energieträger betroffen, auf dessen Basis aus heutiger Sicht eine sehr kostengünstige Stromerzeugung möglich ist. Hier sind also *energiepolitische Konflikte evident*; sie bedürfen einer eindeutigen politischen Prioritätensetzung. Interessant ist übrigens, daß die bei weitem größten Absatzeinbußen für Stein- und Braunkohlen im Kernenergie-Ausbau-Szenario zu verzeichnen sind (vgl. Bild 3).

13. Alles in allem lassen die Ergebnisse der Szenarien im übrigen auch den Schluß zu, daß es keine unüberwindliche ökonomische Schranke ihrer Realisierung geben dürfte. Wie die zweifellos nur groben, überschlägigen und unvollständigen Schätzungen gezeigt haben, dürfte das Reduktionsszenario »Energiepolitik« innerhalb des Zeitraumes von 1987 bis 2005 mit zusätzlichen jährlichen Nettokosten von 2,7 Mrd. DM (also etwa 45 DM je Einwohner und Jahr) verbunden sein; für das Reduktionsszenario »Kernenergieausstieg« wurden 9,4 Mrd. DM (also etwa 156 DM je Einwohner und Jahr) genannt. Dagegen kam das Reduktionsszenario »Kernenergieausbau« zu dem – allerdings äußerst umstrittenen – Ergebnis einer jährlichen Netto-

Energieverbrauch in den alten Bundesländern 1987 sowie im Jahre 2005 nach Energieträgern

	Basisjahr 1987	Reduktionsszenarien 2005			Reduktionsszenarien		
		Energiepolitik	Kernenergie- Ausstieg	Kernenergie- Ausbau	Energiepolitik	Kernenergie- Ausstieg	Kernenergie- Ausbau
	Energieverbrauch in PJ				Veränderungen 1987/2005 in %		
Steinkohlen	1878	1155	1404	1092	-38	-25	-42
Braunkohlen	1016	617	548	453	-39	-46	-55
Summe Kohlen	2894	1772	1952	1545	-39	-33	-47
Mineralölprodukte	4060	2552	1857	2725	-37	-54	-33
Gase	2250	2709	3331	2620	20	48	16
Summe Fossil	9204	7033	7140	6890	-24	-22	-25
Wasserkraft	184	220	215	214	20	17	16
Kernenergie	1233	1428	–	2439	16	-100	98
Windenergie	–	43	88	12	•	•	•
Photovoltaik	–	5	16	0	•	•	•
Stromimportsaldo u.ä.	36	36	32	34	–	-11	-5
REN in Endenergie	135	523	740	320	287	448	137
Summe Nicht-fossil	1588	2255	1091	3020	42	-31	90
Fossil + Nicht-fossil	10792	9288	8231	9910	-14	-24	-8
Verhaltensbedingte Reduktion	–	-540	-540	-540	(-5)	(-5)	(-5)
Gesamtsumme	10792	8748	7691	9370	-19	-29	-13

Quelle: Enquete-Kommission «Vorsorge zum Schutz der Erdatmosphäre»

Bild 3

ersparnis von etwa 4,8 Mrd. DM (also etwa 80 DM je Einwohner und Jahr).

14. Zu beachten ist, daß diese Kostenschätzungen an einem vorgegebenen – moderaten – Energiepreispfad gemessen wurden. Wenn man dies aber tut, so dürften tatsächlich viele der insbesondere in den beiden erstgenannten Szenarien unterstellten Maßnahmen zur rationellen Energieverwendung und zur Nutzung erneuerbarer Energiequellen aus Sicht eines betriebswirtschaftlich kalkulierenden Investors nicht lohnend sein. Schon deshalb kann auch nicht damit gerechnet werden, daß dennoch die entsprechenden Maßnahmen durchgeführt werden. Aber auch ein Szenario, daß die Emissionsreduktion vorrangig durch den weiteren Ausbau der Kernenergie bewerkstelligen will und dafür sogar – freilich äußerst umstrittene – Kostenvorteile nennt, hat es mangels fehlender Akzeptanz mit beträchtlichen Realisationsproblemen zu tun.
15. Insgesamt vermitteln die Szenarien einen vergleichsweise geschlossenen Eindruck von den unterschiedlichen Möglichkeiten, die CO_2-Emissionen in der Bundesrepublik Deutschland bis zum Jahre 2005 um mindestens 30% zu reduzieren. Insoweit stellen sie auch eine wichtige Entscheidungsgrundlage für die Politik dar. Diese insgesamt positive Einschätzung der Aussagekraft der Szenarien muß im Konkreten sicher relativiert werden. Das betrifft zunächst die *Unsicherheiten hinsichtlich einiger Basisannahmen*, z.B. in bezug auf die weitere demographische und ökonomische Entwicklung oder auf die angenommenen Veränderungen der Energiepreise.
16. Weiterhin gibt es eine Kategorie von aussagebegrenzenden Faktoren, die auf prinzipiell unaufhebbare Unsicherheiten bei allen zukunftsbezogenen Aussagen, auf Unsicherheiten und fehlende Informationen bei den Kostenangaben und auf die Nicht-Einbeziehung von externen Kosten und Nutzen zurückzuführen sind, insbesondere darauf, daß die externen volkswirtschaftlichen Nutzen, die mit einer Verwirklichung der angestrebten Reduktion der CO_2-Emissionen verbunden wären, allenfalls qualitativ berücksichtigt werden konnten.
17. Schließlich beinhalten die Szenarien der Enquete-Kommission selbst noch *kein geschlossenes Programm*, das entsprechende Handlungsanweisungen für die Politik und alle anderen Beteiligten bereitstellen könnte. Dies war allerdings weder intendiert, noch hätte es in der

kurzen Zeit geleistet werden können. Aber dieser Punkt weist doch auf einen anderen Aspekt der Szenarien hin: Zwar wurde in allen Fällen mehr oder weniger detailliert angegeben, welche konkreten *Maßnahmen auf einer technisch-ökonomischen Ebene* jeweils unterstellt worden sind. Auch wurde versucht, die *politischen Maßnahmen* zu skizzieren, die für eine Realisierung der jeweiligen Strategie oder zumindest wesentlicher Strategieelemente geeignet schienen. Gleichwohl war es nicht möglich, jeweils eine konsistente Umsetzungsstrategie zu beschreiben, die mit Sicherheit erwarten ließe, daß

- die unterstellte Politik *erstens* – auch im Hinblick auf ihre Vereinbarkeit mit EG-Bestimmungen – tatsächlich von den politischen Entscheidungsträgern aufgegriffen und durchgesetzt werden könnte und
- *zweitens* die jeweils existierenden großen Reduktionspotentiale von den einzelnen Wirtschaftssubjekten auch in dem vorgesehenen Umfang ausgeschöpft werden. Hier ist also deren Reaktion auf politische Maßnahmen und ihr Investitionsverhalten angesprochen.

18. Insgesamt besteht noch ein erhebliches *Forschungsdefizit* im Hinblick auf eine nähere Bestimmung des Zusammenhangs zwischen technischen Möglichkeiten der Reduktionsminderung, ihrer wirtschaftlichen Bewertung, den politischen Maßnahmen und deren Wirkungen auf das Investitionsverhalten der Wirtschaftssubjekte. Ähnliches gilt im Hinblick auf die Analyse der *gesamtwirtschaftlichen Implikationen* der ein oder anderen Strategie. Sicher ist, daß mit den beschriebenen strukturellen Veränderungen in allen Szenarien teilweise durchgreifende Umschichtungsprozesse sowohl in den Endenergiesektoren als auch im Umwandlungsbereich und bei den Primärenergieerzeugern sowie – alles in allem – innerhalb der gesamten Volkswirtschaft verbunden sind. Auch Fragen im Zusammenhang mit der Wettbewerbsfähigkeit der deutschen Wirtschaft lassen sich nur schwer beantworten. Es ist auch erst noch zu ermitteln, auf welche Weise die erforderlichen wirtschafts-, energie-, beschäftigungs- und regionalpolitischen Umstrukturierungsprozesse – vor allem jene, die auf die heimischen Bergbaureviere zukommen würden – sozialverträglich gestaltet werden können. Die Szenarien erlauben insoweit auch noch keine abschließenden und endgültigen Aussagen. Immerhin leisten sie für den notwendigen energiepoliti-

schen Verständigungsprozeß wesentliche Voraussetzungen. Es ist zu hoffen, daß durch die Arbeiten der jetzigen Enquete-Kommission weitere Bausteine geliefert werden können.

19. Welche Lehren im Hinblick auf den notwendigen energiepolitischen Verständigungsbedarf lassen sich aus der Beschäftigung mit den zuvor zitierten Szenarien ziehen?

Erstens haben wir gelernt, daß uns prinzipiell unterschiedliche Wege zur Gestaltung einer klimaverträglichen Energieversorgung zur Verfügung stehen. Wir haben also tatsächlich auch einen Entscheidungsspielraum.

– *Zweitens* wissen wir, daß die Realisierung eines jeden Weges einen erheblichen energiepolitischen Handlungsbedarf mit sich bringt.
– *Drittens* können wir einen hohen Klärungs- und Konsensbedarf vor allem bei folgenden Fragen feststellen:
  (a) Wie halten wir es mit der Nutzung des ein oder anderen Energieträgers? Das betrifft vorrangig das Problem der Kernenergie, es betrifft aber auch die Einschätzung der künftigen Verfügbarkeit des vergleichsweise kohlenstoffarmen Energieträgers Erdgas sowie die Rolle der einheimischen Stein- und Braunkohlen.
  (b) Wie halten wir es mit der Durchsetzung einer möglichst rationellen Energieverwendung und -bereitstellung?
  (c) Welche gesamtwirtschaftlichen und strukturellen Veränderungen sind mit den jeweiligen energiestrategischen Optionen verbunden und welche Folgen wollen wir in Kauf nehmen?
  (d) Welche Instrumente zur Durchsetzung einer klimaverträglichen Energiezukunft stehen uns zur Verfügung und wollen wir nutzen?

20. Die Beantwortung dieser Fragen hängt nicht zuletzt auch davon ab, ob die Beteiligten eine *gleiche Sicht der vordringlich zu lösenden Probleme* haben. Für die Mitglieder der Enquete-Kommissionen des 11. und des 12. Deutschen Bundestages zum Schutz der Erdatmosphäre dürfte diese Bedingung im Hinblick auf die Notwendigkeit einer auch drastischen Reduktion der CO_2-Emissionen gegeben sein. Anders sieht es schon aus, wenn man den Kreis der an der energiepolitischen Verständigungsaufgabe zu Beteiligenden weiter zieht:

- Selbst auf nationaler Ebene finden sich wichtige Gruppen, die den unabweisbaren Zwang, aus Klimaschutzgründen rasch und durchgreifend handeln zu müssen, bestreiten. Beispielhaft sei hier nur auf entsprechende Äußerungen seitens der Kohlewirtschaft hingewiesen.
- Und selbst wenn von anderen die Notwendigkeit nicht in Abrede gestellt wird, so werden die Durchsetzbarkeit in der kurzen Zeit und im nationalen Alleingang bezweifelt oder angesichts der aktuellen, insbesondere wirtschaftlichen und sozialen Probleme in Deutschland vorerst andere politische Prioritäten gesehen.
- Auf internationaler Ebene keimen zwar nach der Rio-Konferenz im vergangenen Jahr und mit der Clinton-Administration in den USA Hoffnungsschimmer einer gleichen Problemwahrnehmung, doch kommen noch immer aus den USA sowie aus Rußland und China (um nur die wichtigsten CO_2-Emittenten zu nennen) zahlreiche Äußerungen, die zunächst noch die Ergebnisse weiterer Forschungsarbeiten abwarten wollen, bevor sie zu praktischem Handeln schreiten.

Eine zentrale Verständigungsaufgabe auf nationaler und internationaler Ebene muß daher offenkundig noch im Hinblick auf die Problemdimension geleistet werden.

21. Ein gemeinsames Verständnis über die Problemdimension ist nun aber eine notwendige, nicht aber ausreichende Bedingung für den anzustrebenden Energiekonsens. Daneben gibt es noch zahlreiche andere Verständigungsaufgaben (vgl. Bild 4). So muß auch ein *gemeinsames Verständnis der letztlich anzustrebenden Ziele* erreicht werden. Dies wiederum setzt eine *Verständigung über die Kriterien* voraus, an denen die unterschiedlichen energiestrategischen Optionen bewertet werden sollen.

So wird ja das eine oder andere Szenario der Enquete-Kommission nicht deshalb abgelehnt, weil es etwa aus technischer Sicht als nicht realisierbar erscheint (die technische Realisierbarkeit wird wohl überwiegend akzeptiert), sondern weil es als politisch (zumindest national) nicht durchsetzbar angesehen und/oder aber wegen seiner gesamtwirtschaftlichen Implikationen abgelehnt wird.

Das deutet auf eine besonders bedeutsame Verständigungsaufgabe hin: Wir müssen nicht nur über die eher technisch geprägten energiestrategischen Optionen und über die Bewertungskriterien einen

Konsens herstellen, sondern auch über die weiteren Implikationen solcher Optionen. Das setzt voraus, daß wir die sekundären Folgen der Optionen ebenso beschreibbar machen, wie dies die Szenarien zumindest im Hinblick auf eine adäquate Erreichung des primär ver-

Einige energiepolitische Verständigungsaufgaben

Eine Verständigung ist herbeizuführen über ...

... Art und Umfang der zu lösenden Probleme

... die zu realisierenden Ziele

... die dabei anzulegenden Kriterien

... das anzustrebende Ausmaß der Energieeinsparung

... die künftige Rolle einzelner Energieträger (Kernenergie, einheimische Kohle, Erdgas)

... die verfügbaren politischen Instrumente

... die Durchsetzungsbereitschaft und -fähigkeit unterschiedlicher energiepolitischer Optionen

... die Abhängigkeit nationaler Entscheidungen von internationalen Zusammenhängen

... die Bewertung der Implikationen der energiepolitischen Optionen

Bild 4

folgten Zieles getan haben. Innerhalb des gesamten Spektrums der zu lösenden Verständigungsaufgaben besteht hier also ebenfalls noch ein wesentlicher Klärungsbedarf. Selbst wenn man skeptisch sein muß, daß ein Konsens über die Frage der weiteren Nutzung der Kernenergie hergestellt werden kann, geht doch wohl kein Weg daran vorbei, daß die hier skizzierten Verständigungsaufgaben Gegenstand eines künftigen politischen Diskurses sein müssen.

Teil 2:
Dr.-Ing. Eberhard Jochem

Gedanken zu einem Konsens der offenen Optionen bis 2000

Im vorangegangenen Teilbeitrag des Kollegen Ziesing wurden drei mögliche Entwicklungswege der Energiewirtschaft skizziert. Keiner der drei wurde in den vergangenen zweieinhalb Jahren beschritten, seit die Enquete-Kommission ihren Bericht vorlegte und die Bundesregierung das 25%-Reduktionsziel ausrief. In der praktischen Energiepolitik auf Bundesebene und auf EG-Ebene verständigte man sich – bis auf marginale Ausnahmen – auf nichts. Sich »auf nichts verständigen« heißt, die Dinge treiben zu lassen. Damit verstärkte man die Glaubwürdigkeitskrise auf allen Seiten.

Ich bin davon überzeugt, daß ein langfristiger Konsens, wie ihn Minister Schäfer ansprach, heute in der Bundesrepublik nicht erreicht werden kann. Die Begründung dafür lieferte Minister Fischer: Die Vision einer höchsteffizienten Wirtschaftsweise und eines umweltbewußten Konsumverhaltens mit einer entsprechenden Lebensweise und Zahlungsbereitschaft ist heute in der deutschen Bevölkerung noch nicht weit genug verbreitet, als daß man sich derzeit auf einen langfristigen Ausstieg aus der Kernenergie verbindlich verständigen könnte.

Die Energiepolitik Deutschlands befindet sich in einem trostlosen Misch-Zustand von Blockade, Tabuisierung und Tatenlosigkeit:

- In der Praxis existiert ein Bau-Moratorium für Kernkraftwerke; allerdings benötigt die Bundesrepublik z. Zt. keine zusätzlichen Erzeugungskapazitäten im Gigawatt-Bereich; und auch die Stromwirtschaft erkennt die Chancen einer optimalen Struktur zwischen dezentraler und zentraler Stromerzeugung.
- Die betroffenen Landesregierungen blockieren den Bau der MOX-Produktionsanlagen in Hanau und der Endlagerstätte Gorleben.

- Eine langfristig angelegte Stein- und Braunkohlepolitik, die dem Klimaproblem, dem Anliegen eines langfristigen Abbaus von erheblichen Subventionen und der Landschaftszerstörung Rechnung tragen würde, ist noch immer politisch in Bonn, Düsseldorf und Saarbrücken tabu.
- Die Tatenlosigkeit der Bundesregierung und des Bundestages im Falle der rationellen Energieanwendung und der Verkehrspolitik steht im diametralen Gegensatz zu den Empfehlungen der Enquete-Kommission des 11. Bundestages und der Zielvorgaben der Bundesregierung, die von Deutschland ausgehende CO_2-Emission um mehr als 25% bis 2005 auf der Basis von 1987 vermindern zu wollen. Die bisherigen CO_2-Minderungen um immerhin 12%, d. h. die Hälfte des Reduktionszieles für Deutschland insgesamt, sind weitgehend durch den Zusammenbruch energieintensiver Branchen in den neuen Bundesländern und die Substitution von Braunkohle begründet.

Jedes der Lager kann die eigene Option nicht durchsetzen, wohl aber die des anderen verhindern. Das Patt ist perfekt, die Klimazeitbombe tickt bei schwindender Glaubwürdigkeit der meisten Beteiligten. Eine Aufhebung dieser Blockaden und Tabus würde die Suche nach einem zeitlich begrenzten, gemeinsamen Weg ermöglichen. Seinen Ausgang kennt heute keine der beteiligten Seiten genau.

1. Prämissen für einen zeitlich begrenzten Konsens

Ein zeitlich begrenzter Konsens könnte gefunden werden, wenn folgende Prämissen zutreffen:

- Entscheidungen für einen Neubau (Reinvestition) von Kernkraftwerken stehen etwa erst um das Jahr 2000 an, nicht vorher.
- Auch die Kernenergiegegner befürworten die sichere Entsorgung des in den laufenden Kernkraftwerken entstehenden Plutoniums, dies sowohl aus toxikologischen wie auch aus militärischen Gesichtspunkten.
- Auch die Kernenergiegegner akzeptieren, daß für die bisher und bis zum Ausstieg anfallenden hochradioaktiven Abfallstoffe eine Endlagerung in Deutschland oder im Ausland (nach dem St. Florians-Prinzip) notwendig ist.

- Die Kernenergiebefürworter akzeptieren, daß die Notwendigkeit der Kernenergienutzung in Deutschland in den ersten Jahrzehnten des kommenden Jahrhunderts nicht zwingend belegt werden kann, weil die Potentiale rationeller Stromanwendung, der Stromsubstitution und der Stromerzeugung mit Kraft-Wärme-Koppelung und erneuerbaren Energiequellen heute noch völlig unausgeschöpft sind und man heute noch nicht weiß, was binnen 20 Jahren erreichbar sein könnte.
- Ein verstärkter Stromimport, z. B. aus anderen Ländern der EG, ist nicht wünschenswert, da er energiepolitische Entscheidungen verschleppen würde und neue Abhängigkeiten und Risiken entstehen könnten.
- Die politischen Lager der Kohlenutzung, der Kernenergienutzung und der rationellen Energieanwendung und erneuerbaren Energiequellen haben den Freiraum, für eine begrenzte Zeit von vielleicht acht Jahren einen Konsens zu formulieren, der jedem Lager die Möglichkeit eröffnet, daß seine Option ohne »Nein« des anderen weiterverfolgt wird.
- Die Glaubwürdigkeit der Energiepolitik von Bund und Ländern sowie der Energieanbieter kann nur dadurch sichergestellt werden, daß über rationelle Energieanwendung nicht nur geredet wird, sondern Energiesparpolitik und eine klimaangepaßte Verkehrspolitik auch mit großem Ernst und Gestaltungswillen gemacht werden. Wenn der Wille zu einem glaubwürdigen Verhalten nicht klar und überzeugend zum Ausdruck gebracht wird, würde eine vorgetäuschte Konsensbereitschaft die Gräben der Blockade nur noch vertiefen, wie dies anscheinend z. Zt. in der Schweiz infolge der Leistungssteigerungsgenehmigung eines Kernkraftwerkes der Fall ist.

2. Elemente eines Konsenses der offenen Optionen bis 2000

Während die Forderungen der Kernenergiebefürworter für einen Konsens im folgenden nur kurz beschrieben werden, wird auf die Forderungen der Befürworter für rationelle Energieanwendung und Nutzung der erneuerbaren Energiequellen hier ausführlicher eingegangen. Nicht eingegangen wird auf den Bereich des Verkehrs.

2.1. Elemente eines Konsenses im Bereich Kernenergie

Folgende Einzelmaßnahmen im Bereich Kernenergie müßten akzeptiert werden:

- Die MOX-Elemente-Fabrik in Hanau erhält nur eine Betriebsgenehmigung für die klar begrenzte Menge Plutonium, die aus den heute in der BRD laufenden Kernkraftwerken stammt. Alternativ könnte man sich auch vorstellen, in Zukunft eine direkte Endlagerung zu organisieren. Hierzu müßte dann eine entsprechende Vorbehandlungsanlage gebaut werden.
- Eine weitere Alternative wäre, für gebrauchte Brennelemente Zwischenlagerkapazitäten ausschließlich für mehrere Jahrzehnte zu bauen, einmal, weil hochradioaktive Elemente in dieser Zeit zerfallen, und zweitens, weil Techniken einsatzreif sein dürften, die extrem langlebige Elemente in andere mit kurzer Lebensdauer umwandeln können (Transmutation).
- Das Endlager Gorleben wird nur mit einer Aufnahmekapazität gebaut, die ausreicht, um die hochradioaktiven Abfälle der bestehenden Kernkraftwerke endzulagern. Es werden keine Investitionen getätigt, die über diese Kapazität hinausgehen. Natürlich kann man sich auch nach dem St.-Florians-Prinzip darauf verständigen, ein Endlager außerhalb Deutschlands zu suchen, wenn man denn innerhalb der EG eines findet und die Nuklearabfälle nicht in den GUS-Staaten oder Entwicklungländern entsorgen will – eine Option, die auch die deutsche Stromwirtschaft verwirft.
- Eine Weiterentwicklung der Kernkraftwerke zu neuen Generationen mit wesentlich niedrigerem maximal möglichen Schadensausmaß im Falle eines GAU bleibt der Privatwirtschaft unbenommen. Sie wird allerdings nicht durch öffentliche FuE-Mittel (Forschung und Entwicklung) gefördert. Die Bedingung könnte dabei wie folgt lauten: Wenn es nicht gelingt, das maximal mögliche Schadensausmaß auf dasjenige eines Staudammbruchs oder einer großen Gasexplosion zu begrenzen, wird das Entwicklungsziel als verfehlt betrachtet.

Diese Einzelmaßnahmen im Kernenergiebereich für einen Konsens unterstellen, daß eine vergleichsweise ähnlich intensive Energiepolitik zur rationellen Energienutzung realisiert wird. Diese Annahme, daß auf beiden Seiten eine intensive Verfolgung beider technologischen Visionen realisiert werden kann, wird von den meisten Kernenergiegegnern in Frage gestellt. Ihre Prämisse ist, daß erst nach dem Beschluß des Ausstiegs aus der Kernenergie (z. B. nach Ablauf der technischen Nutzungsdauer) ernsthaft an die Politik der rationellen Energienutzung herangegangen würde (Engpaß-Hypothese). Diese Entscheidung kann manche stützende Argumente anführen; aber angesichts des rasanten Anstiegs der CO_2-Konzentration in der Atmosphäre ist vermutlich der Handlungsspielraum so eng, daß in den nächsten 20 Jahren jede nur mögliche technische Option zur CO_2-Minderung weitestgehend genutzt werden muß, sei es nun rationelle Energienutzung, die neue Kernenergietechnik mit ganz wesentlich geringerem maximalen Schadenspotential oder die erneuerbaren Energiequellen.

2.2. Elemente eines Konsenses im Bereich rationelle Energieanwendung und erneuerbarer Energiequellen

- Die Vielfalt der nachstehend beschriebenen Konsenselemente im Bereich der rationellen Energienutzung und der erneuerbaren Energiequellen deutet bereits darauf hin, daß es sich um die komplexe Aufgabe handelt, Zigtausende von Techniken und Millionen von Entscheidungsträgern zu bedenken und zu beeinflussen. Der notwendige Umfang der Stromerzeugung auf der Basis von Großkraftwerken mit Stein- und Braunkohle oder mit Kernenergie ist solange unklar, solange die Möglichkeiten der rationellen Stromanwendung, der Kraft-Wärme-Koppelung und der Stromerzeugung mittels erneuerbarer Energiequellen und auch eine gewisse Stromsubstitution (z. B. im Nachtspeicherbereich) nicht systematisch angegangen und realisiert werden. Als unbedingt erforderlich wird erachtet:
  - Freiwillige Selbstverpflichtung (oder Verordnung) im Bereich der Elektro-Haushaltsgeräte, der Standard-Pumpen und -Ventilatoren, der Kompressoren und Klimageräte, der Beleuchtung und der Bürogeräte mit den jeweiligen Herstellern und Importeuren.
  - Eine offene und positive Haltung aller Stromversorgungsunternehmen gegenüber der Kraft-Wärme-Koppelung in ihren verschiedenen Technologien und Leistungsstufen, nicht zuletzt durch ein aktives Contracting in diesem Technikbereich.
  - Substitution von Nachtspeicherheizanlagen, elektrischen Fußbodenheizungen und Warmwasserspeichern in dem Maße, wie

andere Stromanwendungsbereiche durch Speichertechniken (z. B. Kälte) und zeitvariable Stromtarife in die Nachttäler verlagert werden können.

– Förderung der Stromerzeugung auf der Basis erneuerbarer Energiequellen unter Würdigung der externen Kosten der konventionellen Stromerzeugung (Energieversorgungswirtschaft: 1 Mrd. DM pro Jahr im Jahre 2000 und Bund/Länder die gleiche Fördersumme in Form von Zinsverbilligung, verstärkten Abschreibungen und direkten Investitionszuschüssen je nach Zielgruppe).

• In welchem Umfang Stromerzeugung auf der Basis fossiler Brennstoffe noch möglich ist, hängt auch davon ab, wieviel Klimagasemissionen durch den Bedarf von Raum- und Prozeßwärme und infolge von Verkehr zu veranschlagen sind. Deshalb sind auch in diesen beiden Bereichen bestehende Effizienz- und Substitutionspotentiale in vollem Umfang zu nutzen. Hierzu gehören:

– eine sofortige Verabschiedung der Wärmeschutz-Verordnung,
– eine baldige Verabschiedung der Wärmenutzungs-Verordnung, wahrscheinlich in etwas modifizierter Form,
– eine Vorbereitung einer neuen Wärmeschutz-Verordnung, die Niedrigenergiehäuser beim Neubau ins Auge faßt und wärmetechnische Sanierung im Gebäudebestand binnen 30 Jahren zwingend vorschreibt.
– Freiwillige Selbstverpflichtung der Hersteller und Importeure von Massengütern (z. B. Brenner, Kessel, Pkw, Lkw, Wärmeschutzverglasung), die Effizienz binnen weniger Jahre zu verbessern und darüber in regelmäßigen Abständen weiter zu verhandeln.
– Freiwillige Selbstverpflichtung der energieintensiven Industriezweige oder einzelner Unternehmen, bestimmte Verfahrensverbesserungen oder Investitionen effizienterer Querschnittstechniken binnen einer vereinbarten Frist durchzuführen.
– Durchführung eines umfangreichen Fortbildungsprogramms (ähnlich dem Schweizer Impulsprogramm) mit etwa 50 bis 100 Mio. DM pro Jahr.
– Novellierung der Bundestarifordnung Gas (BTOGas) und Anpassung an die Philosophie der Bundestarifordnung Elektrizität (BTOElt). Keine Bemessung des Leistungspreises für Heizkessel und Fernwärmeübergabestationen nach dem Leistungsschild,

sondern nach der temperaturbereinigten Wärmeabnahme des Vorjahres.
- Förderung des Contracting in allen Anwendungsbereichen der Wärmeerzeugung und auf vielen Unternehmensebenen mittels Vertragsbeispielen, Fortbildung, Bürgschaftsübernahme und finanziellen Anreizen (zeitlich beschränkt).

Die erneuerbaren Energiequellen leiden unter dem Problem der Mengen-Kosten-Degression und der Tatsache, daß ihre geringeren externen Kosten im Entscheidungskalkül nicht hinreichend oder gar nicht berücksichtigt werden. Da die erneuerbaren Energiequellen Ende nächsten Jahrhunderts die zentrale Energiequelle sein müssen (*sustainability*), müssen diese zwei Benachteiligungen durch eine aktive Politik kompensiert werden. Hierzu wäre u. a. nützlich (Beispiele):
- Vorschrift der solaren Warmwassererzeugung und Wasservorerwärmung für sämtliche Wohngebäude und warmwasserintensive Branchen in Gewerbe und Industrie auf den Gebäudedächern (Nachrüstung binnen 15 Jahren).
- Politische Zielvorgabe des Windenergieausbaus in Gegenden mit mittleren Windgeschwindigkeiten von 5 m/sec und mehr.
- Erhebliche finanzielle Anreize zur Nutzung fossil betriebener Wärmepumpen (mehrere 100 Mio. DM pro Jahr).
- Finanzielle Anreize für Investitionen zur Nutzung von Forst- und Holzabfällen, von Gülle, Stroh und brennbaren Produktionsrückständen (mehrere 100 Mio. DM pro Jahr).
- Gebot der vollständigen energetischen Nutzung von Klärgas und Deponiegas, Raffinerie- und Grubengas.
- Gebot des photovoltaischen Betriebs von alleinstehenden Stromverbrauchern wie Verkehrszeichen auf Autobahnen und Landstraßen, Radio- und Telefonsendeanlagen.
- Bau eines großen solarthermischen Kraftwerks in Spanien bis zum Jahre 2000.

Da die Energieversorgungsunternehmen (EVU) – einschließlich Gas- und Mineralölwirtschaft – in der BRD mehrere 10 Mrd. DM in Energieversorgungsanlagen investieren, wird von ihnen erwartet, daß sie bis 2000 ein jährliches Investitionsvolumen von 3 bis 6 Mrd. DM in die rationelle Energieanwendung in den Endenergiesektoren und in die erneuerbaren Energiequellen durch Contracting und eigene Unternehmungen tätigen. Dies wäre ein Zeichen der Glaubwürdigkeit, daß die Energiewirtschaft bereit ist, sich an langfristigen gesellschaftlichen Bedürfnissen zu orientieren und mit dazu beizutragen, daß Endenergieverbraucher problemgerecht auf die Klimabedrohung reagieren können.

Außerdem muß die Bundesregierung durch eine veränderte Ressourcenallokation Glaubwürdigkeit in der Energiepolitik zurückerlangen. Elemente hierzu sind:

– Die seit Jahrzehnten laufende FuE-Förderung zugunsten des Energieangebotes sollte mit dem Ziel verändert werden, jeweils ein Drittel für die konventionellen Energieträger, die rationelle Energieanwendung und die erneuerbaren Energiequellen zu disponieren.
– Das Personal im Bundeswirtschaftsministerium sollte langfristig wegen der Differenziertheit der rationellen Energieanwendung und der erneuerbaren Energiequellen zu 80% diesen beiden Fachgebieten zugeordnet sein. Die heutige umgekehrte Relation (80% für die konventionellen Energieträger) trägt dazu bei, daß eine Energienachfragepolitik schon aus Personalengpaßgründen nur in sehr beschränktem Ausmaß auf Bundesebene möglich ist.
– Eine langfristige Konzeption zur allmählichen Anhebung von Energie- und Klimagassteuern bei gleichzeitiger Entlastung von Einkommen- und Lohnsteuer. (Hierzu müssen zuvor allerdings noch ausführliche Auswirkungsanalysen einer derartigen Finanzpolitik durchgeführt werden.)

Lassen Sie mich schließen mit dem Hinweis, daß hier nur beispielhaft konkrete Elemente eines zeitlich beschränkten »Konsenses der offenen Optionen bis 2000« genannt wurden, um die Tiefe der notwendigen Gespräche anzudeuten. Daß die Handlungsalternative des Zuwartens, Nichtstuns und Blockierens ihre eigenen Kosten hat, wird aus der Mitteilung der Badischen Gebäudeversicherung an die badischen Gebäudeeigner im Jahre 1993 deutlich:

> »Umlageerhöhung auch in der Elementarschadenversicherung
> Die langfristige Beobachtung der Schadenentwicklung zeigt zunehmend eine steigende Tendenz zu großen Schadenereignissen, insbesondere in der Sturm- sowie der Hochwasser- und Überschwemmungsversicherung. Gerade die Bedeutung der Überschwemmungsversicherung wird häufig unterschätzt: Gewitter mit starken Niederschlägen mit oft nur kurzer Dauer können Überschwemmungsschäden in zweistelliger Millionenhöhe verursachen. Die steigenden Schadenaufwendungen machen nunmehr die Anhebung der Umlage

für die Elementarschadenversicherung von 12 Pfennig auf 17 Pfennig je 100 Mark Versicherungssumme (Wert 1914) erforderlich.«

Ein weiteres Zuwarten trifft nicht nur die Entwicklungsländer, sondern auch Deutschland selbst, heute durch Tariferhöhung der Elementarschadenversicherer und morgen durch vielfältige Schäden in Forst- und Landwirtschaft, in der Wasser- und Verkehrswirtschaft sowie durch Wanderungsprozesse von Süd nach Nord.

Ob die absehbaren Schäden der Politik des Zuwartens genügend Vorstellungskraft entwickeln, um auf mehreren Seiten Positionen zu verlassen und sich auf einen zeitlich beschränkten Konsens der Optionen einzulassen, ist eine heute nicht zu beantwortende Frage. »Vernunftehen auf Zeit« sind ja in der Politik durchaus bekannte Organisationsformen mit häufig recht positiven Ergebnissen, vorausgesetzt, das geschenkte Vertrauen wird von beiden Partnern voll in der Tat des Alltags bestätigt.

Interpretation der energiestrategischen Verständigungsaufgaben vor dem Hintergrund der dargestellten Optionen

Prof. Dr. Hans Michaelis

Herr Vorsitzender, meine Damen und Herren,

ich kann nahtlos an das soeben Gesagte anschließen. Es ist ganz klar und notwendig, unser Energiesystem umzubauen. Allerdings glaube ich, daß wir dabei eine Reihe von Bedingungen und Problemen berücksichtigen müssen, die sich insbesondere aus der Wiedervereinigung und dem Umbruch in Osteuropa ergeben.

Ich möchte Ihnen diese Probleme kurz vor Augen führen. Die Enquete-Kommission «Vorsorge zum Schutz der Erdatmosphäre» des letzten Bundestages hat den Versuch unternommen, für die alten Bundesländer die Energieszenarien mit und ohne Kernernergieeinsatz durchzurechnen. Anzumerken ist, daß das Ausbauszenario keine Befürworter gefunden hat.

Für mich war klar, daß wir uns im Falle des Inbetrieblassens der Kernkraftwerke bis 2005 auf unser 30%-Reduktionsziel für CO_2 konzentrieren konnten. Wenn wir heute realisieren müssen, daß wir dieses 30%-Ziel nicht erreichen werden, so liegt dies nicht nur, wie hier geäußert wurde, an der Untätigkeit des Bundesministeriums für Wirtschaft, sondern vor allem an Umständen, die zwischenzeitlich eingetreten sind und die wir damals nicht erahnen konnten.

Ich gebe Ihnen recht, daß der wesentliche Beitrag zur Senkung der CO_2-Emissionen bislang aus den neuen Bundesländern stammt, schließe aber keineswegs aus, daß wir noch eine weitere erhebliche Reduktion erreichen werden. Ich veranschlage diese zusätzliche Reduktion bis zum

Jahre 2005 auf etwa 10 bis 15 Prozent, und somit bleibt die Gesamtreduktion etwa in der Vorstellung der Bundesregierung, die von 25 Prozent ausgeht.

Ich betone aber, daß wir großes Augenmerk auf das politische Umfeld legen müssen. Hierzu gehört, daß wir für ein Wirtschaftswachstum zu sorgen haben, das dauerhaft Beschäftigung sichert. Sie wissen, dies bedeutet Maßnahmen, die in gewissem Sinne kontradiktorisch zu Einsparungsbemühungen stehen.

Zum anderen stehen wir vor der unerwarteten Situation, daß die enormen zusätzlichen Belastungen der Volkswirtschaft Mittel blockieren, die wir sonst für Reduktionsmaßnahmen hätten aufwenden wollen und auch können.

Denken Sie nur einmal an das Beispiel der Wärmedämmung. Bei der Wärmedämmung ist es so, einmal grob gesagt, daß von den 30 Prozent Reduktion etwa ein Drittel der Wärmedämmung zugerechnet wird. Sie werden sagen: Bisher ist nichts geschehen, und Sie haben auch recht damit. Warum ist nichts geschehen? Es ist erstens ein außerordentlich schwieriges Problem, was die Organisation einer solchen Aktion betrifft, und es liegt zweitens an der Tatsache, daß die Wärmedämmung außerordentlich teuer ist und wir sie nur im Rahmen eines Programmes verwirklichen können, bei welchem die Mittel auch aufgebracht werden können.

Sie müssen bedenken, daß Sie andererseits in den neuen Bundesländern das Problem der Wohnungsmieten haben. All diese Dinge zusammengerechnet, muß man schon ein gewisses Verständnis dafür haben, daß dieses Programm – das ich sehr befürworte – nicht in der Weise auf den Weg gekommen ist, wie es hätte sein sollen.

Das dritte Problem, das ich hier nennen möchte, ist das Problem der parlamentarischen Akzeptabilität. Wir stehen bei jeder neuen Entscheidung, insbesondere bei den Entscheidungen über Verkehrsprobleme, natürlich vor der Frage: Finden sich denn für radikale Maßnahmen Mehrheiten im Parlament, und zwar völlig unabhängig davon, welcher Partei man angehört? Diese Frage wird man sich stellen müssen, denn sie gehört genauso zu dem Konsensproblem wie das Problem der Kernenergie. Ich sage das nur prophylaktisch, wir wissen sehr genau – oder glauben es zumindest zu wissen –, wo bei den Vorschlägen, die wir gemacht haben, Konsensmöglichkeiten bestehen und wo solche Konsensmöglichkeiten nicht bestehen.

Dann haben wir ein weiteres Problem, das sich inzwischen sehr deutlich zeigt, das Problem des gemeinsamen Marktes. Gemeinsamer Markt, und hier insbesondere gemeinsamer Strommarkt, bedeutet, daß wir auf dem Markt Freizügigkeit haben, der Strom also dort hinfließen kann, wo die besten Erträge zu erzielen sind.

Sicherlich wird es auf den Wegen zum gemeinsamen Strommarkt noch manche Schranke, noch manche Barriere geben, aber im Grunde genommen müssen wir uns doch folgendes eingestehen: Im europäischen Markt ist die deutsche Elektrizitätswirtschaft sehr teuer.

Bei den Stromerzeugungskosten gibt es eine Rechnung, die besagt, daß die Stromerzeugungsbereitstellungskosten, in der Grundlast, für Frankreich mit 70 und für Deutschland mit 100 anzusetzen sind. Das ist in etwa die Relation, Sie mögen sie mit 75/100 ansetzen, dann sind Sie sicherlich nicht sehr weit von der Wirklichkeit entfernt. Und nun stehen wir vor der Frage, wie wir einen gemeinsamen Strommarkt haben wollen. Die Folge ist natürlich, daß die EVU's sich sträuben, nun mit erheblichen Kosten noch weitere Maßnahmen zu finanzieren, das heißt, die Mittel müßten anderweitig beschafft werden.

Dazu kommt das Problem der Steinkohle mit all ihren Lasten – ich mache nur darauf aufmerksam, daß dieses Problem in den nächsten Jahren ganz brutal auf uns zukommen wird und daß es hier zwei Konzeptionen geben wird. Die eine Konzeption ist die totale Liberalisierung mit dem Erfolg, daß bei den EVU's nur noch unter Kostengesichtspunkten operiert wird, die andere, daß wesentliche öffentliche Mittel beigesteuert werden. Aus den Erlösen in einem gemeinsamen Strommarkt allein wird der Einsatz heimischer Steinkohle immer schwieriger zu finanzieren sein.

Dann haben wir schließlich das Problem der CO_2-Emission. Sie kennen die Vorgaben der Bundesregierung: minus 25 bis minus 30 Prozent für das Jahr 2005. Sie kennen die Intention der Europäischen Gemeinschaft, die dahin geht, daß bis zum Jahre 2000 die Emissionen auf einem bestimmten Stand eingefroren werden sollen, wobei sich für Deutschland die besondere Situation ergibt, daß es den anderen helfen muß. Für Deutschland ergibt sich daraus zwischen 1990 und 2000 eine Reduktion von 5 Prozent, und wenn Sie im übrigen hinzurechnen, daß unser Bezugsjahr 1987 war, kommen noch weitere 5 Prozent hinzu, das wäre also eine Reduktion von 10 Prozent bis zum Jahre 2000. Und Sie kennen schließlich die Abmachungen, die in Rio getroffen worden sind:

einmal die Übereinkunft, die Emissionen zu stabilisieren. Und wir haben andererseits das sogenannte Langfristziel, daß man den Anteil an klimawirksamen Spurengasen in der Atmosphäre irgendwann einmal stabilisieren soll, wobei der Anstieg des Gehalts an klimawirksamen Spurengasen in der Atmosphäre so gestaltet werden soll, daß er keine ökologischen Schäden hervorruft, also nach meiner Auffassung maximal etwa ein Grad Celsius Temperaturerhöhung pro Jahrhundert.

Diese Ziele sind zwar nicht verbindlich, aber sie sind festgelegt worden. Jedenfalls ist es klar, daß wir die CO_2-Minderungspolitik werden fortsetzen müssen, wenn wir halbwegs glaubwürdig bleiben wollen. Denken Sie daran, daß diese Verpflichtungen nur ausgesprochen worden sind von den Industrieländern und nicht von den Entwicklungsländern, die insgesamt vom Zuwachs an CO_2-Emission etwa 90 Prozent aufnehmen.

Zum Ostblock und den Problemen dort möchte ich nur eines sagen: Wir erleben dort etwas, was man als Naturwissenschaftler nur unter den Begriff der Chaostheorie einordnen kann. Wir haben dort einen Umbruch mit katastrophalen Auswirkungen, die jede Voraussage heute unmöglich machen. Eines ist ganz sicher: Wir werden in erhöhtem Maße in die Tasche greifen müssen, um diesen Ländern zu helfen. Wir haben unsere Probleme neuerdings sogar mit den Erdgaslieferungen. Wir haben unsere Probleme mit den dortigen Kernkraftwerken, alle diese Probleme sind da, aber wir haben bis jetzt keine Lösung.

Ich wollte damit nur einmal den Rahmen abgesteckt haben, auf den sich die Problematik bezieht. Und ich sage, wir sollten uns tatsächlich im Rahmen einer neuen Arbeit nicht auf den Kernenergiekonsens beschränken. Wir müssen vielmehr eine neue Energiepolitik erfinden, die allen diesen Dingen Rechnung trägt, und dazu möchte ich noch eine ganz kurze Überlegung anstellen.

Ich habe einmal versucht, alle Szenarien für die Bundesrepublik Deutschland – und zwar das erweiterte Bundesgebiet – zusammenzutragen, die im Augenblick existieren. Und da gibt es zwei Schlüsselgrößen für die Überlegung, die ich hier anstelle. Die eine Schlüsselgröße ist das Maß der Entkoppelung, das heißt konkret gesagt des Primärenergieverbrauchs je Einheit des realen Bruttosozialproduktes, und die andere Schlüsselgröße ist die Höhe der spezifischen CO_2-Emission. Das heißt: Wenn man Primärenergie einsetzt, wieviel CO_2-Emissionen werden dann entstehen?

Ich habe mir sämtliche Entkoppelungsdaten, die sich insbesondere in anderen europäischen und nichteuropäischen Ländern finden, das sind also Daten über die Änderung der Energieintensität im Verlaufe eines bestimmten Zeitraums, vorgenommen und habe dann die letzte, höchste Zahl, die ich hatte, noch einmal um 50 Prozent erhöht – und das für den Zeitraum von 1990 bis zum Jahr 2020, das ist die Zeit, die auch beispielsweise durch die Voraussagen der Weltenergiekonferenz in Madrid vorgegeben ist.

Auf diesem Wege bin ich schließlich zu einer bemerkenswerten Zahl gelangt: Allenfalls wird sich die Energieintensität um jahresdurchschnittlich 3,2 Prozent verringern. Bezogen auf die Zeit 1990 bis 2020 ergibt sich daraus eine Reduktion des spezifischen Energieverbrauchs je Einheit des realen Bruttosozialprodukts um 70 Prozent auf 30 Prozent.

Steigen wir zugleich auch aus der Kernenergie aus, dann ergibt sich als Folge – es handelt sich, wie gesagt, um Extremwerte einer Entkoppelung –, daß sich die CO_2-Emissionen zwischen 1990 und 2020 um ganze 6 Prozent vermindern werden. Das Reduktionssoll der Bundesregierung würde somit ungeachtet extremer Entkoppelung um etwa 20 Prozent verfehlt werden.

Das heißt also, mit den Mitteln, die uns jetzt zur Verfügung stehen, können wir nur sagen: Wir müssen uns entscheiden, ob wir die CO_2-Emission mindern werden oder ob wir auf die Kernenergie verzichten wollen. Das sind die beiden Optionen, die wir haben.

Ich will dazu gar keine Stellung nehmen, ich wollte nur darauf aufmerksam machen, daß Sie, wenn Sie diese Szenarien einmal zu Ende rechnen und alle diese Dinge durchgehen, zu ganz anderen Dimensionen des Problems gelangen, als es geschieht, wenn Sie nur eine isolierte Szenarienrechnung für die Kernenergie aufbauen. Ich danke Ihnen sehr.

Prof. Dr. Peter Hennicke

Risikominimierung ist möglich: Global gegen den Treibhauseffekt und lokal für den Atomausstieg!

Wenn zuträfe, was die Betreiber von Kernkraftwerken in Zeitungsanzeigen behaupten (Abb. 1, S. 129), dann bliebe der Menschheit nur noch die Wahl zwischen Pest und Cholera; nur noch eine Politik, die Risiken streut oder verlagert, aber keine risikominimierende Strategie wäre mehr möglich!

Eine Analyse der technisch möglichen Energiezukünfte zeigt jedoch das Gegenteil: Der in Welt-Energie-Szenarien für das Jahr 2030 prognostizierte Energie-Verbrauch unterscheidet sich bei gleichen Rahmendaten zum Bevölkerungs- und Wirtschaftswachstum um den Faktor 7 (ca. 5 – 35 Terawatt)! Die Eindämmung des zusätzlichen Treibhauseffekts und der Verzicht auf Atomenergie sind somit möglich, wenn die Energiepolitik konsequent auf drei Säulen aufgebaut würde: Effizienzrevolution sowie forcierter Einsatz der industriellen/kommunalen Kraft-Wärme/Kälte-Koppelung und der Regenerativen Energieträger. Hinsichtlich der Umsetzung dieser Strategie besteht kein Technik-Defizit, sondern ein Politik-Defizit.

Bloße Risikostreuung bedeutete den Verzicht auf die Wahrnehmung des Primats der Politik, die Unterwerfung unter kurzfristige ökonomische Sachzwänge und Sparteninteressen und damit den Verzicht auf eine vorsorgende Energiepolitik. Durch eine politische Richtungsentscheidung für eine neue Energie-, Verkehrs- und Industriepolitik ist eine risikominimierende Strategie noch möglich. Aber viel Zeit für die notwendige Wende in der Energiepolitik bleibt nicht mehr. Daher muß eine energiepolitische Richtungsentscheidung bei den sogenannten «Konsensgesprächen» eingefordert werden; mein Beitrag soll hierzu einige Eckpunkte markieren.

Wer global gegen CO_2 ist, muß lokal für Kernkraft sein.

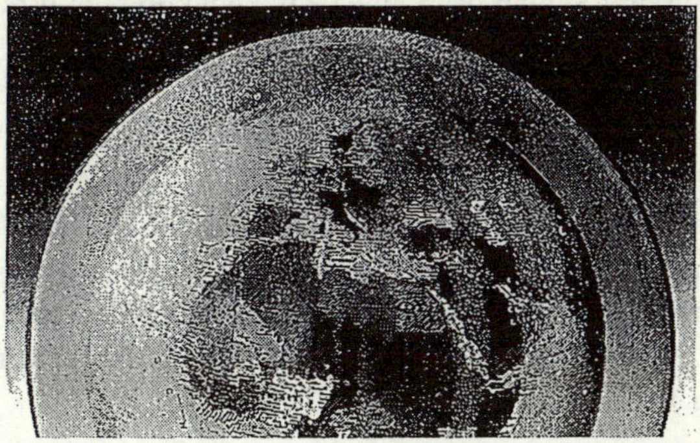

Das Klima unseres Planeten ist in Gefahr, und wir alle tragen dazu bei. Autos, Heizungen, Kraftwerke – so produziert jeder von uns Kohlendioxid, das wesentlich zum Treibhauseffekt beiträgt. Die möglichen Folgen der zunehmenden Erwärmung der Erde: Wüsten breiten sich aus, Eisberge schmelzen, Meeresspiegel steigen.

Wir, die deutschen Stromversorger, haben daraus Konsequenzen gezogen. Das Ergebnis heißt Energie-Mix: Der sinnvolle Einsatz von Kohle, Kernkraft und erneuerbaren Energien. Verbunden mit energiesparenden Maßnahmen.

Noch können die erneuerbaren Energien, deren Ausbau wir vorantreiben, die Umwelt in absehbarer Zeit nicht wesentlich entlasten. Darum kommt der Kernkraft in unserem Konzept eine besondere Bedeutung zu. Denn Kernkraftwerke produzieren kein CO_2. Schon deshalb muß Strom aus Uran ein tragender Teil im deutschen Energie-Mix bleiben.

Ihre Stromversorger

Abb. 1

Die nachfolgenden Abbildungen zeigen, daß Klimaschutz und Atomausstieg in der EG technisch machbar und finanzierbar sind (Krause et al., Energy Policy in the Greenhouse. Vol. 2: Least Cost Insurance Against Climate Risks. The Cost of Cutting Carbon Emissions, 1992). Für die fünf größten EG-Länder wird errechnet, daß bei einer «Business-as-usual»-Strategie die CO_2-Emissionen bis zum Jahr 2020 etwa um 20% steigen (Abb. 2, S. 131). Wenn eine kostenminimierende («Least-Cost»-) Strategie realisiert würde, wäre – unter Einschluß der Atomenergie – eine Reduktion um etwa 40% bis zum Jahr 2020 möglich (Abb. 3). Bei einem Ausstieg aus der Kernenergie und wegen der hierdurch induzierten forcierten Investitionsdynamik zugunsten der oben genannten drei Säulen wäre eine CO_2-Reduktion um 60% bis 2020 möglich.

- Je nach Annahmen über zukünftige Brennstoffpreise und Technologiekostenentwicklungen würde eine **Kostenminimierungsstrategie die CO_2-Emissionen in der EG-5-Region um 17 bis 40 Prozent unter das Niveau von 1985 absenken**.

Gleichzeitig würde eine solche Least-Cost-Strategie eine Menge Geld sparen:

- **Die Ausgaben für Energiedienstleistungen würden sich um 10 bis 25 Prozent verringern, d.h. um absolut 45 bis 70 Mrd. ECU im Jahre 2020**.

Selbst wenn nur die Hälfte des bedarfsseitigen Potentials für effizientere Energienutzung ausgeschöpft werden sollte, würden sich die Emissionen zumindest auf dem Niveau von 1985 stabilisieren (hohe Kosten) oder immer noch um 10 Prozent verringern.

Quelle: Krause et al. 1992

Abb. 3

FIGURE II.7.3:

EC-5 TOTAL CARBON EMISSIONS UNDER BUSINESS-AS-USUAL,LEAST-COST,AND MINIMUM RISK SCENARIOS

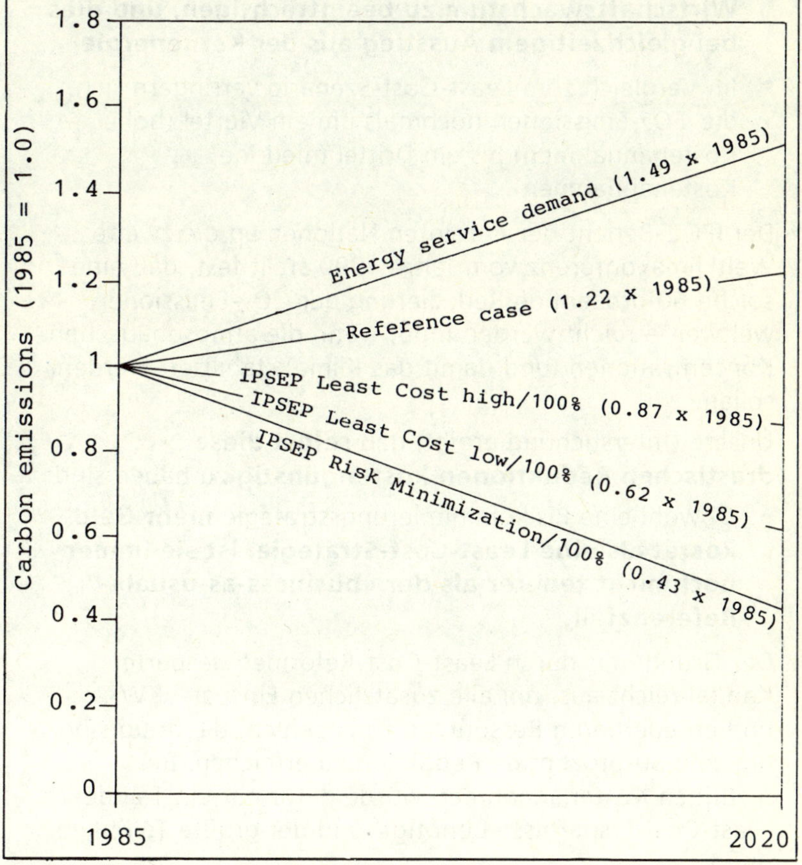

Abb. 2

- Eine **Risikominimierungsstrategie** würde die CO_2-Emissionen in der EG-5 Region bis zum Jahre 2020 gegenüber heute **um 60 Prozent** senken, **ohne das Wirtschaftswachstum zu beeinträchtigen, und dies bei gleichzeitigem Ausstieg aus der Kernenergie**.
- Im Vergleich zum Least-Cost-Szenario verringern sich die CO_2-Emissionen nochmals um ein Viertel (hohe Kostenannahmen) bis ein Drittel (niedrige Kostenannahmen).

Der IPCC-Bericht der Vereinten Nationen an die zweite Weltklimakonferenz vom Jahre 1990 stellt fest, daß eine solche 60-prozentige Reduzierung der CO_2-Emissionen weltweit erreicht werden muß, wenn die atmosphärischen Konzentrationen (und damit das Klima) stabilisert werden sollen.

Unsere Untersuchung ergibt, daß **selbst diese drastischen Reduktionen kostengünstig** zu haben sind:

- Obwohl eine Risikominimierungsstrategie **mehr Geld kostet als eine Least-Cost-Strategie, ist sie immer noch nicht teuerer als der «business-as-usual»-Referenzfall**.

Der Grund: das durch Least-Cost-Reformen gesparte Kapital reicht aus, um alle zusätzlichen Einspar-, KWK- und erneuerbaren Ressourcen zu bezahlen, die nötig sind, um eine 60-prozentige Reduktion zu erreichen. Bei niedrigen Kostenannahmen würde dafür nur ein Teil der Least-Cost-Ersparnisse benötigt, und der größte Teil bliebe übrig.

Quelle: Krause et al. 1992

Abb. 4

Ist aber eine derartige Risikovermeidungsstrategie finanzierbar? Die Abb. 4 (S. 132) zeigt, daß die Kosten eines risikominimierenden Szenarios höher liegen als bei einer Least-Cost-Strategie mit Atomenergie. Aber entscheidend ist: Auch bei Verzicht auf Atomenergie liegen die Kosten im Jahr 2020 noch etwa 40 Mrd. ECU unter denen einer «Business-as-usual»-Strategie, die die Risiken kumuliert. Dies bedeutet im Klartext: Obwohl die Vermeidung von Risiken billiger wäre, steuern der Markt und die Politik derzeit in Richtung einer teuereren und katastrophenträchtigen Zukunft! Ich werde daher im folgenden nicht nur über Politik-Defizite, sondern auch über Marktversagen und über Instrumente zur Überwindung von Hemmnissen sprechen.

Die Abb. 5 (S. 134) faßt die aus meiner Sicht wichtigsten Hemmnisse für eine Klimaschutzpolitik zusammen: Eine Energiesteuer allein kann die Probleme nicht lösen; in den siebziger Jahren gab es eine reale Verfünffachung der Ölpreise, und nur eine Entkoppelung hat stattgefunden – stagnierender Energieverbrauch trotz erheblichem Wirtschaftswachstum. Ein ausreichender Klimaschutz erfordert jedoch zukünftig eine drastische absolute Reduzierung des Energieverbrauchs und der CO_2-Emissionen (um 80% bis 2050). Aus Modellrechnungen für die EG zur Wirkung einer CO_2-/Energie-Steuer ist bekannt: Mit einer Energie/CO_2-Steuer allein ist der klimaverträgliche Umbau des Energie- und Verkehrssektors nicht möglich; eine Energiesteuer nach dem Vorschlag von Ernst-Ulrich von Weizsäcker muß schnellstmöglich – notfalls auch im nationalen Alleingang – eingeführt werden, aber sie reicht nicht aus.

Eine neue Energiepolitik erfordert ein sektor- und zielgruppenspezifisches Bündel von Instrumenten, wie es z.B. von der Klima-Enquete-Kommission gefordert wurde. Dringend notwendig ist z.B., die antiquierte staatliche Fehlregulierung der leitungsgebundenen Energiewirtschaft auf der Grundlage des Energiewirtschaftsgesetzes durch ein modernes ökologisches Regulierungssystem zu ersetzen (s. u. zu Least-Cost-Planning). Wir brauchen ein radikales Umdenken und neue ökonomisch-ökologische Spielregeln im Energiegeschäft: Das Vermeiden von Energie muß sich mehr rentieren als der Verkauf und die damit zusammenhängende Umweltzerstörung. Ich nenne dies die «Ökonomie des Vermeidens».

Eine wichtige Voraussetzung für die Herstellung eines rentablen Marktes für risikoärmere Investitionsalternativen ist, daß durch eine po-

Überwindung der Hemmnisse für eine CO_2-Reduktionspolitik

1. Globale Steuern / Abgaben reichen nicht
= zielgruppen- und sektorspezifische Maßnahmenbündel
= kommunale CO_2-Reduktionskonzepte

2. Fehlende ökologische Regulierung
= Änderung des EnWG
= «Least-Cost-Planning»

3. Energie-«Versorgung» als Geschäft
= Wandel vom EVU zum EDU / Diversifizierung / NEGA-Watt-Marketing
= Entkoppelung Energieexpansion = Gewinn
= Entkoppelung Energieexpansion = Staatseinnahmen

4. Die Machtkonzentration beim Energieangebot
= Umsteuern in eine sanfte Sonnenenergiewirtschaft
= Rekommunalisierung, Dezentralisierung, Demokratisierung

5. Die Investitions- und Innovationsblockade
= Ausstieg aus der Atomenergie
= KWK (Kohle / Gas) als Übergangstechnologien
= Richtungsentscheidung für Energieeffizienz und regenerative Energiequellen

Abb. 5

litische Richtungsentscheidung gegen die Atomenergie die von den Betreibern noch immer gehegte trügerische Hoffnung auf eine «Renaissance» der Atomenergie und dauerhaft hohe Renditen aus Atomstrom aufgegeben wird. Denn der enorme Forschungs- und Kapitalaufwand für die Atomenergie und das hierdurch geprägte großtechnische Stromverbund-System ohne nennenswerten Einsatz von Kraft-Wärme-Koppelung (KWK) und Regenerativen wirkt als Innovations- und Investitionsblokkade. Es ist eine von interessierter Seite verbreitete Legende, daß der harte Weg mit Atomkraft mit den sanften Techniken und dezentralen Akteuren einer Einspar- und Sonnenenergiewirtschaft kombinierbar wäre. Das in Atomanlagen gebundene Kapital (derzeit etwa 100 Mrd. DM) ist volkswirtschaftlich für Alternativen (z.B. Stromsparprogramme und KWK) nicht mehr verfügbar und bildet einen betriebswirtschaftlich negativen Anreiz für Investitionen in risikoarme und klimaverträgliche Alternativen.

Das Junktim zwischen politischer Richtungsentscheidung gegen die Atomkraft und einem fulminanten Aufschwung von Einsparaktivitäten und KWK-Investitionen wird z.B. in dieser Notiz des *Handelsblatt* (Abb. 6, S. 136) über die neue Unternehmenspolitik des größten EVU auf dem amerikanischen Kontinent, Ontario Hydro, deutlich: Erst nach einem Moratorium gegen den weiteren Ausbau der Kernenergie ist das Unternehmen in großem Umfang in die Alternativen eingestiegen: Fast 10 Gigawatt sollen eingespart und über 4 Gigawatt bei unabhängigen Anbietern (zumeist KWK-Anlagen) zugekauft werden. Maurice Strong, der ehemalige Organisator der UNCED-Konferenz von Rio, will jetzt als neuer Chairman Ontario Hydro zum führenden Einspar-EVU in der Welt machen. Dies wird dadurch ermöglicht, daß in den USA und in Kanada staatliche Regulierungsbedingungen (Stichwort: «incentive regulation») geschaffen wurden, unter denen sich strategische Energiesparprogramme betriebswirtschaftlich für EVU rechnen. Grundlegend ist das politische Junktim zwischen dem Ausstieg aus der Kernenergie und den dadurch geschaffenen profitablen Märkten für Alternativen. Die Risikomärkte müssen strategisch zurückgeschrumpft und gleichzeitig Bedingungen geschaffen werden, daß sich die Diversifizierung und Erschließung neuer Märkte auch für die EVU rentieren.

Auch weltwirtschaftlich macht dies Sinn: Hierdurch wird in den Industriestaaten die Technologiebasis für eine «dauerhafte Entwicklung» geschaffen. Die Industrieländer haben wegen der von ihnen verursach-

ONTARIO HYDRO

Kernkraftprojekt wurde vertagt

HANDELSBLATT; Dienstag, 21.1.1992

jjm OTTAWA. Noch vor genau zwei Jahren plante Ontarios provinzeigene Elektrizitätsgeselschaft Ontario Hydro den Bau von vier weiteren Kernkraftwerken bis zum Jahre 2014. Jetzt gibt die Gesellschaft bekannt, daß sie bis wenigstens 2009 keine weiteren Kraftwerke benötigt, sondern eher auf Stromsparmaßnahmen und vermehrte Erzeugung durch den Privatsektor setzt. Zwischen der höheren Angebotsprognose vom Dezember 1989 und der neuen Bestandsaufnahme liegt die Amtsübernahme der ersten sozialdemokratischen Provinzregierung Ontarios, die ein Baumoratorium für neue Kernkraftwerke verfügt hat.

Die Entscheidung, frühestens ab 2009 weitere Kernkraftwerke zu den siebzehn bereits betriebenen Anlagen zu bauen, wird als schwerer Rückschlag für die kanadische Kernreaktorindustrie gesehen.

Ontario Hydro will nicht weniger als 6 Mrd. kan. $ an Investitionen vornehmen, um durch Konservierungsmaßnahmen bis 2014 eine Bedarfsminderung von 9900 Megawatt zu erreichen. Außerdem plant die Gesellschaft, Privatunternehmen zur Abgabe von 4200 Megawatt heranzuziehen und einen eventuellen Bedarfsanstieg auch mittels Kraftstrombezügen aus Manitoba zu befriedigen.

Abb. 6

ten Umweltzerstörung nicht nur die moralische Pflicht zur Wiedergutmachung, sondern sie können auch beispielhaft vorleben und finanzieren, was durch eine Effizienzrevolution erreichbar ist; nur dann wird es auch für die Dritte Welt eine Realisierungschance für eine umweltverträgliche Fortentwicklung geben.

Die «angepaßte Hochtechnologie» muß auch in der Bundesrepublik entwickelt, hier eingesetzt und demonstriert werden, und nicht die Kernkraftanlagen, die ohnehin in der Dritten Welt und in Osteuropa nicht mehr bezahlbar sind.

Wie ein risikoarmes, kosteneffektives und international verallgemeinerungsfähiges Technologie-Mix zum Ersatz von Atomkraftanlagen aussehen könnte, wird in den Abb. 7 (S. 138) und 8 (S. 139) skizziert. Dieses Technologie-Mix basiert auf den genannten drei Säulen mehr Effizienz, mehr KWK und mehr Regenerative. Unterstellt wird, daß hierdurch in etwa die gleiche Menge Strom bereitgestellt bzw. eingespart wird, wie durch zwei Atomkraftwerke erzeugt werden kann. Beim Vergleich der CO_2-Emissionen wird deutlich, daß dieses Mix im wesentlichen CO_2-neutral gegenüber den Kernkraftwerken installiert werden kann. Dabei wurden bewußt auch moderne Anlagen mit fossilen Brennstoffen wie z.B. Kohle-KWK-Anlagen berücksichtigt, die in der Bundesrepublik aus regional- und ressourcenpolitischen Gründen, aber auch in China und Indien für eine klimaverträglichere Kohleverstromungsstrategie eine entscheidende Rolle spielen könnten. Die Abb. 8 zeigt, daß die Strombeschaffungskosten – Betreiberangaben für Atomenergie unterstellt – durchaus vergleichbar sind.

Wird dieses Beipiel auf die bei einem Ausstieg in der Bundesrepublik zu ersetzende Atomstrommenge hochgerechnet, ergibt sich – rein rechnerisch – der in Abb. 9 aufgeführte Kostenaufwand. Dabei wurde

Struktur und Finanzierung eines alternativen Beschaffungskonzeptes

Alternativ-Technik	Anteil	TWh	Investitionssumme
Kohle-KWK	21 %	29,4	25 Mrd. DM
Gas-KWK	42%	58,5	
Erneuerbar	27%	37,8	26 Mrd. DM
Stromsparen	10%	14,0	21 Mrd. DM
Summe	100 %	140	82 Mrd. DM

Finanzierung:

– Eine zweckgebundene Stillegungsabgabe von 150 DM pro Kopf /Jahr über 5 Jahre	60 Mrd. DM
– Eigenmittel der EltUnternehmen	22 Mrd. DM

Abb. 9

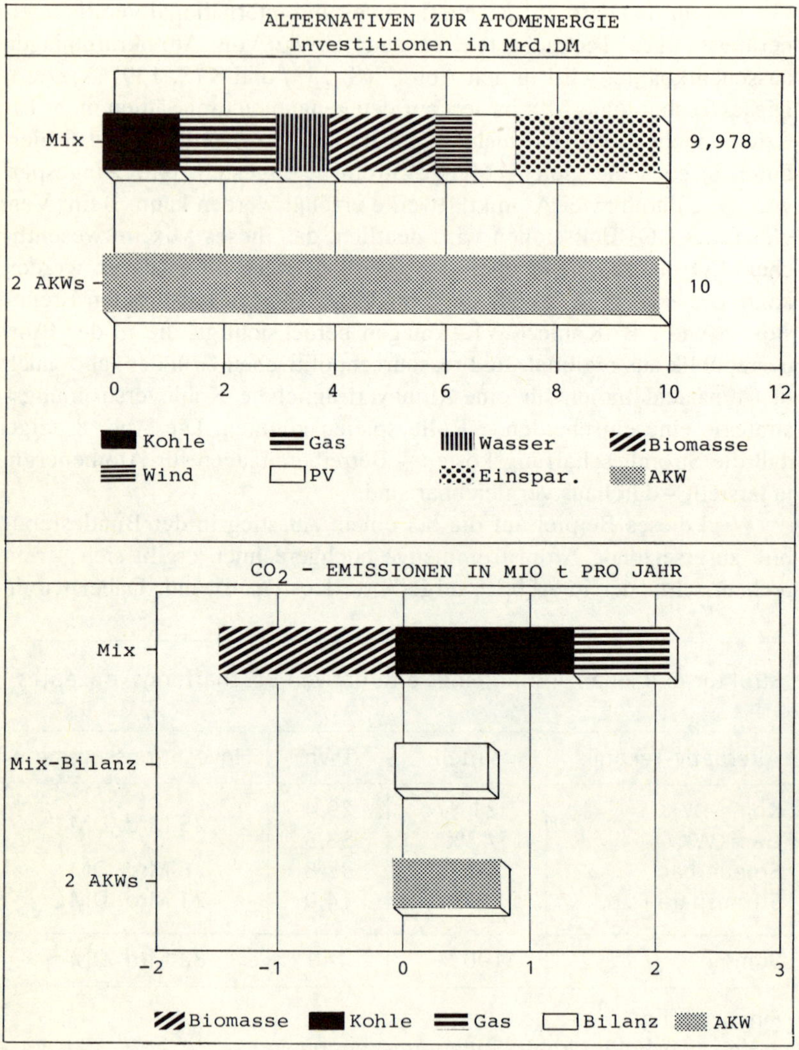
ALTERNATIVEN ZUR ATOMENERGIE
Investitionen in Mrd.DM
Mix
9,978
2 AKWs
10
0
2
4
6
8
10
12
Kohle
Gas
Wasser
Biomasse
Wind
PV
Einspar.
AKW
CO_2 - EMISSIONEN IN MIO t PRO JAHR
Mix
Mix-Bilanz
2 AKWs
-2
-1
0
1
2
3
Biomasse
Kohle
Gas
Bilanz
AKW

Abb. 7

ALTERNATIVEN ZUR ATOMENERGIE

Stromerzeugung in TWh pro Jahr

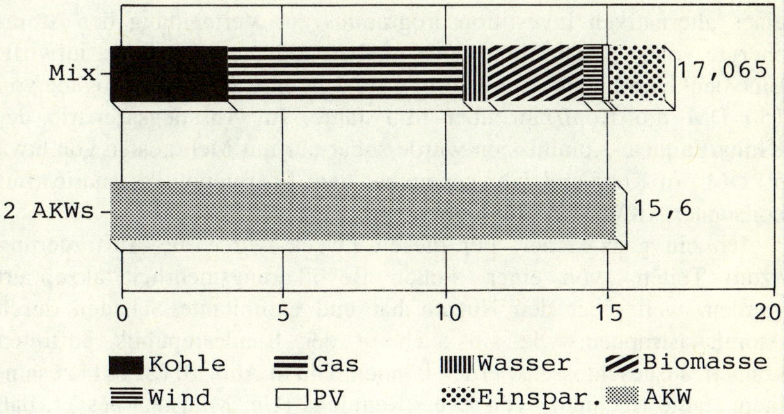

TECHNOLOGIEN

Kohle-Heizkraftwerke mit integrierter Vergasung (IGCC)
Erdgas-Heizkraftwerke (GuD) und -Blockheizkraftwerke
Reaktivierte und neue Wasserkraftwerke
Biogas-Blockheizkraftwerke und -Heizkraftwerke (BIG-STIG)
Windkraftwerke
Photovoltaik
Elektronische Regelung von Antrieben u.ä.
Effizienteste Kühlschränke, Gefriergeräte und Waschmaschinen

STROMERZEUGUNGSKOSTEN

	1990	2005
MIX (Pf/kWh)	10,36	12,47
AKW (Pf/kWh)	11,52	12,92

Abb. 8

das Energiesparen konservativ angesetzt und über die Fristen des Ausstiegs sowie über die durch den Ausstieg eingesparten Kosten keine Aussage gemacht.

Dennoch läßt sich hieran grob abschätzen, daß die Finanzierung eines alternativen Investitionsprogramms zur Vermeidung der Atomenergie volkswirtschaftlich keine unüberwindbaren Probleme aufwirft. Eine denkbare Finanzierungsform wäre z.B. eine Stillegungsabgabe von 150 DM pro Kopf/Jahr über fünf Jahre. Im Ausstiegsszenario der Klima-Enquete-Kommission wurde sogar nur mit Mehrkosten von etwa 50 DM pro Kopf und Jahr gegenüber dem Energiepolitikszenario (mit konstanter AKW-Kapazität) gerechnet.

Ich bin ganz sicher: Für diesen Zweck würde die Aufforderung «zum Teilen» von einer großen Bevölkerungsmehrheit akzeptiert werden, weil jeder den Nutzen hat und exorbitante Schäden durch Atomkatastrophen, wie sie auch in der Bundesrepublik auftreten können, ausgeschlossen werden können. Die in Abb. 10 (S. 141) zusammengefaßte Rechnung von Evers/Rennings (Uni Münster) besagt, daß eine Freisetzung von Radioaktivität durch einen Supergau in Biblis in der Größenordnung von Tschernobyl der Vernichtung des Industriestandortes Bundesrepublik gleichkäme. Auch wenn eine derartige unvorstellbare Katastrophe nur sehr unwahrscheinlich sein sollte: 4 Billionen DM Kosten und das Leid von Hunderttausenden sind so unermeßlich, daß die kleine Versicherungssumme von 150 DM pro Kopf und Jahr vermutlich von jedem gern zur Vermeidung derartiger Katastrophen aufgebracht würde.

Eine ähnliche Rechnung hat Antony Churchill (Energieabteilung der Weltbank) für die GUS-Länder auf der Weltenergiekonferenz (Madrid 1992) präsentiert; er ist dabei auf noch geringere Versicherungsbeiträge pro Kopf der Bevölkerung (1-3 Dollar!) in unmittelbar betroffenen Ländern gekommen.

Ich will daher noch einmal auf die «Ökonomie des Vermeidens» zurückkommen. Wie läßt sich eine «Ökonomie des Vermeidens» organisieren?

Durch eine Energiesteuer, Least-Cost-Planning und die Förderung von Contracting-Aktivitäten kann der Staat Rahmenbedingungen schaffen, durch die die strategische Erschließung von Einsparpotentialen und die Steigerung der Energieproduktivität sich für Stromversorgungsunternehmen mehr auszahlt, als neue Kraftwerke zu bauen. Wichtig ist dabei: Auch bei steigenden Energiepreisen können durch Steigerung der Energieproduktivität die Energierechnungen sinken. Nicht die Preise pro Kilowattstunde, sondern die Energierechnungen bestimmen die internationale Wettbewerbsfähigkeit.

Die volkswirtschaftlichen Kosten eines Super-GAU's in Biblis

Hans-Jürgen Ewers, *Klaus Rennings*, Münster

Zusammenfassung

Im Falle eins Super-GAU's im Kernkraftwerk Biblis B würden die volkswirtschaftlichen **Schäden an Menschen, Natur und Vermögen mindestens vier Billionen D-Mark** betragen und damit etwa zwanzigmal höher sein als die von Tschernobyl. An den **Spätfolgen** einer solchen Reaktorkatastrophe in der Bundesrepublik Deutschland würden **bis zu 4,8 Millionen Menschen an Krebs erkranken**. Daraus würden Produktionsausfälle resultieren, die einen Schaden in Höhe von 3,6 Billionen D-Mark verursachen, von dem damit verbundenen Leid ganz zu schweigen. Der Sachschaden in Form des **Verlustes von Wohnraum, Firmen- und Arbeitseinkommen** im radioaktiv verseuchten **Sperrgebiet** würde **mindestens 420 Milliarden** D-Mark betragen.

Abb. 10

Daß sich weit stärkeres Energiesparen als das derzeitige Trendsparen für die Verbraucher und für die Volkswirtschaft rechnet, ist durch zahlreiche Studien nachgewiesen. Aber es ist eine Illusion zu glauben, die nachgewiesenen theoretisch wirtschaftlichen Einsparpotentiale würden im marktwirtschaftlichen Selbstlauf erschlossen. Der NEGA-

Watt-Markt muß politisch geschaffen werden, zuviele Hemmnisse behindern den Substitutionswettbewerb zwischen Energie und Kapital (technisch rationeller Energienutzung). Etwa 100 Mrd. DM Energiekosten könnten laut Klima-Enquete-Kommission in der Bundesrepublik durch rationellere Energienutzung beim Stand der Technik vermieden werden. Ein gigantischer neuer Markt für die Anbieter von Energiespartechnologien, für innovative Ingenieurbüros sowie für Consulting- und Contracting-Firmen! Dieser Transformationsprozeß – vom Markt für Kilowattstunden hin zum Markt für Energiedienstleistungen – findet bereits statt, z.B. in Form der Neugründungen von Energieagenturen, für die Energiesparen zum Betriebszweck und eingesparte Energiekosten bei Dritten zum Renditeobjekt werden. Auch eher behäbige EVU geraten in Bewegung, der Wandel zum Energiedienstleistungsunternehmen (EDU) wird ernsthafter betrieben. Soll das Klimaschutzziel erreicht werden, muß dieser Wandel jedoch enorm beschleunigt werden.

Abb. 11 (S. 143) zeigt die technischen Einsparpotentiale nach dem Studienprogramm der Enquete-Kommission; zusätzlich wurde ausgerechnet, in welchem Umfang Energiekosten vermieden werden können, wenn dieses technische Einsparpotential bei heutigen Preisen am Markt realisiert würde. Dies ergibt für die Bundesrepublik hochgerechnet (einschließlich der neuen Bundesländer) die oben genannte Summe von etwa 100 Mrd. DM. Die Vermeidung von Energiekosten wäre gerade in der derzeitigen Finanz- und Konjunkturkrise das klügste und volkswirtschaftlich profitabelste Zukunftsinvestitionsprogramm; die darin implizierte Steigerung der Energieproduktivität setzt quasi unnötige Energie frei und führt – dies zeigen zahlreiche Studien – über zusätzliche Kaufkraft- und Einkommenseffekte zu einem positiven (Netto-) Beschäftigungseffekt.

Diese beschäftigungs- und einkommenspolitischen Aspekte einer Einsparstrategie müßten vor allem auch die Gewerkschaften interessieren, und die positive Bewertung von Least-Cost-Planning (LCP) durch die ÖTV (vgl. den Beitrag von Herrn Zimmermann in diesem Buch) freut mich daher ganz besonders.

Nehmen wir der Anschaulichkeit halber einen Privathaushalt (Abb. 12, S. 144): Im Durchschnitt verbraucht ein Haushalt in der Bundesrepublik etwa 3500 kWh; wird der Haushalt mit den modernsten Haushaltsgeräten ausgestattet, wie in diesem Beispiel das Freiburger Solarhaus, dann sinkt der Verbrauch auf 600 kWh pro Jahr. Vorsichtig ge-

Abb. 11 – Technische Potentiale rationeller Energienutzung in der Bundesrepublik Deutschland (in %, bezogen auf den Energieverbrauch von 1987)

Sektor / Energieanwendung (Energieangaben in PJ für 1987)		technisches Potential in %	technisches Potential (absolut)	Preis DM/ GJ	Vermeidbare Energiekosten (Mrd. DM)
Raumwärme	(2370)				
❍ im Gebäudebestand (Wohngebäude und Nichtwohngebäude)		70 bis 90	1800-2100 PJ	10,5	18,9-22,1
❍ bei Neubauten (Wohngebäude und Nichtwohngebäude)		70 bis 89			
Warmwasserbereitung	(230)	10 bis 50	23-115 PJ	79,7	1,8-9,2
Elektrogeräte	(250)		75-125 PJ	79,7	6,0-10,0
❍ Kühlschränke		60			
❍ Gefriergeräte und Truhen		~ 60 bis 70			
❍ Waschmaschinen		~ 30 bis 40			
❍ Trockner		50			
❍ Geschirrspüler		30			
Fahrzeuge	(1990)		785-920 PJ	29,7 (1)	23,3-27,3
❍ PKW	(1230)	~ 50 bis 60			
❍ Busse, LKW		~ 15 bis 25			
❍ Elektrotraktion		~ 15 bis 25			
❍ Flugzeuge	(190)	~ 50 bis 60			
Kleinverbrauch			150-290 PJ (2)	23,3	3,5-5,8
❍ Bereich 1	(500)	~ 40 bis 50			
❍ Bereich 2	(795)	~ 50 bis 70			
Industrie	(2200)				
❍ Grundstoffe					
– Brennstoffe	(1326)	15 bis 20	199-265 PJ	5,8	1,2-1,6
– Strom	(358)	ca. 10	36 PJ	39,4	1,4
❍ Investitionsgüter					
– Brennstoffe	(181)	15 bis 20	27-36 PJ	5,8	0,2
– Strom	(115)	15 bis 20	17,3-23 PJ	39,4	0,7-0,9
❍ Verbrauchsgüter					
– Brennstoffe	(150)	40 bis 45	60-67,5 PJ	5,8	0,4
– Strom	(66)	ca. 10	7	39,4	0,3
❍ Nahrungsmittel					
– Brennstoffe	(126)	25 bis 30	31,3-37,5 PJ	5,8	0,2
– Strom	(30)	ca. 10	3	39,4	0,1
Umwandlungssektor					
❍ Raffinerien	(188)	20 bis 25	38-47 PJ	23,3 (3)	0,9-0,1
❍ Kondensationskraftwerke (fossil gefeuert)	(1950)				
– Bestand		0 bis 3	59 PJ	6,7 (4)	0,4
– neue GuD-Anlagen und – andere Konzepte					
❍ KWK-Anlagen	(530)	ca. 15	80 PJ	6,7	0,5
Primärenergieverbrauch von 1987	(11370)	Ges.Einsparpotential: 35 bis 44 %)	4548-5003PJ		59,8-81,4

(1) Als Durchschnittspreis wurde der Preis für Normalbenzin zugrunde gelegt.
(2) Keine Raumwärme; Mischpreis für Elektrizität und Prozeßwärme.
(3) Mischpreis Strom / Brennstoffe. (4) Mischpreis Braunkohle / Steinkohle.

Quelle: Enquete-Kommission (1990); eigene Berechnung

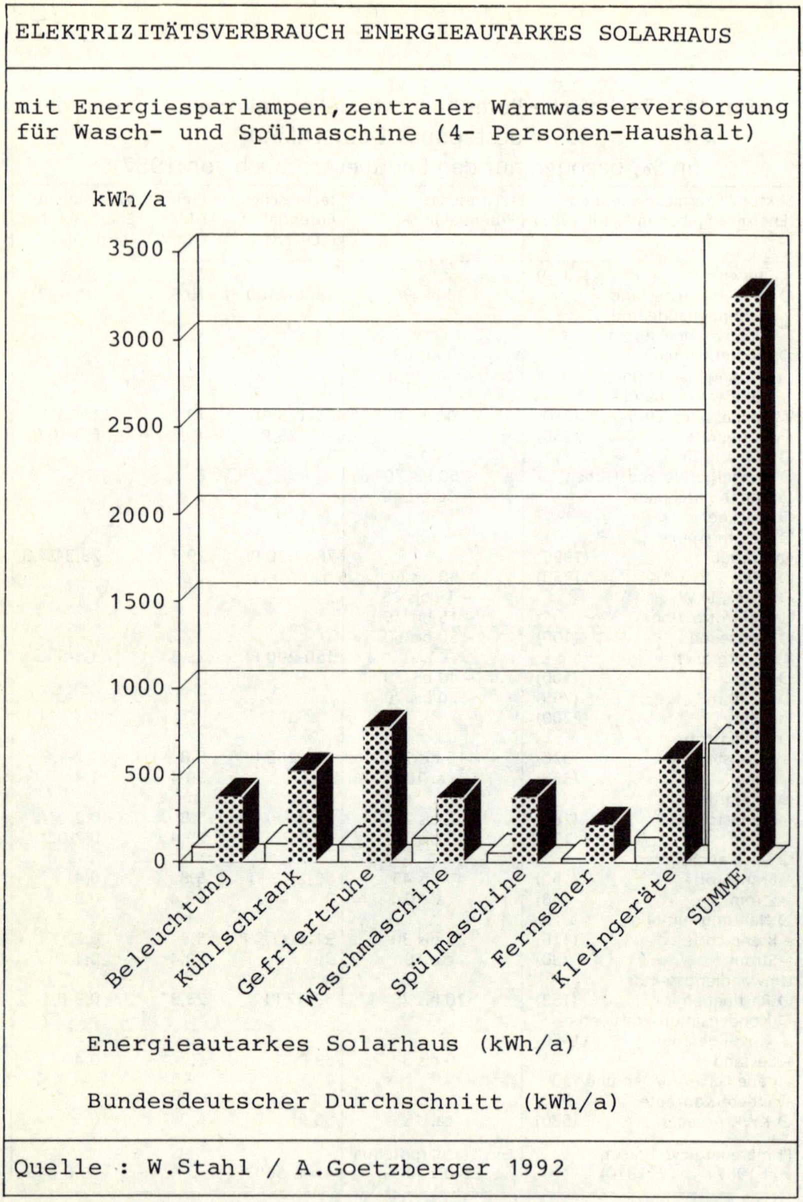
ELEKTRIZITÄTSVERBRAUCH ENERGIEAUTARKES SOLARHAUS
mit Energiesparlampen, zentraler Warmwasserversorgung für Wasch- und Spülmaschine (4- Personen-Haushalt)
kWh/a
3500
3000
2500
2000
1500
1000
500
0
Beleuchtung
Kühlschrank
Gefriertruhe
Waschmaschine
Spülmaschine
Fernseher
Kleingeräte
SUMME
Energieautarkes Solarhaus (kWh/a)
Bundesdeutscher Durchschnitt (kWh/a)
Quelle : W.Stahl / A.Goetzberger 1992

Abb. 12

schätzt können damit fast 9000 DM Stromkosten über die gesamte Lebensdauer der Geräte (hier mit 10 Jahren angesetzt) eingespart werden, d.h. weit mehr, als der Mehrpreis besonders stromsparender Geräte und Beleuchtung bei ohnehin stattfindenden Ersatzinvestitionen gegenüber dem Marktdurchschnitt beträgt. Die Verkaufsstatistiken zeigen: Der Stromverbrauch von neuen Haushaltsgeräten kann je nach Gerätetyp und -klasse erheblich differieren (bis zum Faktor 4!). Trägt daher ein EVU durch LCP-Programme (mit Hilfe von Prämien für stromsparende Geräte und entsprechende PR-Arbeit) dazu bei, daß bei ohnehin stattfindenden Käufen möglichst marktbeste Stromspar-Geräte gekauft werden, legt es den Grundstein für den Bau eines «Einsparkraftwerks».

Im Prinzip, wenn auch nicht in dieser beeindruckenden Größenordnung wie bei Haushaltsgeräten, läßt sich dieses Beispiel auf viele Stromanwendungstechniken und -prozesse (Optimierung von Antriebssystemen, Pumpen, Druckluft, Kühlung, Klimatisierung, Ventilation, Bürokommunikationssysteme, Warmwassererzeugung etc.) sowie auf alle Sektoren (z.B. öffentliche Gebäude, mittelständische Betriebe, aber auch Industrie) anwenden.

Hierzu bedarf es jedoch der organisierten Bereitstellung von kostengünstigen Energiedienstleistungen (Minimierung der Gesamtkosten aus Zuführung und Einsparung von Energie), statt nur des «billigen» Angebots von Kilowattstunden. Abb. 13 (S. 146) veranschaulicht diese Grundidee von Least-Cost-Planning und wie die traditionellen Anbieter von Strom auch in die Verantwortung zur Herstellung eines Gesamtkostenoptimums eingebunden werden können. Den EVU muß dabei, wie in den USA seit Jahren erfolgreich praktiziert, die Überwälzung der Kosten von Einsparprogrammen auf die Stromrechnungen erlaubt sein, solange es pro Kilowattstunde billiger ist, Strom zu sparen, statt zu produzieren.

Wenn es auf diese Weise gelänge, durch strategische Einsparprogramme der EVU in großem Umfang kosteneffektivere Einsparkraftwerke statt Kraftwerke zu bauen, könnten nicht nur die Stromrechnungen (trotz höherer Preise) für die Kunden gesenkt, bis auf weiteres auf den Bau reiner Kondensationskraftwerke verzichtet und unnötige Emissionen vermieden werden. Auch die EVU könnten durch eine etwas höhere Rendite (z.B. 8% statt 6%) bei der Genehmigung von Stromtarifen und eine flexiblere Handhabung des Kartellrechts bei Sondervertragskunden an einer direkten Internalisierung der Schadensvermei-

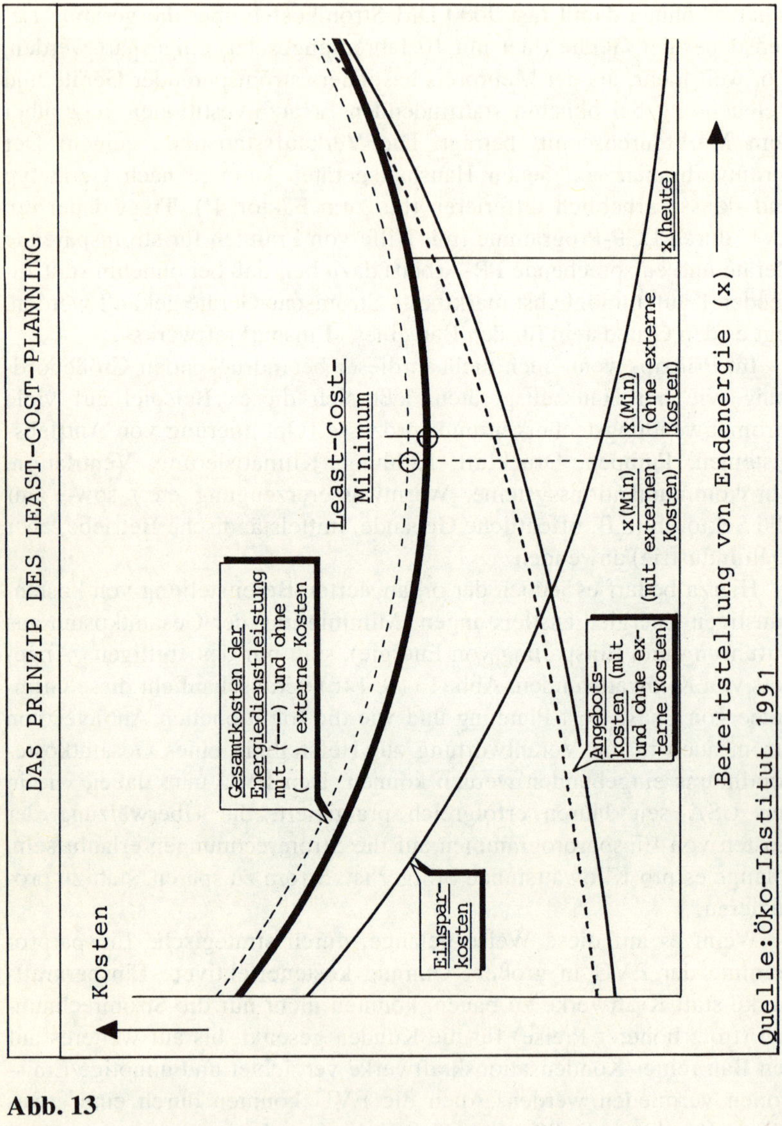
DAS PRINZIP DES LEAST-COST-PLANNING
Kosten
Gesamtkosten der Energiedienstleistung mit (----) und ohne (——) externe Kosten
Einspar-kosten
Least-Cost-Minimum
Angebots-kosten (mit und ohne ex-terne Kosten)
x(Min) (mit externen Kosten)
x(Min) (ohne externe Kosten)
x(heute)
Bereitstellung von Endenergie (x)
Quelle: Öko-Institut 1991

Abb. 13

dungskosten (durch Überwälzung kosteneffektiver Stromsparprogramme in Tarifen/Preisen) ökonomisch interessiert werden. In Nordrhein-Westfalen ist dies erklärte Absicht der Strompreisaufsicht.

Abb. 14 (S. 148) zeigt zusammengefaßt, wie die bisherigen Stromanbieter bei integrierter Ressourcenplanung (Least-Cost-Planning) vor dem Bau neuer Kraftwerke im Rahmen eines novellierten Energiegesetzes sowie unterstützt durch eine effizientere Investitions-, Preis- und Kartellaufsicht abzuwägen hätten: Was ist billiger – die MEGA-Watts oder die NEGA-Watts? Die heute noch übliche Kostenüberwälzung zu teurer Kraftwerke (aber auch von kostenineffektiven Einsparkraftwerken) wäre demnach nicht mehr möglich!

Die Praxis bei fortgeschrittenen amerikanischen EWs zeigt (Abb. 15), daß auf diese Weise bei Umsatzanteilen bis zu 6% für strategische Einsparprogramme an die 20% der sonst auftretenden Stromnachfrage innerhalb von zehn Jahren «weggespart» werden können.

Auch wenn unbestritten der Stromverbrauch in den USA pro Kopf weit höher und die absoluten Stromsparpotentiale viel umfangreicher

DSM Program Expenditures and Savings Goals of Utilities Recognized as Leaders in Energy Efficiency in the United States

			Projected savings in 2000 as a % of demand	
Utility	1991 Expenditures (million $)	Spending / Revenue (%)	(GWh)	(MW)
Boston Edison	40	3.3	7.4	10.5
Central Maine Power	28	4.1	2.2	11.8
New England	85	4.9	7.2	11.8
New York State E&G	25	1.9	9.2	14.5
Northeast Utilities	75	3.3	11.3	11.5
Pacific Gas & Electric	154	1.7	7.8	10.9
Puget Sound P&L	35	3.7	9.4	–
Sacramento MUD	42	6.4	17.7	19.2
Seattle City Light	18	6.2	2.8	–
Southern California Edison	108	1.4	17.6	16.7
Wisconsin Electric	57	4.8	4.5	–

Quelle: Moskovitz et al. 1991

Abb. 15

Abb. 14

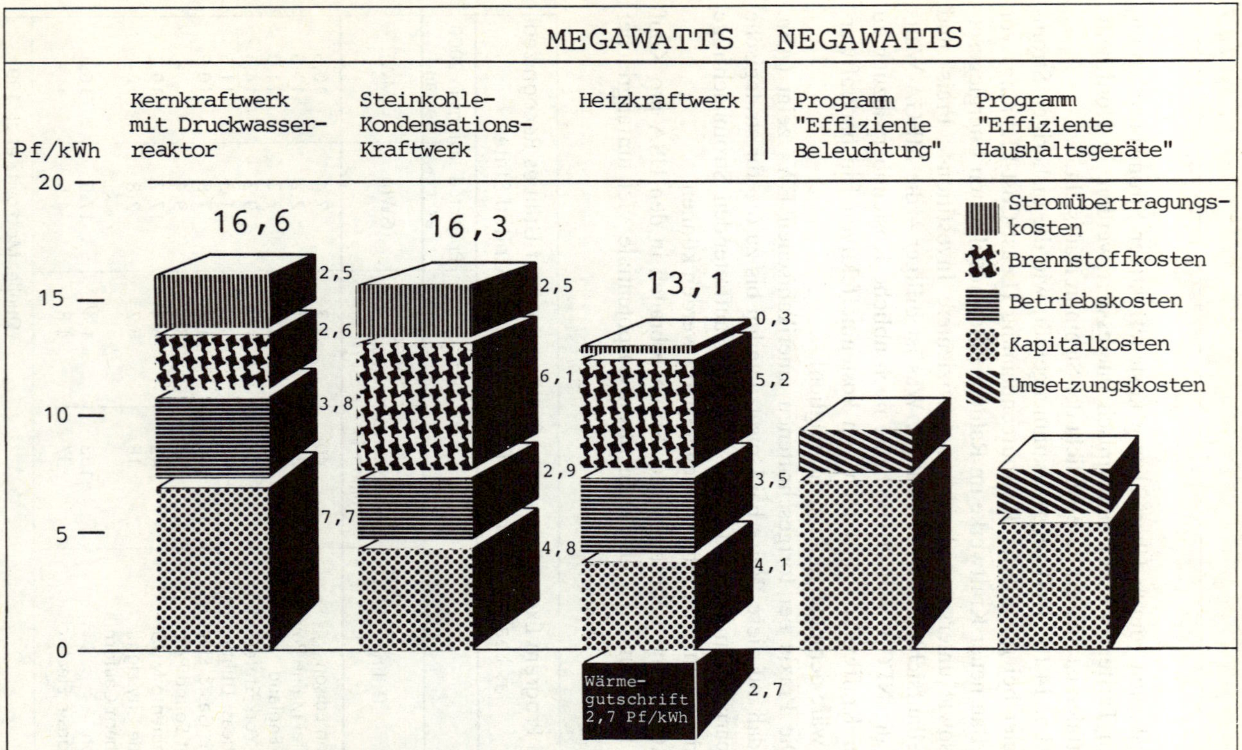

Kosten von Angebotsressourcen im Vergleich mit Einsparprogrammen
Quelle: Stadtwerke Saarbrücken

und auch leichter erschließbar sind als in der Bundesrepublik, gilt dennoch: Die Entdeckungsplanung, das methodische Konzept und das Instrumentarium des LCP sind übertragbar.

LCP wird inzwischen von über zwanzig deutschen EVU, darunter das RWE mit einem 100-Mio.-DM-Programm, praktiziert. Die in den USA erreichten maximalen Umsatzanteile (von derzeit 6% auf 10% ansteigend) für Stromsparprogramme können im übrigen auch hierzulande die Richtung angeben. Wenn wir in der Bundesrepublik erreichen könnten, daß die EVU sich in freiwilligen Vereinbarungen zu Umsatzanteilen von z.B. 10% für strategische Einsparprogramme sowie für Mehrinvestitionen für KWK und Regenerative verpflichten, wäre zwar der Ausstieg aus der Atomenergie noch nicht vollzogen, aber wenigstens die derzeitige Investitions- und Innovationsblockade abgeschwächt.

Die Gegenleistung des Staates sowie von Umwelt- und Verbraucherverbänden bestünde darin, daß den EVU in diesen Fragen ein gesellschaftlicher Konsens zugesichert werden könnte, d.h. eine rentable Verwertung dieser alternativen Investitionsprogramme und damit eine deutlich verbesserte Planungssicherheit garantiert werden könnten.

Von besonderer Bedeutung wäre eine derartige konsensuale Strategie für die neuen Bundesländer. Abb. 16 (S. 150) zeigt eine Investitionsprognose der WestLB für die Elektrizitätswirtschaft. Deutlich wird, daß die Investitionen in der alten Bundesrepublik zurückgehen. Offenbar besteht für konventionelle Kraftwerke in den alten Bundesländern nur noch beschränkt ein profitabler Markt. Hier wäre der schnelle Ausstieg aus der Kernenergie eine Option, neue Zukunftsmärkte für NEGA-Watts, Kraft-Wärme-Koppelung und Regenerative zu erschließen. In den neuen Bundesländern bietet sich andererseits die einmalige Chance (auch im Hinblick auf Demonstrationseffekte für Osteuropa und die Dritte Welt), daß durch das oben skizzierte alternative Investitionsprogramm ein technologischer Entwicklungssprung («leap frogging») – hin zu maximaler Energieeffizienz und Vermeidung von unnötigen zukünftigen Energiekosten und Emissionen – umgesetzt werden könnte.

Durch dieses auch volkswirtschaftlich vorteilhaftere Investitionsprogramm (sinkende Energierechnungen, steigende Wettbewerbs- und Exportfähigkeit, Netto-Beschäftigungseffekte) könnten gleichzeitig sowohl Risiken der Kernenergie als auch von Klimaveränderungen eingedämmt werden.

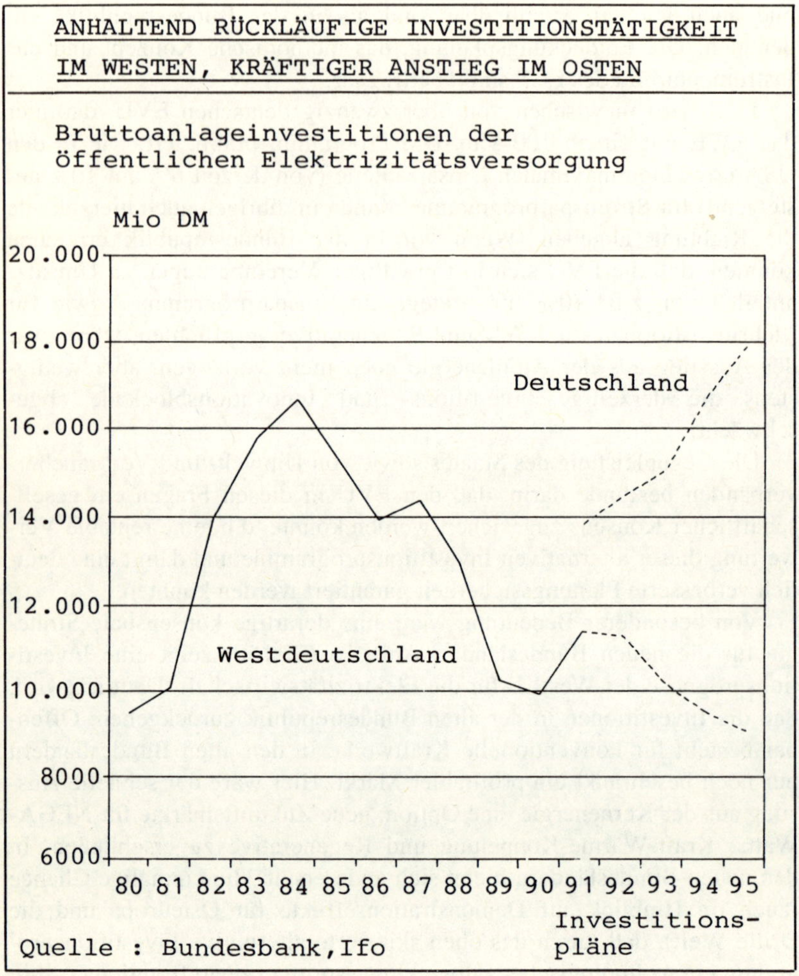
ANHALTEND RÜCKLÄUFIGE INVESTITIONSTÄTIGKEIT IM WESTEN, KRÄFTIGER ANSTIEG IM OSTEN
Bruttoanlageinvestitionen der öffentlichen Elektrizitätsversorgung
Mio DM
20.000
18.000
16.000
14.000
12.000
10.000
8000
6000
Deutschland
Westdeutschland
80 81 82 83 84 85 86 87 88 89 90 91 92 93 94 95
Investitionspläne
Quelle : Bundesbank, Ifo

Abb. 16

Diskussion

Moderator: Wir haben jetzt etwa eine halbe Stunde Zeit zu diskutieren. Ich würde vorschlagen, daß wir vielleicht drei Fragenkomplexe aufnehmen. Sie merken – das ist ja ein Treffen heute, dem weitere folgen sollen –, daß wir jetzt durch diese Vorträge auf jeden Fall mindestens diese drei Themenkomplexe identifiziert haben. Zum einen ist der Stand der Bezeichnung der Szenarien, das war bei Herrn Michaelis herauszuhören, aber auch bei Herrn Hennicke, fortzuschreiben im Vergleich zu dem, was Herr Ziesing vorgetragen hat. Es ist also noch kein stabiles Bezugssystem vorhanden, auf das wir uns in der Diskussion beziehen.

Zum zweiten bedarf die Frage der Bewertung dieser Szenarien und der Kriterien, nach denen sie erfolgt, noch der Diskussion. Es beginnt mit der Frage: Nenne ich, wie Herr Jochem, das Risiko Kernenergie dann akzeptabel, wenn es mir nicht größer als das einer Gasexplosion erscheint? Und es geht bis zu Fragen der Bewertung von Energiesystemen, die auf die Kernenergiefragen gar nicht kommen, weil man wie Herr Hennicke sagt: Ich kann mit meinem Least-Cost-Planning-System schon die Vorteilhaftigkeit einer anderen Vorgehensweise vorrechnen und brauche diese Fokussierung der Diskussion auf Kernenergie und die Akzeptabilität der Kernenergie eigentlich gar nicht mehr.

Drittens die Hauptfrage: Wie wollen wir als einzelne, wie als Parteien, wie als Gruppen mit solchen komplexen Alternativen umgehen?

Die klassische Diskussion läuft so, daß jeder für irgendwelche Einzelmaßnahmen argumentiert, die im Rahmen einer bestimmten Strategie rational, eben kontextgebunden rational sind. Die wenigsten lassen sich aber auf einen Vergleich dieser verschiedenen komplexen Strategien ein, weil sie das für die Präsentation ihrer Politik gar nicht brauchen. Und da ergibt sich die Frage: Sollen wir uns auf diese komplexen Alternativen einlassen?

Jetzt aber die Wortmeldungen. Darf ich fragen, wer sich gemeldet hatte? Wer steht schon da? Ich glaube Herr Neumann, danke schön!

Dr. Werner Neumann: Mein Name ist Neumann, ich bin Referatsleiter des Energiereferates der Stadt Frankfurt am Main und möchte aus der kommunalen Sicht, aus unserer tagtäglichen Praxis der Energieeinsparungseffizienz-Revolution auf Frankfurter Gebiet, Stellung nehmen.

Der Vorschlag, acht Jahre lang ein Wettrennen zwischen den Optionen laufen zu lassen, ist durchaus attraktiv. Ich befürchte nur, daß das Geld für beide Optionen nicht da ist. Dennoch denke ich, wenn ein Vergleich auf diese Art und Weise stattfindet, sollte ein Punkt mit hinzukommen, der heute nicht erwähnt worden ist – nämlich in den Randbedingungen dieses Wettrennens.

Eine Randbedingung ist natürlich die Haftungsfrage, das heißt, wenn wir nicht nur über Umweltkosten sprechen, sondern auch über Risiken, dann müssen die schließlich irgendwie bewertet werden. Herr Hennicke hat das jetzt für das Treibhausrisiko dargestellt, und das ist bei den Versicherungen und Rückversicherungen offensichtlich angekommen, was das kosten wird. Bei der Kernenergie gibt es bislang keine Entsprechung zu diesem Versicherungsrisiko, und ich wäre gespannt, wie hoch dann der Strompreis wäre. Vielleicht können wir uns das Wettrennen sparen, wenn man diese Dinge miteinbezieht.

Man sollte aber in dieser Hinsicht auf beiden Seiten ehrlich sein und sagen, wir bewerten Risiken der Kernenergie und wir bewerten Risiken des Treibhauseffektes. Und von kommunaler Seite möchte ich sagen – nicht nur aus der Sicht der Stadt Frankfurt, sondern auch der Investoren in Frankfurt –, man sollte uns schlichtweg die Möglichkeit geben, die Dinge der Effizienz machen zu können, die gemacht werden sollen, gemacht werden müssen und auch gemacht werden wollen.

Kürzlich haben wir eine Veranstaltung gemacht, auf der uns ein Vertreter einer großen deutschen Bank fragte: Könnt ihr nicht in Frankfurt mehr Vorschriften machen, daß weniger Energie verbraucht wird in diesen Bürogebäuden? Wir konnten ihm leider nur sagen, aufgrund nicht vorhandener Vorgaben der Bundesregierung geht das leider nicht, aber wir haben immerhin einen Arbeitskreis, in dem eben nicht nur dieser Bankenvertreter dabei ist und in dem das Ziel ganz konkret diskutiert wird, anhand konkreter Planungen Bürogebäude mit 50 Prozent weniger Stromverbrauch zu bauen. Und wenn man uns läßt und auch die Investoren in Frankfurt, dann sparen wir den Strom, der anderweitig gebraucht wird. Das ist eigentlich das Plädoyer.

Und nun noch der Hinweis, gerade die kommunale Seite einzubeziehen. Es sind in Europa insgesamt über 250 Städte im Klimabündnis zusammengekommen, die sich genau diese Zielsetzungen gestellt haben und daran arbeiten. Wenn ein Konsens gefunden werden soll, dann kann er auch nur darauf basieren, daß jetzt die Möglichkeiten bestehen, an diesen konkreten Dingen heute und morgen direkt anzufangen und nicht, es ist sehr oft von langwierigen Verfahren gesprochen worden, erst in zwei Jahren den großen Konsens zu haben. Ich denke, wir müssen heute anfangen mit den Dingen, die konkret umzusetzen sind, dann werden wir auch den Konsens in zwei bis drei Jahren haben. Danke!

Michael Rost: Mein Name ist Michael Rost, ich bin Mitglied der Grünen Sachsen-Anhalt. Ich möchte ganz kurz auf die Vorschläge, die hier gemacht worden sind, eingehen. Wenn wir über einen energiepolitischen Konsens sprechen, kann es eigentlich nur einen Konsens im Szenario zwei geben. Alles andere würde in der Form – sage ich einmal – nicht akzeptiert werden. Und ich denke, wir sollten überlegen, wie wir dieses Szenario zwei erreichen können.

Der Herr von der Bundesregierung, Herr Thomsen, hat meiner Meinung nach etwas sehr Interessantes gesagt. Er hat nämlich gesagt: Wir begehen alle ordnungspolitische Todsünden, weil es uns nicht gelingt, die wirklichen Preise – die Preise für die Umweltbelastungen – auszudrücken. Ich habe ein bißchen das Gefühl, daß die Bundesregierung hier einen ganz großen Schuldanteil trägt. Ich möchte das auch begründen.

Und zwar reden wir zur Zeit immer von Energiesteuer, CO_2-Steuer, und gerade an dieser Steuerproblematik wird klar, daß sich hier seitens der Energiewirtschaft und der Bundesregierung ganz massiv auf eine CO_2-Steuer bezogen wird, weil man ganz bewußt erhofft, daß die Atomenergie letztendlich billiger wird.

Das ist natürlich ein großer Fehler. Wir wissen, vor wenigen Wochen hat das PROGNOS-Institut seine Untersuchung vorgelegt, in der es ganz klar heißt, daß bei einer Reaktorkatastrophe der Schaden in der Größenordnung von mehreren Billionen Mark liegt. Vergleichen wir einmal, daß die derzeitige Deckungssumme von einer Milliarde Mark nach der Atomgesetz-Novellierung maximal mit drei Milliarden Mark festgelegt wird, dann sind das faktisch 0,1 Prozent eines möglichen Schadens eines Atomunfalls, die durch die Sachversicherung abgedeckt werden. 0,1 Prozent – ich brauche das nicht zu erklären, das ist ein Minimum –, das ist meiner Meinung nach eine Marktverzerrung, die eigentlich die regenerativen Energien und das Energiesparen in einer gravierenden Weise behindert.

Die Bundesregierung hat in ihrer Begründung zum Referentenentwurf zur Atomgesetz-Novellierung ganz eindeutig gesagt, ich zitiere: «Eine weitere Erhöhung der Höchstgrenze der Deckungsvorsorge ist weder sinnvoll noch möglich. Der vorgesehene Höchstbetrag der Deckungsvorsorge von … Milliarden» – haben sie freigelassen – «DM wird dem Grundsatz des vollen Schadensausgleichs prinzipiell gerecht.»

Und es geht weiter: Es wäre unverhältnismäßig und im übrigen unrealistisch, den Inhabern der Kernanlagen eine Verpflichtung zur finanziellen Deckungsvorsorge für alle möglichen Störfälle aufzuerlegen. Ja, wem denn dann? Dem Staat, wir alle sollen es tragen, das ist doch die große Marktverzerrung, die hier passiert.

Wenn wir über Energieszenarien und ähnliches reden, dann sollten wir auch über diese große Ungerechtigkeit reden. Ich denke, das wäre genau im Sinne von Ernst-Ulrich von Weizsäcker, der gesagt hat, die Preise sollen die Wahrheit sagen. Wenn wir wirklich ein Energieszenario, wie es das Szenario zwei ist, erreichen wollen, dann geht es einfach darum, jetzt konkret zu sagen, wir müssen die Atomenergiesteuer einführen, damit der Staat die Möglichkeit hat, die Kosten für einen möglichen Störfall einzunehmen, und das wäre ein Atomstrompreis in der Höhe von 3 DM.

Wenn wir uns das ganz drastisch einmal vor Augen führen, dann ist es gegenwärtig so, daß der Atomstrompreis zu 90 Prozent subventioniert wird. Dem Herrn von der PreussenElektra, der heute früh ganz konkret gesagt, sie haben ein Recht, die Atomenergieanlagen zu betreiben, muß man dann ganz klar sagen, die Bevölkerung hat auch ein Recht darauf, daß wirklich alle Preise die Wahrheit sagen und daß auch über Steuern entsprechende Veränderungen vorgenommen werden können, die letztendlich zum Ausstieg aus der Atomenergie führen. Danke schön!

Prof. Dr. Meyer-Abich: Ich habe den ganzen Tag einigermaßen gut zugehört und möchte jetzt weder etwas Energiewissenschaftliches sagen noch überhaupt mit irgendeinem einzig vernünftigen Energiesystem recht haben wollen. Ich stelle nur fest, daß hier ungeheuer viele kluge Dinge gesagt werden. Wir haben dazu in der Klima-Enquete die Vorschläge beigetragen, über die Herr Ziesing und Herr Jochem berichtet haben; darin ist klar gezeigt, daß das CO_2-Minderungsziel erreicht werden kann, und ebenso klar, warum es erreicht werden sollte. Wir leben nämlich in unserem Wohlstand zu Lasten von Klimaänderungen, und die werden im wesentlichen zu Lasten der Länder der Dritten Welt erfolgen, um nur einmal einen Hauptgesichtspunkt hier zu nennen.

Es ist völlig klar, was hier geschehen müßte, und es ist auch klar, daß die Probleme lösbar sind, aber es geschieht nicht. Das ist die Situation, in der wir stehen und in der ich mir immer weniger davon verspreche, als Energieexperte vernünftige Vorschläge im öffentlichen und internationalen Interesse zu machen, weil unsere real existierenden demokratischen Repräsentanten zwar nichts dagegen sagen, tatsächlich aber anderen Interessen nachgehen.

Denken wir doch einmal etwas nach über das Umfeld, in dem wir alle diese klugen Dinge sagen und jeder in seiner Weise zunächst einmal recht hat – zumindest glaube ich, daß vieles wirklich Richtige gesagt wurde. Das Umfeld ist seit zweieinhalb Jahren so, daß das Parlament das CO_2-Reduktionsziel der Klima-Enquete akzeptiert und die Bundesregierung auch. Immer wieder wurde gesagt: Ja, natürlich, in 15 Jahren – bis zum Jahre 2005 – soll das Ziel erreicht sein.

Das hat der Bundeskanzler sogar in Rio noch wiederholt, und man muß fragen: Woher kommt diese Chuzpe? Denn in den zweieinhalb Jahren bis heute ist hier ja schlechterdings nichts passiert. Man hat den Eindruck, da denkt sich so einer: Bis 2005, das sind noch soundsoviele Wahlperioden, und dann wird man sich fragen: Ach Gott, wer war damals eigentlich Kanzler? So wird das ja wahrscheinlich auch kommen. Ist das der Politikstil, in dem hier gearbeitet wird?

Jetzt erleben wir, was die Ueberhorstsche Konsenskommission angeht, um das mal ganz konkret anzusprechen, jedenfalls gleich wieder den Rückfall in den üblichen Positionalismus. Joschka Fischer hat das vorhin sehr schön beschrieben. Am Anfang war ein Eindruck von endlich einmal wieder aufkommender Beweglichkeit durch Piltz und Gieske, aber dann sind einige Politiker, Schröder voran, auf diesen Zug gesprungen und haben versucht, da ihre Süppchen zu kochen für irgendwelche bevorstehenden Wahlkämpfe.

Und die Gefahr ist, daß die einzige oder jedenfalls größte Chance, die ich gesehen habe, daß unsere Energiepolitik überhaupt wieder im öffentlichen Interesse politisch wird durch diese Kommission – d.h. durch den Umweg, der hier geplant war –, daß diese Chance kaputtgemacht wird durch die eigensüchtige Einmischung der Politiker um eines Wahlkampfes willen im nächsten Jahr.

Das ist der Politikstil, in dem wir uns hier bewegen, und das Ergebnis wird sein, daß die Blockade der dringend notwendigen neuen Energiepolitik zu unser aller Lasten und zu Lasten der Dritten Welt so weitergeht. Es ist jedenfalls im Moment noch am wahrscheinlichsten, daß es bei dieser wechselseitigen Belagerung bleibt, in der jede Seite die andere nur hindert und bei der allenfalls Lösungen zu Lasten Dritter gefunden werden. Also beispielsweise Garzweiler 2 in Nordrhein-Westfalen, ausgerechnet Braunkohle angesichts der drohenden Klimakrise – ein Skandal sondergleichen in der deutschen Politik.

Oder wir werden demnächst unseren Strom importieren. Ja, ist denn das die Lösung? Dies sind Lösungen auf Kosten Dritter, sei es auf Kosten der Dritten Welt oder auf Kosten derer, bei denen die Atomkernkraftwerke stehen, aus denen wir dann den Strom beziehen. Da stimmt doch etwas nicht mit dem ganzen politischen System. Wir sollten uns also nicht damit begnügen, mit energiepolitischen Lösungen recht zu haben.

Dr. Georg Löser: Mein Name ist Georg Löser, ich bin Energiesprecher des Bund für Umwelt- und Naturschutz. Als jemand, der seit sechs

Jahren mit seiner Familie ein Haus bewohnt, in dem 80 Prozent Stromeinsparung stattgefunden hat, und jemand, der tagtäglich den Beispielen nachgeht, wo in Deutschland schon über 50 Prozent Strom oder Heizenergie gespart worden sind, sei es kommunal oder individuell, bin ich selbst wie auch wir als Verein extrem enttäuscht von den Politikern oder Politikerinnen in den deutschen Landen.

Ein Beispiel: Die Wärmeschutzverordnung wurde auf unseren Wunsch von der Landesregierung Baden-Württemberg im Rahmen einer Bundesratsinitiative im Jahre 1989 initiiert, unser Brief war von 1988. Sie wissen, was inzwischen geschehen ist. Inzwischen müssen die Bundesländer eben selber ihre Wärmeschutzverordnung schaffen oder ihren Energiepaß, in Bonn ist offenbar nichts mehr zu holen.

Nun aber stärker zum Thema des heutigen Tages – Konsens Atomenergie oder Konsens Energiepolitik oder beides. Wir haben uns dazu als BUND schon geäußert, ich brauche das nicht zu wiederholen. Ein energiepolitischer Konsens über Rahmenbedingungen ist sicherlich sinnvoll und anzustreben. Die Frage ist nur, ob das reicht?

Wir können sicherlich einiges durch Kraft-Wärme-Koppelung verbessern. Warum peilt man dann nicht das an, was die besten deutschen Ingenieure – z.B. aus Heidelberg oder Neckargmünd – vorschlagen. 42 000 Megawatt Kraft-Wärme-Koppelung sind wirtschaftlich tragfähig in Deutschland. Warum setzt man das eigentlich in der Politik nicht um? Warum bleibt man beim Stromsparen so klein, warum läuft man nicht besser den schlauen Energie-Zwergländern Dänemark und Schweiz nach in diesem Punkt, die hier vieles vorzuzeigen haben, wie es laufen kann?

Zur Atomfrage: Hier sind wir sicherlich für einen Anti-Atomkonsens zu haben. Die Teilfrage: Neubau nein? können wir abhaken. Das reicht aber nicht.

Zum Minister Schäfer, der nicht mehr hier ist: Er hat insoweit recht, Atomenergie ist zu gefährlich, und sie war auch immer zu gefährlich. Daher ist die Formulierung: Sie ist auf Dauer nicht zu verantworten, sicherlich falsch angesichts der Erkenntnisse der deutschen Risikostudie, in deren Zusammenhang in Deutschland immer noch nicht die Erkenntnisse aus dem Unfall von Harrisburg umgesetzt worden sind, jedenfalls die notwendigen und wichtigeren.

Müssen wir bezüglich der Schnelligkeit des Ausstiegs nicht fragen: Müssen wir nicht ausgestiegen sein, bevor sich der Super-GAU ereignet? Das ist der Unterschied zum Klimaschutz.

Der Klimaschutz ist relativ robust, so daß wir zwar reagieren müssen, aber sozusagen nicht hektisch. Immerhin müssen wir in zehn, fünfzehn Jahren unsere Ziele erreichen, aber aus klimawissenschaftlicher Sicht ist es durchaus verkraftbar, zunächst eine CO_2-Spitze zu haben. Aber in der Summe über 15 Jahre dann durch den Innovationsanstoß, den Professor Hennicke erwähnte, doch die 30-Prozent-Marke zu schaffen, da sehe ich die Prioritäten.

Ist es also überhaupt zu erwarten, daß ein Konsens zustande kommen kann, der eine Duldung einer so gefährlichen Technologie wie der Atomtechnologie enthält, die den Standort Bundesrepublik ständig in Frage stellt, denn das Risiko und die Wahrscheinlichkeit sagen ja nicht, wann es passiert. Harrisburg war ein nagelneuer Reaktor, Tschernobyl war auch nicht gerade der älteste, es kann also die besten und schönsten Kernkraftwerke erwischen, wie auch der beste Pkw mit einem betrunkenen oder abgelenkten Fahrer gegen den nächsten Baum fahren kann und ein alter, maroder Kasten mit Mühe und Not noch über die Zeit kommt. Also hier bitte ich doch die Lehren, die gewissermaßen auf der Straße liegen, aufzugreifen und die fälligen Antworten sich selber zu geben. Danke.

Teilnehmer ohne Nennung des Namens: Ich würde gerne auf den Beitrag von Herrn Thomsen zurückkommen. Es handelt sich in meinen Augen gar nicht mehr um den Konsens, sondern vielmehr darum, daß die eine Seite der Konsenspartner sich in einer Notwehrsituation befindet. Als in Hitlers Zeiten Widerstand geübt wurde und die Frage des Tyrannenmordes anstand, haben sich die Verschwörer lange überlegt, ob man einen Mord auf das Gewissen nehmen könnte.

Hier handelt es sich um eine potentielle, nicht gezielte, aber immer noch mögliche riskante Massentötung im Atomenergiebereich. Wir befinden uns hier in einer Notwehrsituation, das möchte ich zu bedenken geben, das ist etwas anderes als Opposition.

Zu Herrn Meyer-Abich: Was ist mit unserer Politik los? Ich glaube, daß wir diese Kontroversen überhaupt nicht klar genug sehen, weil wir uns schon an das Schaukeln des die Treppe hinunterrollenden Kinderwagens gewöhnt haben, weil Gaspedal und Steckdose so wunderschön funktionieren, daß die weitaus größte Mehrheit der Bevölkerung sich dabei überhaupt nichts denkt, zumal es ja auch unglaublich komfortabel ist. Trotzdem steckt hinter alledem ein enormes Angstpotential, das die Politiker auch etwas angehen würde.

Aber ich möchte gerne noch einmal auf den Vertreter der Stadt Frankfurt und auf das Klimaschutzbündnis der 250 Städte zu sprechen kommen. Ich habe mich sonst immer mit dem Anti-Atomforum hier in Frankfurt nur bis zum Hauptbahnhof vorwagen müssen, heute bin ich ein Gutteil durch die Frankfurter Straßen gegangen und habe einmal all die Gebäudekomplexe gesehen. Und wenn ich daran denke, was in Freiburg geschieht oder in Saarbrücken und in ähnlichen Städten und Kommunen, was sich anbahnt, glücklicherweise, in Schönau, in Niedernhausen oder in Witzenhausen, dann frage ich mich: Woher bekommen wir eigentlich die Handhaben für eine andere Energiewirtschaftsweise?

Ich würde denken, wenn schon in Bonn überhaupt nichts geht, dann könnten uns vielleicht die Kommunen, gerade die Großkommunen, in verschiedener Beziehung enorm helfen. Es geht ja nicht nur um den Strom, es geht ja auch um das Klima und das Wasser. Ich denke, diese riesigen Mengen von Bürogroßhäusern und sonstigen Komplexen sind die idealen Praxisbezugsmöglichkeiten.

Ich weiß nicht, was eine Stadt machen kann hinsichtlich der Vorschriften für die Bauausstattung. Es ist überhaupt kein Problem und kostenmäßig auch völlig irrelevant, was ein Blockheizkraftwerk oder ein Gasturbinenheizkraftwerk für ein Riesengebäude an Kosten verursacht. Was es aber einspart, ist ganz enorm. Und es spart außerdem für die Stadt Frankfurt enorme Klimafolgekosten ein. Zusätzlich könnten diesen Bauträgern, auch denen, die bereits ihre Gebäude stehen haben, Auflagen erteilt werden, daß sie sich entsprechend der Klimaschutzverordnung bemühen müssen, diese noch zu optimieren.

Moderator: Darf ich jetzt bitten, daß der nächste drankommt, weil ich die Chance nutzen möchte, zum Thema dieses zweiten Komplexes «strategische Option» zu sprechen. Herr Kohler und Herr Hennicke hatten sich zu Herrn Meyer-Abich spontan gemeldet, und die Dame auch zu dem, was Meyer-Abich und Kohler sagen wollten? Gut, dann Bauerschmidt, Hennicke, Kohler und die Dame!

Dr. Rolf Bauerschmidt: Mein Name ist Bauerschmidt. Ich komme von den Stadtwerken in Bremen. Die Veranstaltung steht unter dem Motto: Brauchen wir einen Konsens? Zur Beantwortung dieser Frage müssen wir uns doch wohl einmal die Gegenfrage stellen: Was passiert eigentlich, wenn wir eine solche Veranstaltung machen, ob mit Politikern, ob ohne, und in welchen Kommissionen auch immer?

Wir haben schon gesehen, wir sind in einem faktischen Patt heutzutage, energiepolitisch passiert hier wie auch international schon lange nichts mehr. Wenn das so weitergeht, werden die großen EVU's – ich spreche hier für ein kleineres, das keine Kernenergie einsetzt – mit jedem Kernkraftwerk jedes Jahr eine Milliarde Mark verdienen, damit die halbe deutsche Wirtschaft aufkaufen – jedenfalls die profitabelsten Teile davon – und immer mächtiger werden.

Das möchte ich einmal an die Adresse der Kernenergiegegner sagen, die aus guten Gründen – meiner Meinung nach – sofort einen Ausstieg wollen, diesen aber praktisch nicht hinbekommen werden und damit leben müssen, daß diese großen Unternehmen immer mächtiger werden. Und wir kommen dann, sagen wir einmal in zehn Jahren, an einen Punkt, wo dann die ersten Kernkraftwerke spätestens auslaufen und irgendwie ersetzt werden müssen. Und zu diesem Zeitpunkt wird sich dann die Frage stellen: Was machen wir nun? Haben wir in dieser Zeit genügend Strom gespart, daß wir auf dieses Kernkraftwerk verzichten wollen?

Ich würde sagen, in dieser Pattsituation werden wir natürlich gar keinen Strom gespart haben, und wir werden große fossile Kraftwerke an die Stelle von großen Kernkraftwerken setzen, solange die Blockade existiert und solange es keine neuen geben wird. Das heißt also, wir werden mit Sicherheit große neue Kraftwerke bekommen oder eventuell Kernenergiestrom aus dem Ausland, das ist auch eine Option, die will ich durchaus hier einschließen, und dann werden wir uns fragen: Sind denn große fossile Kraftwerke das, was wir gewollt haben? Und können wir damit die Klimaprobleme vielleicht lösen? Und wir werden dann in zehn Jahren feststellen, daß wir gar nichts erreicht haben.

Soweit also zu der Vorstellung der Kernenergiegegner, sie könnten durch eine weitere Blockade zu einer zukunftsträchtigen Lösung beitragen. Insofern ist eben die Aktion der Herren Piltz und Gieske aus den größten deutschen EVU's folgerichtig. Die wollen im Grunde genommen ja wenigstens die großen fossilen Kraftwerke bauen können in zehn Jahren, wenn sie schon keine Kernkraftwerke bauen dürfen.

Und ich finde, dieses ist einfach nicht klimaverträglich, und wenn wir nicht heute anfangen, eine dritte Lösung zu finden, dann werden wir diese Lösung bekommen, zwar keine Kernkraftwerke und damit langfristig den Ausstieg, was viele gewollt haben, aber eben eine verschärfte Klimaproblematik und damit weltweit auch keine verträgliche Lösung.

Moderator: Danke schön! Herr Hennicke.

Prof. Dr. Hennicke: Ich wollte einen Gedanken noch einmal aufgreifen, der vielleicht auch in einen praktischen Verfahrensvorschlag einmündet. Das traditionelle Mittel, um Krisen zu überwinden, besteht darin, Arbeit freizusetzen oder Kapital oder sonstwas, also klassische Produktionsfaktoren produktiver zu machen, das heißt in der Regel, sie zu entlassen.

Ernst-Ulrich von Weizsäcker hat darauf hingewiesen, daß es ökonomisch genauso sinnvoll ist, Arbeit produktiver zu machen, also statt Arbeit Kilowattstunden freizusetzen. Das muß sich aber lohnen, und zwar sowohl für den, der Energie anbietet, als auch für den, der sie vermeidet. Und in dieser Richtung will ich die Ökonomie des Vermeidens verstanden wissen, auch als Beitrag zur Überwindung ökonomischer Krisen nicht nur hier, sondern insbesondere in den GUS-Ländern und in den neuen Bundesländern.

Wie macht man das praktisch, wie organisiert man die Ökonomie des Vermeidens? Ganz kurz: Ich denke, was wir brauchen, ist eine Einspar-Infrastruktur, die die Anbieter mit einbezieht, neben einer Kommission, wie sie hier angedacht wird. Nicht eine Politiker-Kommission, sondern eine, die längerfristiger die Grundsatzfragen verhandelt. Was wir brauchen, sind Runde Tische auf der Ebene von Verbund-EVU's wie auch von Stadtwerken, wo man gemeinsam überlegt, nicht im Sinne von einem Beirat, sondern von Expertengremien, die das Einsparen wirtschaftlich machen, etwa so wie in Kalifornien im Collaborative Process, wo die Umweltschützer mit den Verbraucherverbänden, mit der Aufsicht und den EVU's einen Boom von Einsparmegawattinvestitionen induziert haben.

Das heißt, in Ergänzung solcher politischer Initiativen praktische Planungsschritte mit den Versorgern zusammen zu machen. Das knüpft auch an das an, was der Kollege Meyer-Abich gesagt hat. Es stimmt nicht nur etwas nicht am politischen System, es stimmt auch etwas nicht an der Art, wie wir Kraftwerksplanung, Energieplanung betreiben. Mit dieser Form der Öffentlichkeitsbeteiligung kämen wir voran.

Wir haben in Nordrhein-Westfalen einen ganz kleinen Schritt gemacht, wir haben ein Round Table Least-Cost-Planning gebildet auf Initiative der Preisaufsicht. Da sitzt das RWE drin, dann der VKU, dann die ZVI als Verband der Geräteherstellenden Industrie und das Wuppertal Institut und die Verbraucherverbände. Sozusagen gemeinsam überlegen, wie kann man das 100-Millionen-Programm des RWE effizienter machen, vielleicht in den Industrie- und Kleinverbrauchsbereich ausdehnen und statt 100 Millionen vielleicht in Zukunft eine Milliarde investieren und dies kosteneffektiv. Dies empfehle ich sehr zur Nachahmung, und ich denke, es ist mit ein Beitrag, um die Konsensdebatte voranzubringen.

Moderator: Stefan Kohler.

Stefan Kohler: Mein Name ist Stefan Kohler, ich bin Geschäftsführer der Niedersächsischen Energieagentur. Für alle, die es nicht wissen, das ist ein gemeinsames Unternehmen des Landes Niedersachsen – also von Herrn Schröder – und von der VEBA AG – also von Herrn Piltz.

Weshalb ich mich heute vormittag gemeldet habe und jetzt auch spontan heute nachmittag, hängt damit zusammen, daß ich den Konsensdiskussionsprozeß, wie er derzeit abläuft, eigentlich sehr negativ finde. Überhaupt hat diese Veranstaltung, wie sie heute abläuft, auch mehr meine pessimistische Stimmung unterstützt als meine optimistische.

Was läuft derzeit ab? Es hat eine Initiative gegeben im Herbst – von wem auch immer. Ich würde auch sagen, daß Herr Fischer mehr mit dabei war, als er heute früh hier offen zugegeben hat. Er war schon früher mit integriert in die Gespräche, deshalb finde ich es von ihm auch ein bißchen unehrlich, wenn er sagt, es war eine Initiative von Schröder, Gieske und Piltz. Er war auch mit dabei, nicht ganz von Anfang an, aber er war in die Diskussionen mit integriert.

Wir haben eine Initiative gehabt von einer Qualität, wie wir sie bisher nicht hatten. Daß sich zwei Politiker und zwei doch wichtige Vertreter der Energiewirtschaft zusammengesetzt und darüber diskutiert haben, wie können wir die Blockade überwinden. Und diese Initiative wird von den unterschiedlichsten Seiten gestört, und da sehe ich eben nicht nur die Störfeuer aus Süddeutschland, vom Bayernwerk und von Siemens, die natürlich ganz massiv ökonomische Interessen vertreten, sondern da gibt es auch politische Störfeuer, und deshalb habe ich mich jetzt spontan gemeldet.

Wenn man die Initiative von Schröder auf ein billiges Wahlkampfmanöver für Niedersachsen reduzieren möchte, entspricht das nicht dem, was hier abläuft und was man positiv nutzen könnte. Ich denke, da muß man einfach unterscheiden, die Ueberhorst-Initiative mit der Bundesregierung, die Initiative zur Kommission zeitlich vorgelagert vor die Initiative Schröder, Piltz, Gieske und Fischer, und ich denke, jetzt wäre es notwendig, daß man die Kommission, Ueberhorst-Kommission genannt, anpaßt an die jetzt aktuellen Ereignisse, aber nicht in der Weise, daß man die Initiative bremst, sondern daß man sie konstruktiv unterstützt.

Und das ist es eigentlich, was ich hier einfordere, was man auch politisch machen muß. Wir müssen vor der Bundestagswahl, und ich sage auch, wir müssen im Jahre 1993 zu einer politischen Initiative kommen, die tragfähig ist. Weil ich es auch nicht akzeptiere, als Bürger und auch als Vorstand des Öko-Instituts, daß dieses Thema wieder ein Wahlkampfthema wird.

Jetzt sage ich es einmal pointiert in Richtung SPD, daß der linke Flügel der SPD durch den Wahlkampf ziehen kann und sagt, wir sind für den sofortigen oder den Zehnjahres-Ausstieg, und dann, wenn sie hernach an der Macht sind, weiß man oftmals, wie dann die Diskussionen ablaufen. Ich möchte vielmehr vor der Bundestagswahl wissen, wie lange SPD und Grüne noch bereit sind, die Atomkraftwerke weiterlaufen zu lassen. Ich denke, diese Position kann man in diesem Jahre 1993 klären.

Was man auch klären kann, und ich denke, die Vorträge haben es gezeigt, ist der Punkt, daß die Energiewirtschaft ein ganz deutliches Zeichen setzen und einen ganz deutlichen Schritt machen muß. Das heißt nicht nur Runde Tische, sondern ganz massiv Personal und Strukturen aufbauen, Investitionsmittel zur Verfügung stellen, um die Effizienzwirtschaft auf den Weg zu bringen.

Ich denke, da haben wir in Niedersachsen – nicht nur, weil ich in Niedersachsen sitze mit der Energieagentur – praktisch gezeigt, wie es auch möglich ist: a) in der Energieagentur und b) zum Beispiel bei der Diskussion um die Stillegung des Atomkraftwerkes Stade.

Es ist ganz klar diskutiert worden, daß Stade, das Gaskraftwerk, nur eine Genehmigung bekommt, wenn das Atomkraftwerk stillgelegt wird, und es wird weiterhin diskutiert, das Kohlekraftwerk in Wilhelmshaven wird nur passieren, und da gibt es eine entsprechende Arbeitsgruppe, wenn ein alternatives Investitionsprogramm mit abgefahren wird. Ein alternatives Investitionsprogramm heißt Windenergie, heißt Biomasse, heißt entsprechende Kraft-Wärme-Koppelung und heißt Energieeinsparung.

Auf so einer konkreten Ebene befinden wir uns heute auf Länderebene, nur kommt das anscheinend auf der Bundesebene nicht entsprechend an. Deshalb muß jedes große Verbund-EVU, müssen die regionalen Versorgungsunternehmen so ein Programm auflegen, und zwar nicht mit einer Milliarde DM im Jahr 2000, wie hier vorgeschlagen, sondern mit einem ganz erheblichen Umfang.

Ich würde vorschlagen, daß wir anfangen können mit 50 Prozent der derzeit geplanten Investitionen in fossile Kraftwerke. Und derzeit planen fast alle große Kraftwerke – RWE, VEBA, Bayernwerke – und zwar Kohlekraftwerke. Also kann man da überall eine Milliarde einsetzen für ein Investitionsprogramm.

Das ist das eine. Und dann gibt es Fragen, die können wir innerhalb des Jahres 1993 nicht lösen. Dazu gehört zum Beispiel, Kriterien für die Option eines weiteren Kernenergieeinsatzes zu entwikkeln. Das sind Fragen, die sehr wohl in einer längerfristigen Kommission diskutiert werden können, aber ich denke, wir müssen dazu kommen zu definieren, welche Fragen 1993 abzuhandeln sind.

Dabei ist auch abzuhandeln, wie schnell wir aus der Atomenergie aussteigen können, denn die Szenarien liegen alle vor – siehe Enquete-Kommission –, und dann eben, was können und was müssen wir längerfristig behandeln. Dazu ist eine Ueberhorst-Kommission wichtig und gut, aber dies darf nicht dazu führen, daß sich die zwei Initiativen blockieren und sich gegenseitig an die Wand fahren.

Hiltrud Breyer: Mein Name ist Hiltrud Breyer, ich bin für die Grünen Mitglied des Europäischen Parlaments. Wenn ich die heutige Diskussion auf mich wirken lasse, komme ich zu ähnlichen Eindrücken wie Herr Meyer-Abich.

Ich denke, wir müssen uns fragen: Was haben die Kommissionen bisher bewirkt? Es gibt Konzepte, die vorhandenen Energie-Einsparpotentiale für den Ausstieg zu nutzen. Und wir wissen auch, würde die Atomindustrie unter gesamtwirtschaftlichen Kostenrechnungen stehen, dann wäre sie völlig unwirtschaftlich. Ein Blick nach England genügt. Dort hat die Privatisierung der Energieversorgung gezeigt, daß die Atomenergie überhaupt nicht wirtschaftlich ist. Ähnlich ist es in Frankreich. Wäre Electricité de France ein privates Unternehmen, wäre es schon längst bankrott.

Das heißt also, die Konzepte sind da, wir könnten den Ausstieg aus der Atomenergie realisieren. Doch was passiert? Wir machen Kommissionen! Die Kommissionen hatten in der Vergangenheit keine Kompetenz in dem Sinne, daß ihre Beschlüsse eine Chance gehabt hätten, auch politisch realisiert zu werden. Und ähnlich befürchte ich – und das ist daher auch meine Frage an Sie, Herr Ueberhorst –, daß das mit Ihrer Kommission passieren wird. Das heißt, daß diese Konsenskommission mehr oder weniger die Funktion hat, davon abzulenken, daß die politischen Entscheidungen nicht getroffen werden. Daß sie die Alibifunktion hat, der Öffentlichkeit zu suggerieren, daß eine gesellschaftliche Diskussion stattfindet, obwohl sie ja in der Realität dann überhaupt nicht stattfindet. Würde sie nämlich stattfinden, müßte das auch bedeuten, daß die politischen Entscheidungen, siehe Schacht Konrad und so weiter, ausgesetzt würden, bis diese Entscheidung gefallen wäre. Das heißt, daß es zumindest ein Moratorium geben sollte.

Das genaue Gegenteil ist der Fall. Das haben ja auch die EVU's zum Ausdruck gebracht, die sehr stark betont haben, bevor es diese Energiekommission gibt, möchten wir aber das energiepolitische Konzept der Bundesregierung festgezurrt haben. Was soll denn unter derartigen Bedingungen eine Kommission dann bringen? Ich befürchte eher, daß die Politikverdrossenheit noch mehr zunehmen wird. Die Leute stellen fest, da gibt es eine Kommission, in der quasi gesellschaftliche Diskussionen stattfinden, und auf der einen Seite trifft die Politik Entscheidungen, die quasi auch in dieser Kommission gefällt werden sollen, und auf der anderen Seite denkt die Politik nicht daran, diese Entscheidungen, wie zum Beispiel die CO_2-Reduktion, wirklich durchzusetzen.

Das also ist die Frage. Oder ist es nicht auch so, das Beispiel Schweden hat es gezeigt, daß gerade auch der Versuch gemacht werden soll, Entscheidungen, die in der Öffentlichkeit schon stattgefunden haben – wie zum Beispiel der Ausstiegsbeschluß in Schweden –, über diese Kommissionen dann noch einmal teilweise zurückzunehmen.

Dann bitte ich auch noch darum, daß man sehr stark auf die europäische Diskussion eingeht. Selbst wenn wir hier über den Ausstieg diskutieren, finden ja im Moment auch mit Unterstützung der Bundesregierung massive Versuche statt, in Osteuropa den Ausstieg zu vermeiden, indem man nämlich keinen einzigen Ecu für erneuerbare Energien zur Verfügung stellt, sondern alles in eine fragwürdige Nachrüstung steckt, wobei allen klar ist, daß das nur eine Hilfe für die westeuropäische Atomindustrie ist. Und daß derzeit – aus EGKS steigen wir aus – gleichzeitig Euratom verlängert wird. Dazu paßt, daß Kredite gerade auch bereitgestellt werden, um dort den Einstieg zu finanzieren.

Von daher wäre vielleicht noch einmal zusammenzufassen, was bringt uns eine Konsenskommission, wenn sie nicht die Kompetenz hat, das, was sie als Konsens herausgefunden hat, politisch umzusetzen? Hat sie dann nicht eher eine Alibifunktion in dem von mir beschriebenen Sinne?

Resümee des Tages: Perspektiven, Ideen, Vorschläge

Moderation: Wolfgang Vogelmann

Prof. Dr. Klaus Traube

Meine Damen und Herren,

ich soll gewissermaßen ein Resümee des Tages einleiten. Vielleicht sage ich als erstes einmal, daß dieses Symposium eine Art Premiere ist, da es wohl den ersten Versuch darstellt, in einem größeren und einigermaßen kompetenten Kreis das Thema Konsensfindung pluralistisch zu diskutieren; zumindest seit diese Konsensfindung durch das Schröder-Gieske-Piltz-Papier – oder muß ich noch andere Namen dazu nennen? – in die Öffentlichkeit gedrungen ist.

Vielleicht darf ich darauf hinweisen, daß es bei der Debatte darüber, was denn nun ein Konsens sein könnte, wie er prozedural eingeleitet wird, was man erwarten kann in welchen zeitlichen Horizonten, was man von der Politik und was von anderen Akteuren verlangt, eigentlich kaum darum gegangen ist – zumindest vordergründig nicht –, ob es denn nun die eine oder die andere Kommission sein soll.

Wäre nicht der bemerkenswerte Beitrag von Stefan Kohler jetzt am Ende gewesen und der ihm folgende, dann hätten vielleicht sehr viele der hier Anwesenden gar nicht bemerkt, daß hinter diesem Kongreß natürlich auch gewisse Rivalitäten von den zwei Kommissionsgedanken bzw. -entwürfen – beide existieren sie ja in Wirklichkeit noch nicht – stehen.

Das war aber nun wirklich nicht Gegenstand der heutigen Debatte, und insofern bin ich ein wenig erstaunt über die Philippika, die Stefan

Kohler da am Ende losgelassen hast. Sie wurde, glaube ich, dem Verlauf dieser Tagung gar nicht gerecht.

Fragen wir, was der Tag gebracht hat. Selbstredend konnte eine Diskussion wie die heutige nichts wirklich Neues bringen, das kann man auch nicht erwarten. Konsensfindungsprozesse sind nicht dazu da, daß man völlig neue Ideen hervorzaubert, sondern sie sind dazu da, das, was es an Ideen gibt, so zu ordnen, daß es möglich ist, Kompromisse zu schließen und dies den verschiedenen Akteuren in diesem Konsensprozeß zu vermitteln – ob diese sich davon bedroht fühlen oder darüber erfreut sind. Und diese Akteure sind wir ja nun alle, und insofern ist dieses Thema ein hochpolitisches Thema.

Es hat allenfalls gewisse Zuspitzungen gegeben, zwei vielleicht, die eine der im Ton sehr konziliante Vortrag von Herrn Fabian, Preussen-Elektra, der die Position der Elektrizitätswirtschaft so erläuterte, daß ich mich wundere, darin von dem, was ich in das Papier von Herrn Piltz und Herrn Gieske hineingelesen habe, gar nichts wiedergefunden zu haben.

Was Herr Fabian gesagt hat, hätte er auch genauso gut vor einem Jahr sagen können, bevor es irgendeine Art von Konsensdiskussion gegeben hat. Nur, dann hätte ich gern in der Diskussion nachher gewußt, was da anders war als vorher.

Die andere Zuspitzung war vielleicht die von Joschka Fischer gleich zu Anfang, als er feststellte, bei aller Liebe zum Konsens – und den teilen wir ja alle, Konsens ist ein Zauberwort, wer will sich schon in die Position begeben, nicht dafür zu sein – und bei der sehr expliziten Begrüßung des Eröffnungsschrittes, so wie er ihn genannt hat, daß er aus dieser Schröder-Gieske-Piltz-Initiative, aus den bisherigen Gesprächen, sehr skeptisch wieder herausgegangen ist. Das waren wohl die beiden Zuspitzungen, alles andere hielt sich im Rahmen dessen, was in jedem Falle zu erwarten war.

Mir erscheint als Ergebnis wesentlich, daß bis auf zwei Redner am Vormittag bei der politischen Debatte, nämlich Herrn Fabian und Herrn Schörshusen aus der niedersächsischen Staatskanzlei, jeder einzelne – ich habe sehr genau zugehört – Redner des Vormittags, sowohl hier die Herren am Podium als auch die Herren in der Diskussion, davon ausgegangen ist, daß Atompolitik und Energiepolitik – Energiepolitik im Sinne einer Strategie der Umsteuerung des Energiesystems hin zu einer rationelleren Energienutzung – untrennbar sind.

Das war ganz eindeutig der Tenor aller Beiträge, und zwar in dem Sinne untrennbar sind, daß man auch keinen Konsens in der Atompolitik jetzt finden kann, ohne daß gleichzeitig zumindest die Leitlinie einer Umstrukturierung des Energiesystems, der Energiepolitik mit festgelegt wird.

Das ist insofern doch auch ein bemerkenswertes Ergebnis, als das zumindest in dieser Klarheit – ich sage es zunächst einmal sehr, sehr vorsichtig – aus der Initiative, die uns doch schließlich alle zusammmengeführt hat, also Piltz-Gieske – nicht herauslesbar war, und schon gar nicht aus dem, was Herr Fabian sagte, der ja geradezu davor warnte, daß wir nun auf der Suche nach dem Konsens in der Atompolitik gleich alles andere, nämlich die Energiepolitik, in den Topf mit hineinstecken.

Klar zum Ausdruck kam wohl insbesondere in den Beiträgen von Herrn Fabian und Herrn Schörshusen, was der eigentliche Anlaß der Konsensgespräche war. Das mag dem Eingeweihten zwar auch klargewesen sein, manchen anderen in der öffentlichen Diskussion ist es eben durch die Darstellung in den Medien doch nicht so deutlich gewesen. Daß der Auslöser dieser Konsensgespräche und der Konsensvorstellung das Problem des Atommülls ist, das ungelöste Problem, nicht nur ungelöst hinsichtlich der Endlagerung, sondern daß wir im Augenblick in einem Zustand sind, in dem von dem Konzept, das 1978 als Beschluß der Bundesregierung und der Ministerpräsidenten der Länder zur Entsorgungsvorsorge festgeklopft wurde und die eigentliche Genehmigungsgrundlage für Kernkraftwerke bildet, daß von diesem Konzept – Wiederaufarbeitung, Endlagerung, Wiederaufarbeitung in einer deutschen Wiederaufarbeitungsanlage, Endlagerung in Gorleben – heute fast nichts mehr übrig ist. Und daß damit auch zumindest dann, wenn sich die Farben der Regierung einmal ändern sollten und sich damit auch die Weisungsbefugnis aus Bonn einmal ändern sollte, auch eine Gefahr für den Bestand der Genehmigung für Kernkraftwerke gegeben ist und daß dieses Problem sowohl aus sachlichen wie auch juristischen Gründen aus der Welt geschafft werden muß, vor allem aus der Sicht der Elektrizitätswirtschaft. Das ist der Anlaß.

Hinzu kommt, daß die Staatssekretärsrunde, die nun seit Jahren darüber brütet, wie dieses Paket aufgeschnürt oder wieder zugeschnürt werden könnte, sich im Kreise bewegt – und daß sie sich im Kreise bewegt, ist nicht die Schuld der Staatssekretäre, sie vertreten ja die Ansichten, die ihnen von ihrer Regierung und damit auch von den sie tragenden Parteien mit auf den Weg gegeben werden, und dort ist zur Zeit in dieser Frage halt kein Kompromiß in Sicht.

Vor dieser Tagung schien es mir so, als ob es doch eine weitverbreitete Meinung gebe, daß man dieses Problem zunächst einmal zu lösen hätte und man erst dann in weiteren Schritten wieder auf die Energiepolitik zurückkommen könne. Der Tenor dessen, was heute hier gesagt wurde, zeigt, daß zumindest diese Runde, wie repräsentativ sie auch immer sein mag, immerhin ist sie ja doch recht pluralistisch besetzt, der Meinung ganz offenbar nicht ist, sondern daß sie der Meinung ist, es sei überfällig, Konsequenzen zu ziehen. Herr Meyer-Abich hat uns das in besonders drastischer Form vorgeführt, aber auch schon die Herren Ziesing und Jochem haben es noch einmal vorgeführt, daß Konsequenzen daraus zu ziehen sind, daß man eigentlich weiß, was man energiepolitisch zu tun hat, um dem CO_2-Problem zu begegnen, daß die Bundesregierung sogar wissend, daß diese Vorschläge von der Enquete-Kommission – Herr Michaelis hat es auch bestätigt – über die Parteien hinweg gemacht worden sind, zur Umsteuerung der Energiepolitik einen Beschluß gefaßt hat über das Jahr 2005, und daß offenbar, so die Einschätzung – der ich mich anschließe –, hier nichts geschehen ist.

Nun mag man trotzdem, auch wenn das hier nicht so klang, der Meinung sein, daß man die Dinge nacheinander erledigen müßte und den Stier bei den Hörnern packen sollte und zunächst einmal dieses Entsorgungsproblem und vielleicht in dem Zusammenhang auch irgendein Szenario für die Verabschiedung aus der Kernenergie zunächst einmal aufgreifen müßte. Aber keiner derjenigen, die sich für die Politik oder für die großen Organisationen hier stark gemacht haben, hat diese Meinung vertreten. Da muß man sich aber vielleicht einmal erinnern, wenn es nicht zu einem energiepolitischen Konsens käme, sondern wenn er beschränkt wäre auf das Entsorgungsproblem oder vielmehr das Atommüllproblem in der Kernenergie, wie man es umschifft, denn das Endlager schafft man ja nicht durch irgendeinen Beschluß von Politikern oder auch nicht durch eine auch sonstwie geartete Konsenskommission, wie man denn das, was dabei herauskommen würde, der Bevölkerung vermitteln sollte.

Wie wollen wir erreichen, ich sage jetzt einmal wir als alle diejenigen, die wir ja um einen Konsens bemüht sind, daß in Salzgitter nicht wieder Wasserwerfer gegen Hunderttausende aufgefahren werden, wie das einst in Wackersdorf der Fall war oder vor Atomkraftwerken, wenn man der Gesellschaft nicht eine Perspektive vermitteln kann, also auch den vielen Millionen, die sich in den langen Jahren in der Vergangenheit gegen eine Energiepolitik und gegen eine Kernenergiepolitik gewendet haben, die sie nicht für tragfähig hielten?

Das ist die Frage, die ich noch einmal zurückgeben möchte in die Diskussion. Wenn es denn aber so wäre, daß ein Konsens nur zu finden wäre auch für die Kernenergiefrage und die Entsorgungsfrage, wenn energiepolitische Leitlinien ebenfalls festgeklopft werden, dann möchte ich doch noch einmal beim Namen nennen, was das eigentlich bedeuten könnte.

Hier sind wohl unter diesem Aspekt Energiepolitik drei Stichworte des häufigeren gefallen: das eine hieß Kraft-Wärme-Koppelung als Alternative für Kraftwerkszubau, das zweite hieß Energiesteuer, und das dritte hieß Verkehrsproblem. Ich will einmal auf die Brisanz hinweisen, die in diesen Problemen steckt.

Nehmen wir erst das, was noch am harmlosesten erscheint und wo ich sehr erfreut war, daß auch der Vertreter der CDU-Fraktion im Hessischen Landtag hier zu wissen vorgab, daß in der Frage der Kraft-Wärme-Koppelung doch ein Konsens erzielbar wäre. Das könnte man – wie es im Jargon heißt – vor die Klammer ziehen. Da mache ich aber auf folgendes Problem aufmerksam – ich bin Fachmann auf diesem Gebiet und schlage mich damit wirklich auch in der Praxis herum. Viele haben dabei die Vorstellung, man müßte nur an die Elektrizitätswirtschaft appellieren und sie zu einer Verpflichtung hinbringen, und sehen nicht dabei, daß hier die Struktur der Elektrizitätswirtschaft selbst auf dem Spiele steht. Nicht weil «small beautiful» ist, das ist nicht meine Haltung, aber weil Kraft-Wärme-Koppelung nur dort Sinn hat, wo Wärme gebraucht wird, das heißt in Industriebetrieben, in Gewerbebetrieben, in Siedlungen, das können auch große Siedlungen sein. Deswegen geht Kraft-Wärme-Koppelung nur dort, wo diese Wärme auch gebraucht wird vor Ort.

Das bedeutet in der Praxis, mit wenigen Ausnahmen von sehr großen Kraftwerken in sehr großen Fernwärmenetzen in sehr großen Städten, wo auch Kraftwerke von der Größenordnung über 100 Megawatt noch eine Rolle spielen, die immer noch sehr klein sind im Verhältnis zu dem, was zur Debatte steht, wenn Groß-Kraftwerke gebaut sind, daß es um kleine Kraftwerke geht, vor Ort, auch in der Industrie im Bereich von einigen 100 Kilowatt als Blockheizkraftwerke bis zu einigen zig Megawatt.

Das ist das Problem, und das ist nun mal, wie die Struktur der Elektrizitätswirtschaft heute beschaffen ist, nicht die Domäne der Unternehmen, nämlich der großen Verbundunternehmen und der wenigen großen Regionalunternehmen, die Eigenerzeugung haben, das ist nun mal nicht die Domäne der Unternehmen, die zum großen Teil die Stromerzeugung in der Bundesrepublik machen. Vielmehr ist die Eigenerzeugung von Industrie und kommunalen und sonstigen Trägern mindestens bis vor einigen Jahren ein regelrechtes Schlachtfeld gewesen, und es ging der Industrie darum, diese Eigenerzeugung zu unterdrücken, weil sie zu Lasten des eigenen Absatzes geht. Ein ganz normales wirtschaftliches Schlachtfeld, man muß das überhaupt nicht moralisch sehen, wenn es nicht die Kategorie hätte, daß es auch um CO_2 und Umwelt geht. Also hier stecken große Konflikte, ich sage nicht, daß das nicht machbar ist, aber große Konflikte stecken in diesem Thema, und da muß die Politik eingreifen. Ich will hier keine Szenarien entwickeln, was man machen könnte, sondern nur darauf hinweisen.

Ich nehme als nächstes die Energiesteuer. Hier wurde schon darauf aufmerksam gemacht, vom Vertreter des Wirtschaftsministeriums, daß zur Füllung der Staatskasse sicherlich wieder eine Mineralölsteuererhöhung angesagt ist, daß es aber eigentlich unter Umweltgesichtspunkten um mehr geht, nämlich um den ökologischen Umbau des Steuersystems, und daß darin eine riesenhafte Brisanz steckt, weil das an die Fundamente des Steuersystems geht, wodurch sich Populisten aller Couleur aufgerufen fühlen, hier Schlachten zu schlagen. Daß man einen groß angelegten Umbau des Steuersystems auf Dauer nur zustande bringen kann über einen gesellschaftlichen Konsens, der einer intensiven Diskussion bedarf, steht wohl außer Frage.

Und ähnlich steht außer Frage, ich brauche das gar nicht im einzelnen auszuführen, das dritte große Thema, nämlich der Verkehr, und hier wieder der Individualverkehr als Pkw-Verkehr wie auch der Lkw-Verkehr. Wenn dieses Problem wirklich ernsthaft angegangen werden soll, und das ist das Thema, das am drückendsten ist, da das der einzige Sektor des Energieverbrauchs ist, der beständig gestiegen ist und seit 1973 immer wieder kompensiert hat, was in den anderen Sektoren an Einsparungen erzielt worden ist, dann geht es nicht nur – freilich auch – um den Ausbau des öffentlichen Nahverkehrs und den Ausbau des öffentlichen Verkehrssystems überhaupt. Wir sehen bei der Debatte um die Bahnreform, welche Brisanz da schon drinsteckt. Sondern es bedeutet, daß es gar nicht anders geht, als dem Pkw und dem Lkw richtig weh zu tun, und was das bedeutet.

Wenn man sich das alles zusammenbindet, dann sieht man, daß doch ein Paket von einer ähnlichen gesellschaftlichen Brisanz zur Debatte steht wie das, was derzeit als Solidarpaktpaket diskutiert wird. Daß das nicht in kleinen Kommissionen zu handhaben ist, zumindest beim gegenwärtigen Zustand der Politik, der sich durch einen Vertrauensverlust auszeichnet, muß man sich klarmachen, um dann immer noch die positive Frage zu stellen: Was kann ich vor die Klammer ziehen?

Aber es hat keinen Sinn, sich Sand in die Augen zu streuen und mit fliegenden Fahnen auf einen Kompromiß zuzusteuern, der nicht zu haben ist, so lange nicht Positionen – auf beiden Seiten freilich – aufgegeben werden, von denen man derzeit nicht sieht, daß sie aufgegeben werden sollen auf der einen Seite, und so lange man nicht das ernsthaft in Angriff nimmt, was nun wirklich überfällig ist und was die verschiedensten Redner hier angemahnt haben: umzusetzen, was man weiß, was an Umsteuerung notwendig ist, um ein rationelleres Energiesystem herzubringen.

Diese Erkenntnis müßte die Grundlage sein, um auch das Prozedurale so zu ordnen, daß es nicht in Sackgassen führt. Und da geht es mir nicht darum, jetzt der einen oder anderen Kommission etwas zuzuweisen. Aber, und ich sage das jetzt noch einmal, die wesentlichen Beschlüsse können nicht festgeklopft werden, ohne daß auf energiepolitischer Seite das Wesentliche mit festgeklopft wird, und das wiederum ist gesellschaftlich sehr brisant. Die wesentlichen Beschlüsse können nicht in kleinen Kommissionen ohne eine große öffentliche Beteiligung fallen, damit müssen wir leben, so weh das dem einen oder anderen tun mag, und das bedeutet auch eine Pluralität von Ansätzen, um den Konsens, den wir ja alle gerne sehen möchten, in die Wege zu leiten. Eine Pluralität, in der nicht eine Kommission allein, in der auch nicht die Ueberhorst-Kommission allein die Patentlösung sein kann. Das scheint mir das, was ich als Resümee des heutigen Tages in die Debatte noch einmal hineinbringen möchte.

Prof. Dr. Eilert Herms

Man hat mich um einige Bemerkungen und Beobachtungen aus der Sicht des Sozialethikers im Rückblick auf die Diskussionen des heutigen Tages gebeten. Mein erster Eindruck ist: Manche Konsense müssen noch gesucht werden, aber es gibt auch Konsense, die schon vorhanden sind. Zu diesen schon vorhandenen Konsensen, quer durch alle beteiligten Positionen, zählt offenkundig, daß ein hochgradiger energiepolitischer Handlungsbedarf besteht. Die Entscheidung zwischen den 1980 von der ersten Enquete-Kommission des Deutschen Bundestages beschriebenen vier Wegen ist fällig.

Der zweite Konsens scheint darin zu bestehen, daß diese Entscheidungen auch tatsächlich fallen. Denn es gibt ja faktisch keinen Stillstand der Politik. Das politische Leben ist in seinem Vollzug selbst ein permanenter Entscheidungsprozeß. Und inhaltlich laufen die Entscheidungen im Augenblick so, daß der Weg 1 mit Tendenz zur Wahl des Weges 3 zum Zuge kommt.

Aber *wie* vollziehen sich diese Entscheidungen? Das politische Leben kann seine geschichtlichen Entscheidungen ja auf sehr unterschiedliche Weise produzieren, nämlich entweder so, daß die Konsense und Dissense, die bei ihnen eine Rolle spielen, geklärt werden, oder so, daß diese Klärung unterbleibt. Wie steht es damit bei dem laufenden energiepolitischen Entscheidungsprozeß?

Ich habe heute verschiedentlich einen starken Appell zur Erzeugung und Steigerung von Druck zugunsten einer bestimmten politischen Entscheidung in die eine oder andere Richtung erlebt. Aber mir scheint es im Blick auf die politische Kultur in unserem Lande zunächst einmal noch wichtiger zu sein, daß solche Entscheidungen nach Möglichkeit vor dem Hintergrund einer möglichst geklärten Konsens- und Dissenslage stattfinden.

Die Frage lautet also: Läßt sich noch erreichen, daß die anstehenden und sich auch schon im Vollzug befindlichen energiepolitischen Entscheidungen im Licht eines Höchstmaßes an Klarheit über die im Spiel befindlichen und sich gegenüberstehenden Gesamtperspektiven der gesellschaftlichen Entwicklung getroffen werden? Also in einem Höchstmaß an Bewußtsein darüber, was mit den alternativen Wegen gesamtgesellschaftlich jeweils auf dem Spiele steht? Das nehme ich aus den Vorträgen und Debatten dieses Tages als die wichtigste Frage mit.

Die Frage ist deshalb so bedrängend, weil die Argumentationszumutung, die die anstehende energiepolitische Entscheidung zwischen den zur Wahl anstehenden alternativen energiepolitischen Pfaden in sich birgt, das gesamte uns vertraute Maß sprengt. Das hat zwei Gründe:

Erstens sind die zur Wahl anstehenden Alternativen in sich selbst, aber erst recht, wenn man ihre Konsequenzen mitbedenkt, von einer Komplexität, die weit über das hinausgeht, was in der Tagespolitik normalerweise handhabbar ist. Diese Komplexität geht weit über das hinaus, was wir bisher überhaupt handhaben mußten und was Politiker normalerweise handhaben können.

Denn was zur Wahl ansteht, sind ja nicht nur die drei energiepolitischen Pfade in der ganzen Kompliziertheit, die jeder von ihnen in sich selbst besitzt. Vielmehr hat die in den letzten zehn Jahren geführte Debatte über die Rolle des Energiesystems im Funktionszusammenhang der Gesamtgesellschaft ja ergeben, daß mit dieser Wahl nichts weniger auf dem Spiel steht als die Entscheidung zwischen unterschiedlichen Entwicklungsmöglichkeiten der gesellschaftlichen Lebensbedingungen überhaupt. Denn das Energiesystem ist leitend für das Wirtschaftssystem, und das Wirtschaftssystem ist in unserer Gesellschaft leitend für alle anderen funktionalen Subsysteme; also z.B. auch für das bei uns inzwischen eingespielte Verhältnis zwischen Politiksystem und Wirtschaftssystem.

Wir haben uns also zu fragen – anknüpfend an die inzwischen immer mehr verfeinerten alten Überlegungen zur Sozialverträglichkeit von Technikpfaden –, welche Konsequenzen für den Zusammenhang und das Zusammenspiel der funktionsspezifischen Subsysteme der Gesamtgesellschaft mit der Entscheidung für jeden der anstehenden Pfade verbunden wären. Und dabei dürfen wir unsere Vorstellungen nicht nur auf die Konsequenzen für die Binnenverhältnisse in *einer* Gesellschaft, der unseren, beschränken, sondern müssen auch die Konsequenzen für ihr Verhältnis zu anderen Gesellschaften im Blick behalten, also das Problem ihrer internationalen Verträglichkeit.

Kurzum, mit den anstehenden energiepolitischen Entscheidungen steht eine Entscheidung zwischen gesamtgesellschaftlichen Entwicklungsmöglichkeiten auf dem Spiel, die an Komplexität jedes vertraute Maß überschreitet. Es ist heute davon gesprochen worden, daß wir vor einer historischen Entwicklung stehen. Das ist richtig.

Dazu kommt aber noch ein Zweites, und erst das macht die Situation so schwierig und bedrängend: Wenn wir zu einer bewußten und begründeten Wahl zwischen den anstehenden energiepolitischen Alternativen kommen wollen, haben wir sie uns nicht nur in ihrer eigenen Komplexität und in der Komplexität ihrer Folgen *vorzustellen*, sondern wir haben diese komplexen Alternativen auch zu *bewerten*. Und hier stellt sich die entscheidende Frage: Haben wir eigentlich gelernt, sind wir darin geübt, Wertungsmaßstäbe für alternative gesamtgesellschaftliche Entwicklungsmöglichkeiten zu handhaben, sie auszutauschen, zu klären, zum Konsens zu bringen und anzuwenden? Wir sind nicht nur aufgefordert, uns zu fragen und vorzustellen: Mit welchen gesamtgesellschaftlichen Konsequenzen für die Lebensbedingungen des Menschen sind eigentlich die verschiedenen drei Wege verbunden? Welche dieser möglichen «Zukünfte» des Gesamtzustands unserer Gesellschaft wollen wir? Welche halten wir für menschengerecht? Mit welchen sehen wir definitiv Überforderungen der Menschen verbunden, die schlechthin unerträglich sind? Und mit welchen, meinen wir, sind Erleichterungen für ein Leben aller Bürger in freier Selbstbestimmung verbunden, mit welchen hingegen Erschwerungen?

Diese Fragen stellen sich, sie werden nicht vom Zaun gebrochen, sie sind da. Und sie können gar nicht beantwortet werden, ohne daß wir unsere persönlichen Überzeugungen darüber ins Spiel bringen, was wir für menschengemäß halten und demgemäß auch für den Kern einer menschengemäßen Ordnung des Zusammenlebens, die ihren Gliedern die Erreichung ihrer Bestimmung nicht erschwert, sondern erleichtert. Das sind Überzeugungen, in die zwar Erkenntnisse der Wissenschaften miteinfließen, die aber ihre Verbindlichkeit nicht aus der Wissenschaft beziehen können.

Im Grunde muß hier jeder schauen, wie er es selber damit hält. Jeder muß seine eigene Überzeugung auf den Tisch legen und bereit sein zum Gespräch über sie und über die Überzeugungen aller anderen. Das haben wir uns abgewöhnt. Das können wir nicht mehr. Und deshalb kann die gegenwärtige Herausforderung zur Bewertung alternativer Entwicklungsmöglichkeiten der Gesamtgesellschaft von allen Beteiligten kaum anders erlebt werden als eine Angstpartie.

Aber vor dieser Herausforderung die Augen zu verschließen, macht keinen Sinn. Wenn die Entscheidung zwischen den alternativen energiepolitischen Pfaden wirklich eine historische Entscheidung über alternative Gesamtentwicklungsmöglichkeiten der Gesellschaft ist, dann muß auch der Diskurs über die normativen Überzeugungen und Perspektiven geführt werden, die die Bewertung der alternativen Wege möglich machen und damit allererst die begründete Entscheidung der Alternative. Es muß zum Anlaß einer breiten öffentlichen Meinungsbildung werden. Nur auf diesem Wege kann auch tatsächlich erkundet werden, welche Konsensmöglichkeiten es in unserer Gesellschaft gibt.

Sie sind ja möglicherweise viel breiter, als wir zunächst vermuten. Ich kann mir nämlich nicht vorstellen, daß nicht auch breite Teile der technischen Intelligenz bereit wären, ihre gesamte Phantasie, ihr Know-how, ihre technischen und wirtschaftlichen Möglichkeiten mittel- und langfristig für *den* Weg einzusetzen, der zu Verhältnissen führt, die das Maß des Menschlichen wahren, sobald nur durchsichtig und plausibel gemacht werden kann, wie dieses Maß des Menschlichen aussieht und welche der absehbaren gesamtgesellschaftlichen Entwicklungsmöglichkeiten ihm am ehesten entspricht.

Die Debatten des heutigen Tages sind also in zweierlei Hinsicht exemplarisch: Nicht nur deshalb, weil die anstehenden energiepolitischen Entscheidungen beispielhaft deutlich machen, daß mit ihnen unser gesamtes bisheriges Lebensniveau, unser gesamter Lebensstil auf dem Spiele steht. Sondern die Diskussionen sind auch deshalb exemplarisch, weil sie zeigen, in welchem Ausmaß wir uns in eine Situation der Politikunfähigkeit begeben haben, indem wir bestimmte sozialethische Grundfragen von Politik gar nicht mehr öffentlich traktieren und es uns auch abgewöhnt haben, die komplexen Urteils*gegenstände* und vor allem die in den Bereich der persönlichen Überzeugung hineingehörenden Urteils*maßstäbe* im öffentlichen Diskurs zu vertreten und zu diskutieren.

Es schiene mir daher nicht gut zu sein, wenn diese Frage- und Problemdimensionen, die jetzt durch die energiepolitische Debatte aufgebrochen sind, wiederum nur auf der Ebene kurz- oder mittelfristiger politischer Entscheidungen verhandelt würden. Wir würden eine große Lernchance, die die gegenwärtige Situation enthält, verpassen, wenn wir nicht auch die mittel- und langfristigen Diskussionsaufgaben, die hier für alle sichtbar werden, in Angriff nehmen würden.

Ich verstehe gut, daß Politiker fragen, wie sich kurzfristige politische Entscheidungen durchsetzen lassen. Aber es wäre schade, wenn das gesamte Engagement, das die Debatte kennzeichnet, sich nun auf diesem Niveau verbrauchen würde. Denn der Attentismus, den wir in der Politik beobachten, ist natürlich nicht nur den Politikern anzukreiden. Als würden sie bösen Willens oder schlitzohrig eine diffuse Situation für die Durchsetzung ihrer parteipolitischen Interessen ausnutzen wollen. Vielmehr spiegelt dieses Programm des Nichtstuns und Abwartens auch die Unfähigkeit der Öffentlichkeit wider, mit Diskussionsmaterien von dem Gewicht und der Reichweite, wie wir sie heute vorgeführt bekommen haben, umzugehen. Diese Unfähigkeit ist nicht das Merkmal einer mehr oder weniger großen Gruppe von Einzelpersonen, sondern ein Merkmal unserer Öffentlichkeit. Sie ist der Outcome, das Resultat eines kulturellen Musters, das sich in langen Fristen aufgebaut hat und an dessen Aufrechterhaltung und Fortschreibung wir alle mehr oder weniger mitbeteiligt sind.

So betrachtet wäre die Einrichtung einer überparteilichen Expertenkommission (Ueberhorst-Kommission), wenn ich es richtig sehe, ein Zeichen dafür, daß auch auf der politischen Ebene eingesehen wird, daß Dinge zu verhandeln sind, die nicht im Rhythmus von Legislaturperioden erledigt werden können. Aber auf der anderen Seite wäre es natürlich auch wiederum kurzschlüssig, von einer solchen *Kommission* die Lösung aller anstehenden Probleme zu erwarten. Viel wichtiger ist es, daß wir uns nach den tieferliegenden Gründen der gegenwärtigen politischen Lähmung und Entscheidungsunfähigkeit umschauen. Vermutlich haben wir alle sie mitzuverantworten, weil wir die öffentliche Auseinandersetzung und das Gespräch über einen ganzen Kreis von Themen nicht mehr pflegen, ohne die eine öffentliche sozialethische Urteilsbildung überhaupt nicht denkbar ist.

Ich will es auf den Punkt bringen. Wir alle leben mehr oder weniger von dem Dogma der Aufklärung, daß Weltanschauung und Religion, also ethisch verpflichtende und inhaltlich orientierende Perspektiven auf die Verfassung und Bestimmung des Menschseins und die ihr entsprechende Wohlordnung der Gesellschaft «Privatsache» seien und in der öffentlichen Debatte keine Rolle spielen dürften. Demgegenüber hat der amerikanische Philosoph William James seine berühmten Vorlesungen über den «Pragmatismus» im Winter 1906/07 mit der Feststellung eröffnet: «Wenn du wissen willst, was von einem Menschen zu halten ist, frage nach seiner Weltanschauung.»

Entweder wir lernen es, dieses ethische Orientierungswissen wieder in den öffentlichen Diskurs einzubringen und einzubeziehen. Dann werden auch Entscheidungsfragen handhabbar wie die, welche heute diskutiert wurden. Oder wir lernen es nicht. Dann schreiben wir – und zwar jeder in eigener Verantwortung – einen der wichtigsten Gründe für den gegenwärtigen politischen Attentismus fort, der sich ja nicht nur auf dem Gebiet der Energiepolitik zeigt, sondern auch auf vielen anderen Gebieten.

Also, viel Glück für die Ueberhorst-Kommission oder ähnliche Unternehmen, wenn sie zustande kommen. Aber es wäre schade, wenn wir aus der gegenwärtigen Debatte nicht lernen würden, daß wir alle dazu aufgerufen sind, eine Ebene der politischen Diskussion zurückzugewinnen, die zu lange ängstlich vermieden worden ist: die weltanschaulich-ethische.

*Moderato*r: Das wäre ein Appell an alle anderen gesellschaftlich möglichen Akteure wie zum Beispiel Stiftungen und politische Akademien und so weiter, diese Arbeit der Kommissionen zu begleiten, zu bestimmten Zeiten zu veröffentlichen und in eine öffentliche Diskussion zu überführen. Kann man das so anschließen?

Prof. Dr. Eilert Herms: Richtig, es gibt institutionelle Ressourcen, die diese Debattefähigkeit der Öffentlichkeit stärken könnten, und ich glaube, daß diese institutionellen Ressourcen nicht genügend gepflegt und geachtet worden sind.

Schlußdiskussion

Moderator: Wie ich sehe, haben wir noch längstens eine Stunde Diskussionszeit. In die Debatte ist also vielleicht noch einmal das Thema Kommission zu werfen. Es gab am Nachmittag hier eine spezielle Anfrage von Ihnen nach der Kommission. Dürfte ich dazu nachher Sie noch einmal um eine Äußerung bitten? Aber zunächst haben wir von heute nachmittag noch Redner gehabt. Wer will zunächst das Wort ergreifen? Herr Michaelis!

Prof. Dr. Michaelis: Ich wollte noch einmal kurz zurückkommen auf das, was hier heute gesprochen worden ist. Ich bin mit allen der Auffassung, daß das gefährlichste, was es im Augenblick gibt, die wechselseitige Blockade und der Attentismus sind. Wir müssen zu Entscheidungen kommen, darüber sind wir uns einig. Ich habe heute nachmittag – und ich bin da auch etwas mißverstanden worden – gesagt, das Problem ist wesentlich komplexer, als wir es angegangen haben. Es ist zum Beispiel bei unseren Überlegungen nie wirklich klargestellt worden: Was kostet das ganze?

Wir müssen uns diese Frage stellen, wenn wir das schon auf das Niveau des Solidarpaktes stellen: Wie kann man alle diese Dinge finanzieren? Wir haben uns nicht genügend unterrichtet über die Konsequenzen in der EG, wir haben uns nicht genügend unterrichtet über das, was sich im Osten tut.

Ich bin dafür, daß die Diskussion auf dieser Basis wieder aufgenommen wird. Ich bin dafür, daß wir uns sehr deutlich aussprechen über alle diese Aspekte, und ich bin der Meinung, daß man tatsächlich zu einer konstruktiven Lösung kommen kann, wenn man dies alles zusammenfaßt. Ich persönlich habe nur ausgeführt, wenn man den engen Weg geht, daß man dann in Schwierigkeiten kommt. Jetzt kommt man zu der Alternative, entweder das eine oder das andere. Man kann aber nicht beides machen.

Man kommt also zu der Frage: Wie kann man das machen? Der beste Weg ist immer – und ich habe da eine gewisse Erfahrung aus meiner langen Brüsseler Zeit –, daß man versucht, eine Konzeption zu erarbeiten und dann das ganze als Paket vorzustellen. Und ich könnte mir vorstellen, daß die Ueberhorst-Kommission, wenn sie zustande kommt, sich einmal die Mühe macht, dieses gesamte energiepolitische Konzept, bei dem die Kernenergie sicherlich eine, wenn auch nur begrenzte Rolle spielt, einmal als Gesamtpaket vorzustellen, und dabei versucht, eine Konsensdiskussion herbeizuführen. Falsch wäre in diesem Falle, wenn die Mitglieder dieser Kommission mit festen Meinungen in die Diskussion hineingehen. Sie müssen in diese Diskussion hineingehen mit jeder Flexibiliät, auch zu akzeptieren, daß Alternativen kommen können. Dann hätte man ein Paket beisammen, das zu einer politischen Diskussion führen kann.

Ich sage, das ist sicherlich nicht der einzige Weg, aber es ist, soweit ich sehen kann, der einzige Weg, den die Ueberhorst-Kommission gehen kann, wenn sie Erfolg haben will. Daß das ganze natürlich mit einem hohen Maß an Politikverdrossenheit verbunden ist, wissen wir alle. Aber ich glaube, wir können das nur überwinden, wenn wir tatsächlich etwas präsentieren, das in einen größeren Konsens einmündet, nicht etwa nur in einer schmalen Sparte, über die wir bisher gesprochen haben. Ich danke sehr.

Moderator: … dann geht es weiter mit Herrn Kuhbier.

Jörg Kuhbier: Mein Name ist Jörg Kuhbier, ich war achteinhalb Jahre in Hamburg für Energiepolitik zuständig und auch Mitglied in der sogenannten Hauff-Kommission. Die Irritation über die viel zitierte Initiative, die in vielen Diskussionsbeiträgen deutlich wurde, rührt meines Erachtens daher, daß die Initiatoren keinerlei Mandat hatten von ihren jeweiligen Institutionen. Das heißt, sowohl Gieske als auch Piltz haben mehr oder weniger unabhängig von ihren anderen EVU-Kollegen operiert, und das gleiche gilt für Schröder auch.

Das führte dann natürlich dazu, daß alle anderen, die sich in der SPD seit zehn, fünfzehn Jahren um die Energiepolitik gekümmert haben, sich mehr oder minder irritiert gefühlt haben. Darüber wären sie vermutlich noch hinweggekommen. Vor allen Dingen waren sie aber auch über die Inhalte irritiert. Hinzu kam, daß dann die EVU's und zum Beispiel Herr Gieske sofort selbst den Rückzug gesucht haben. Das sieht man, wenn man die Rede anschaut, die er vor der Hauptversammlung der RWE eine Woche oder zehn Tage später gehalten hat, wo er seinen Brief so interpretiert hat, daß wirklich nicht mehr viel von einem neuen Diskussionsansatz übrig blieb.

Zweite Bemerkung: Konsensbildung geschieht nur, wenn tatsächlich irgendwo ein Zwang entsteht innerhalb der Gesellschaft. Und dieser Zwang kann entstehen durch Katastrophen. Nach Tschernobyl hatte man mal den Eindruck, daß so ein Zwang sich auf einen Konsens hinbewegen würde, aber die Katastrophe ist schnell verdrängt worden. Oder aber wenn soziale Unruhen oder politische Gegenmachtsituationen entstehen.

Deswegen komme ich zu der Bemerkung, daß der Konsens meines Erachtens völlig mißverstanden wird, wenn man glaubt, daß ein Ergebnis alle verschiedenen gesellschaftspolitischen Gruppierungen einbindet.

Das darf nicht sein, das kann nicht sein. Im Gegenteil, ein Konsens wird überhaupt nur möglich sein für einen mehrheitlichen Bereich, wenn nach wie vor diejenigen, die die Kernenergie definitiv und kategorisch ablehnen, auch ihren Widerstand gegen die Kernenergie innerhalb dieser Gesellschaft verstärken und aus ihrer eigenen Lethargie herauskommen. Denn ich weiß gar nicht, wie sonst einige überhaupt zu einem Konsens hinsichtlich eines neuen Verhältnisses oder zur Prüfung ihres Verhältnisses zur Kernenergie kommen sollen, wenn innerhalb der Gesellschaft dieser Widerstand gegen die Kernenergie nicht formuliert wird.

Das gleiche gilt natürlich auch für die Klimakatastrophe. Die Klimakatastrophe, seien wir doch einmal ganz ehrlich, ist doch so weit weg für die Mehrheit der Bevölkerung, daß niemand bereit ist, wirklich dafür zu investieren. Es gibt ein paar Fachleute, es gibt ein paar politische Fensterreden, aber letztendlich denkt jeder: Wann passiert denn das – 2030, 2040? Das heißt, diese Gesellschaft, so wie sie gebildet ist, ist meines Erachtens unfähig, für solche langfristigen Lösungswege heute in der Weise zu investieren, daß es weh tut. Diese Diskussion muß verschärft werden. Aber zu glauben, daß letztendlich ein Konsens herauskommt, der alles einbindet, das halte ich für unmöglich.

Ein Konsens kann also nur bedeuten, daß man entweder eine Meinung möglichst vieler zu einem ganz bestimmten Punkt herauskristallisiert; und das kann meines Erachtens die Chance der politischen Kommission sein, die jetzt aufgrund des Anstoßes zustande kommt, daß sie sich einig werden über ein bestimmtes Feld, auf dem sie handeln wollen, ohne daß sie aber andere Felder praktisch auch mit klären. Das wird unmöglich sein, besonders angesichts der Kürze der Zeit, die sie sich gesetzt haben. Wohingegen ich die Kommission, die Reinhard Ueberhorst leiten soll, als eine Chance sehe, ein Gesamtkonzept zu klären, auf das sich möglichst viele, aber auf keinen Fall alle einigen können.

Wenn man das so definiert, dann könnte man auch diesen beiden politischen Kommissionen, die ja nicht strategisch geplant waren, sondern durch Spontaneität entstanden sind, wenn ich das einmal so ausdrücken darf, eine wichtige Funktion zuordnen, und es würde auch keine Überschneidung geben. Und vor allen Dingen könnte die Ueberhorst-Kommission nicht mit dem Hinweis darauf abgelehnt werden, daß bereits zwei andere Kommissionen eingesetzt worden sind.

Man kann zwar gelegentlich den Stillstand beklagen und kann auch sagen, vielleicht paßt unser System nicht – ich fühle mich genauso frustriert, besonders wenn man lange in der Politik tätig war –, aber man darf auf keinen Fall resignieren. Wir müssen vielmehr von dem ausgehen, was wir in der Lage sind zu leisten und was wir in der Lage sind anzustoßen. Also nehmen wir die Kommission und versuchen, das Beste daraus zu machen.

Aber um eines würde ich sehr herzlich bitten: Mit meinem Demokratieverständnis würde es diametral zusammenstoßen, wenn wir einer solchen Kommission auch noch Handlungsbefugnisse geben würden. Das kann meines Erachtens überhaupt nicht in Betracht kommen, das würde wirklich ein Systemumbruch sein, den ich persönlich nicht mitmachen würde.

Eine Kommission liefert ihr Ergebnis ab, und dann muß die Politik es umsetzen. Und wenn die Politiker dazu nicht in der Lage sind, dann ist das eben der Zustand unserer Gesellschaft, wie er sich in der Politik widerspiegelt. Das mag eine sehr defätistische Bemerkung sein, aber deswegen möchte ich trotzdem nicht dafür eintauschen, daß ich den Kommissions-Mitgliedern – auf deren Zusammensetzung ich ja überhaupt keinen Einfluß habe – mehr oder weniger das Ergebnis ihres Denkens zur Umsetzung überlassen würde. Ich weiß auch nicht, ob das Ergebnis Ihnen noch behagen würde. Vielen Dank!

Moderator: Herr Meyer-Abich.

Prof. Dr. Meyer-Abich: Ich möchte vor dem Hintergrund dessen, worauf Herr Herms eben in klaren Worten und mit vollem Recht hingewiesen hat, daran erinnern, daß die Ueberhorst-Kommission nicht nur **nicht** gemeint ist als noch wieder eine neue Kommission, so wie als Politikersatz unablässig irgendwo Kommissionen gegründet werden, sondern daß es mit dieser Kommission eigentlich um so etwas wie einen neuen Politikstil geht, relativ zu dem, was ich vorhin hier beklagt habe.

Das müssen wir sehen und im Auge behalten, wenn jetzt die Gegenreaktionen kommen. Die real existierende Politik wehrt sich dagegen, daß Entscheidungen einmal nicht positional, sondern diskursiv und ergebnisoffen vorbereitet (natürlich nicht von der Kommission gefällt) werden. Vorhin wurde gesagt: Dann müssen wir eben beide Wege zugleich gehen; das haben wir heute morgen auch von Michael Müller und Harald Schäfer gehört, und das Echo aus Niedersachsen kam dann ebenfalls zweistimmig: Dann soll man sie eben beide machen, diese Kommissionen. Ich habe da große Zweifel, ob so entgegengesetzte Wege vereinbar sind.

Zur Vorgeschichte der Ueberhorst-Kommission, und die gehört hier auch dazu: Das war nicht nur eine Initiative von zwei – oder anderthalb – EVU-Vorstandsvorsitzenden, sondern zur Vorgeschichte gehört erst einmal ein ausführliches Memorandum von Herrn Ueberhorst, und davor war eine lange Arbeit, die zurückgeht bis zur ersten Energie-Enquete des Bundestags 1980. Im übrigen hat Herr von Benningsen-Foerder, der frühere VEBA-Chef, dabei eine zentrale Rolle gespielt, nicht zuletzt im Gespräch mit Herrn Ueberhorst.

Eigentlich geht die Initiative sogar noch weiter zurück. Was nämlich heute hier in Vergessenheit gerät, wenn in technischen Szenarien und Überlegungen, was man alles tun kann, jeder immer alles besser weiß, ist die Einsicht der siebziger Jahre, daß ein großes Volk auf einmal merkte: Diese ganze Technik ist nicht bloß Technik, sondern mit technischen Innovationen sind Entscheidungen darüber verbunden, wie wir in Zukunft leben werden – politische Entscheidungen also, die – bitte sehr – auch politisch ausgetragen werden müßten.

Nachdem wir in der Klima-Enquete Wege gewiesen haben, wie die Klimaänderung – mit oder ohne Atomkernenergie – noch weitgehend verhindert werden könnte, stellt sich diese Frage erneut. Wir wissen, wie das Problem lösbar ist, aber politisch lösbar ist etwas noch lange nicht, wenn man sich die richtigen Wege energietechnisch und wirtschaftlich vorstellen kann. Zu einer politischen Lösung gehört, daß sich bei diesem ganzen Komplex auch die Allgemeinheit, die davon betroffen ist und um deren künftige Lebensverhältnisse es gerade bei dieser Entscheidung ganz essentiell geht, daran beteiligt.

Und jetzt kommt der typisch politische Kompromiß. Da gibt es erstens diese lange zurückliegende Initiative, die jetzt auf Wunsch des früheren Wirtschaftsministers – der wohl einen Ausweg aus der Energiemisere und aus der politischen Misere gleichermaßen gesucht hat, was ihm hoch angerechnet werden soll – die Form des Vorschlags Ueberhorst hat, und es gibt zweitens innerhalb der SPD einen offenbar sehr spontanen Vorstoß eines Landesfürsten, der nicht einmal mit den umwelt- und energiepolitischen Sprechern dieser Partei koordiniert gewesen ist, und nun heißt es: Man soll beides machen. Wie soll das denn aussehen?

Die Schröder-Initiative ist offenbar so gedacht, daß es bereits zwei Kommissionen geben soll – eine sehr parteiförmige und eine mehr öffentliche. Die sollen beide etwas zustandebringen im Lauf dieses Jahres, also noch vor 1994. Nun liegt es auf der Hand, daß der Versuch, das Energieproblem durch ein politisches Geschiebe im üblichen Stil zu lösen, nichts bringen kann, sondern daß die gute Sache um partikularer Vorteile willen mißbraucht wird. Sollte also die Ueberhorst-Kommission nun noch als dritte hinzutreten, um doch noch zu leisten, woran die Politiker versagen? Ich fürchte, die Schröder-Initiative wird nicht nur erfolglos sein (vielleicht auch für die Initiatoren), sondern so tiefe Schlammspuren hinterlassen, daß eine Weiterarbeit durch die Ueberhorst-Kommission sehr erschwert wäre.

Haben wir nicht gleich nach der Piltz-Gieske-Initiative, die doch wirklich ein guter erster Zug war, wie Herr Fischer vorhin so schön gesagt hat, erlebt, wie das allgemeine Gehacke wieder losgegangen ist? Und stimmt es nicht, daß dieses gegenseitige Abstechen, Beschimpfen, Aufeinanderlosgehen der Sache schon wieder schadet? Das ist also das Problem, daß diese Initiative, die am Anfang gut gemeint war, durch die karrieristischen Eigeninteressen von Politikern wieder in den Graben gefahren zu werden droht.

Welche Chancen bleiben uns also, wenn die parteiliche Initiative, die später kam, das Problem wieder so verschärft, daß wir dann nicht einmal mehr den Ueberhorst-Ansatz wirklich so durchführen könnten, weil alle Wunden neu aufgerissen und alle Blockaden neu aufgestellt sind?

Moderator: Bitte schön, Frau Breyer.

Hiltrud Breyer: Ich fand die Frage von Ihnen, Herr Herms, falsch gestellt. Ich glaube nicht, daß wir müssen lernen, den gesellschaftlichen Diskurs zu führen. Er wird doch gerade nicht geführt, und deshalb bin ich eigentlich eher gegen Kommissionen. Da gebe ich Herrn Traube wirklich recht – die gesellschaftliche Diskussion soll doch in diese Kommission verlagert werden, und dadurch soll sie nicht in der Gesellschaft stattfinden.

Die Frage, die wir heute diskutieren sollten, lautet: Wie sollen die Rahmenbedingungen für einen politischen Diskurs aussehen, wie könnte man einen politischen Diskurs quasi institutionalisieren? Da, denke ich, muß es darum gehen, sich nicht nur wie in der Vergangenheit zu verhalten. Da wurde sich nicht um Konsens bemüht, sondern um Akzeptanz, wie die Industrie das vorgeführt hat. Man kann den Diskurs so führen, wie ihn die Bayerische Staatsregierung geführt hat, indem man auf die eigenen Bürger einprügelt, man kann ihn so führen, wie es die Atomindustrie vorführt, nämlich mit großangelegten Kampagnen, und dann bleibt der Bewegung natürlich nur noch, auf die Straße zu gehen, wo sie ausgelaugt wird durch den ständigen Protest.

Ich denke, wenn man einen gesellschaftlichen Diskurs führt, dann muß man eine Entscheidung herbeiführen zwischen diesen drei Pfaden. Dann muß aber die Politik auch Möglichkeiten schaffen, daß so etwas durchgeführt werden kann, und das ist natürlich ein finanzielles Problem. Da kann man nicht der einen Seite die Möglichkeit geben, mit finanziellen Mitteln ihren Pfad zu vertreten, sondern man muß auch den Verfechtern des «Ausstiegs-Pfades» die Möglichkeit geben, im gleichen Verhältnis ihrerseits zu versuchen, die Bevölkerung zu überzeugen.

Da gibt es zum Beispiel in Dänemark Überlegungen, wie man das für die Gentechnologie macht. Dänemark hat allein 600 Veranstaltungen organisiert mit wirklicher Bürgerbeteiligung und nicht nur mit Fachleuten und denen, die schon was dazu wissen. Man hat jedem Experten die Möglichkeit gegeben, seinen Standpunkt darzustellen, und die Bevölkerung konnte dann Fragen stellen.

Das wären, würde man das einmal auf die Stadt Frankfurt übertragen, 600 Veranstaltungen öffentlich finanziert allein zu diesem Thema, wo sowohl die Gegenseite als auch die Industrie – in diesem Fall wären es die drei unterschiedlichen Pfade – ihr Konzept vorlegen könnten. Das könnte ich mir als eine Möglichkeit vorstellen.

Und dann, denke ich, muß man auch Kriterien haben, wie man die Diskussion führt. Einige sind ja schon genannt worden: Umweltverträglichkeit, Sozialverträglichkeit oder – ich finde immer sehr gut, was Christine von Weizsäcker sagt – die Fehlerfreundlichkeit einer Technologie auszudiskutieren. Von daher geht es nicht darum zu lernen, eine gesellschaftliche Diskussion zu führen, sondern darüber nachzudenken, welche Rahmenbedingungen wir schaffen können, damit diese gesellschaftliche Diskussion geführt werden kann. Meine Meinung ist, und das wollte ich vorhin zum Ausdruck bringen, daß man den gesellschaftlichen Diskurs nicht in Kommissionen verlagern kann. Und gerade die Vergangenheit und auch das schwedische Beispiel haben gezeigt, wie es denn letztendlich dazu benutzt werden kann, so etwas auch ins Gegenteil zu verkehren. Danke.

Prof. Dr. Altner: Ich will drei Aspekte zu der Kommissionsarbeit ansprechen, wobei – damit keine Verwechslungen entstehen – ich jetzt die sogenannte Ueberhorst-Kommission meine. Ich lasse die Frage des Verhältnisses zu den anderen Kommissionen oder anderen Gruppierungen, die sich in diesem Jahr noch energiepolitisch unterhalten und streiten werden, außen vor. Das sind in der Tat zwei ganz verschiedene Prozesse, und ich habe ja heute morgen schon gesagt, es wäre verhängnisvoll, wenn der Piltz-Brief oder die Initiative von Schröder gewissermaßen die Tagesordnung für die Ueberhorst-Kommission abgäben. Das sind zwei verschiedene Dinge.

Ich rede zur Ueberhorst-Kommission und möchte drei Aspekte ansprechen: einmal die Frage der politischen Kompetenz, dann die Frage der Methoden und schließlich die Inhalte.

Sie haben vorhin die Kommission sehr problematisiert, weil Sie gesagt haben, diese Kommission hat ja keine politische Kompetenz, sie wird als Alibi mißbraucht. Natürlich ist das immer die Gefahr von solchen Kommissionen, daß sie als politisches Alibi mißbraucht werden. Und die beste Methode, um das zu verhindern, haben Sie in Ihrem zweiten Votum schon gebracht. Das ist ja auch von Herrn Ueberhorst in seinen Vorüberlegungen schon mitberücksichtigt worden, daß eine solche Kommissionsarbeit dort, wo sie ein Stück vorankommt und diskutierenswerte Ergebnisse und Inhalte hat, sich selbstverständlich einem öffentlichen Diskurs öffnen muß, um auf diese Weise in eine gesellschaftliche Diskussion hinein ein Stück zusätzlicher politischer Virulenz auf die politischen Entscheidungsträger auszuüben.

Wenn es so liefe, hätte ich im Blick auf die politische Wirksamkeit einer solchen Kommission, die sich mit vielen langfristigen Problemen wird beschäftigen müssen, gar keine Bedenken. Im übrigen hat das bis zu einem gewissen Grade auch bei der früheren Enquete-Kommission geklappt, wo aus dem Ergebnis, einem wirklichen Konsensergebnis, daß nämlich eine einsparorientierte Energiepolitik Grundlage einer jeden energiepolitischen Variante sein muß, eine sehr lebhafte öffentliche Diskussion entstanden ist, die dann überlagert wurde von anderen Problemen, bis es zu der energiepolitischen Lethargie gekommen ist, unter der wir heute noch leiden.

Ich meine daher, diese Kommission wird dann wirklich einen politisch wirksamen Beitrag leisten, wenn sie die Kraft und den Willen hat, sich dann zur Gesellschaft hin zu öffnen, nicht um die Gesellschaft nur zu informieren, sondern um in diesem Diskurs von der Gesellschaft noch einmal zusätzliche Argumente zu ihren Positionen zu hören.

Zweitens, die Methoden: Heute nachmittag ist sehr deutlich geworden, wie schwierig und wie verschieden die Methoden in einer solchen Kommission sein müssen. An den Beiträgen von Herrn Jochem und Herrn Ziesing ist deutlich geworden, es gibt je nach der Fragestellung zwischen den verschiedenen energiepolitischen Optionen, die im letzten Jahr immer noch so waren wie bei der ersten Energie-Enquete, einen Klärungsbedarf, den man sogar ein Stück weit gemeinsam, ohne seine paradigmatischen Grundlagen zu belasten, vorantreiben kann.

Es gibt aber, und das ist in den Beiträgen von Herrn Michaelis und Herrn Hennicke sehr deutlich geworden, darüber hinaus zur Lösung der energiepolitischen Probleme dann auch tiefgreifende paradigmatische Unterschiede, und an der Stelle ist das Gespräch sehr schwierig und da wird dann auch deutlich, daß die Verständigung über solche grundsätzlichen paradigmatischen Unterschiede nicht einfach parteipolitisch im Alltagsgeschäft geleistet werden kann, sondern nur in einem sehr hartnäckigen, die beiden Positionen übergreifenden Dialog.

Und dazu muß man in einer Kommission sehr sorgfältig arbeiten. Denn dann bestünde die Kunst ja nicht nur darin, die gemeinsame Schnittmenge qualitativ verschiedener Standpunkte zu ermitteln, sondern gewissermaßen eine Denkanstrengung zu übernehmen, bei der man sich über die beiden Positionen auf eine dritte Position versetzt. Die beiden Positionen von einer höheren Warte her noch einmal kritisch zu durchleuchten kann nur eine solche längerfristig arbeitende Kommission tun; das kann, und daran wird noch einmal der Unterschied deutlich, nicht so eine kurzfristig laufende, durchkungelte energiepolitische Diskussion der Parteipolitiker sein.

Und das dritte und letzte, was ich sagen will, und da knüpfe ich an das an, was Herr Traube gesagt hat. Die Diskussion, die wir heute geführt haben, hat zumindest deutlich gemacht, daß wir eine lange Latte an Problemen gemeinsam sehen. Das ist noch kein Konsens, aber das ist gewissermaßen eine gemeinsame Betrachtung von Lösungsnotwendigkeiten, die bearbeitet werden müssen. Sie haben genannt, Herr Traube, Energiesteuer, Kraft-Wärme-Koppelung, Verkehr, ich füge weiter hinzu das ungelöste Problem des Atommülls. Von mir ist das als ein Problem angesprochen worden, das auch durchreflektiert werden muß von denen, die aussteigen wollen. Es gehört weiter hinzu die Notwendigkeit, die internationalen Bezüge zu beachten, und es gehört vor allem auch hinzu, die Energiefrage als Strukturfrage zu diskutieren, als eine Frage nach einer veränderten Produktionsstruktur.

Arbeit in Fülle also für eine solche Kommission, und ich sage noch einmal in Übereinstimmung mit Meyer-Abich: es ist erschrekkend und fahrlässig, daß angesichts eines solchen Kataloges die Kommission zwei Jahre lang einfach verzögert werden konnte – aus Vordergründigkeit oder aus der Immobilität der gegenwärtigen politischen Situation heraus.

Reinhard Kuhlmann: Mein Name ist Reinhard Kuhlmann, Vorstand der IG-Metall. Ich möchte in drei Punkten zu der Frage von Konsensbildung in dieser Gesellschaft Stellung nehmen. Zum ersten möchte ich noch einmal die Frage stellen, was denn eigentlich der Konsens ist, der uns hier verbindet. Da scheint mir doch bei allen Beiträgen bislang unbestritten zu sein, daß die Energiefrage für unser Arbeiten und Leben so wichtig ist, daß wir sie nicht alleine Kommissionen, Regierungen oder Parteien überlassen sollen. Das scheint mir ein ganz wichtiger Konsens zu sein.

Und jetzt kommt die zweite Frage: Was leisten eigentlich Konsenskommissionen für Konsensprozesse in der Gesellschaft? Da habe ich durchaus eine differenziertere Auffassung zu dem Papier von zwei Vorstandsvorsitzenden der Energiewirtschaft mit Unterstützung eines Ministerpräsidenten. Selbst wenn man deren Inhalte geprüft hat und für zu leicht befindet, muß man ihnen doch ein Verdienst ganz sicher zusprechen: daß sie es wieder geschafft haben, ein Stück weit eine energiepolitische Debatte in der Gesellschaft zu erzeugen.

Ich weiß nicht, wie das in Ihren Einrichtungen und Organisationen gewesen ist; im Bereich der IG-Metall hat es seit 1989 und auch im Zuge der deutschen Einheit und der Schwierigkeiten dieser Einheit ganz lange eine ganz andere Tagesordnung gegeben. Die Energiefragen waren Fragen, die in ganz kleinen Zirkeln mit ganz wenigen Experten diskutiert worden sind. Ich kann schlicht feststellen, nachdem man genauer und zwischen den Zeilen auch diesen Brief und diese Initiative studiert, gibt es noch ein ganz klein wenig mehr ein breiteres und politischeres Interesse, diese Energiefrage ein Stück weit wieder auch politisch und gesellschaftlich unter uns zu diskutieren.

Und damit komme ich zum dritten Punkt. Ich habe bislang diese Frage nach Konsenskommissionen in dieser Gesellschaft nicht so verstanden, daß wir es uns leisten könnten, diese Energiefrage unter einem gewissen Aspekt sozusagen gesellschaftlich einzuschränken, zu verorten, in eine Kommission hineinzugeben, die dann stellvertretend für uns alle die Lösungen sucht. Das wäre ein fatales, ein technisches Instrument von Konsensfindung. Ich kenne hier eigentlich niemanden, der sich solchen Positionen zurechnen ließe.

Wenn ich das, was Herr Ueberhorst im Vorfeld und in anderer Verantwortung gemacht hat, richtig verstehe, kann es doch nur so sein, daß Konsens nicht der Ersatz für, sondern Teil von gesellschaftlichen Verständigungsprozessen ist. Woran ich in meiner Organisation leide, ist, daß unter dem Druck ganz anderer Probleme eine gesellschaftliche Verständigung über andere Formen von Energieproduktion und Energienutzung weitgehend abgebrochen ist, und ich kann nur sagen, daß wir alle Versuche unterstützen werden und würden, diese gesellschaftlichen Verständigungsprozesse überhaupt wieder in Gang zu bringen.

Ich habe überhaupt nicht den Eindruck, daß wir an einem Mangel an Fakten oder einem Mangel an Szenarien leiden, aber wir kranken an einem Mangel an einer politisch motivierten Diskussion auch bei uns, bei unseren Mitgliedern, bei unseren Funktionären, in den Betrieben und den Unternehmen. Alles, was uns wieder Anlaß gibt, Fäden wieder aufzunehmen, Diskussionen wieder zusammenzuführen, uns in die Diskussion wieder einzubringen, kann aus meiner Sicht für die wichtigen Fragen der gesellschaftlichen Entwicklung nur von Vorteil sein.

Es gibt einen, darauf möchte ich zuletzt hinweisen, ganz wichtigen und entscheidenden Punkt, der meines Erachtens in der Sache verhindern wird, daß Kommissionen und Konsenskommissionen sich als Ersatz für die gesellschaftlichen Debatten selbst stilisieren könnten. Wenn diese Energiedebatte mit einem neuen und wiederholten Anlauf wieder einmal ein klein wenig an Fahrt gewinnt, dann ist ja nicht völlig auszuschließen, daß sie auch zu praktischen Wirkungen kommt, wie das auch heute schon mehrfach gesagt worden ist. Der Solidarpakt wird möglicherweise ein Spaziergang gegenüber dem gewesen sein, was wir an Veränderungen und auch an Umstellungen – vielleicht müssen wir auch sagen, an Belastungen – nicht nur einzelnen, sondern großen Gruppen von Menschen zumuten müssen. Am Solidarpakt aber merken wir beispielsweise gegenwärtig schon, zu welchen Verwerfungen so etwas führen kann. Deshalb geht an einer gesellschaftlichen Verständigungsdebatte in praktischer Absicht überhaupt kein Weg vorbei.

Moderator: Ich denke, jetzt wäre Gelegenheit, daß Herr Ueberhorst selber noch etwas dazu sagt.

Reinhard Ueberhorst: Ich bin schon dankbar, daß sowohl Herr Altner als auch Kollege Kuhlmannn das ausgeführt haben, was sie erkennen, wenn sie die hundert Seiten der Planungsstudie gelesen haben. Es ist ja eher so, verehrte Frau Breyer, gerade weil die gesellschaftliche Diskussion nicht in diese Kommission verlagert werden soll, wie Sie gesagt haben, sondern die Kommission ein Helfershelfer für gesellschaftliche Diskussionsprozesse sein sollte, ist sie auch bisher nicht angenommen worden.

Die Frage, ob diese Art der Kommission eine Alibiveranstaltung wird, stellt sich ja noch gar nicht. Es ist kein Zufall, daß diese Art der Kommission nicht angenommen worden ist, und ich habe auch den Namen nicht erfunden, der hier verschiedentlich benutzt wurde und der das auch gar nicht so gut trifft. Es geht vielmehr um eine Kommission zur Förderung gesellschaftlicher energiepolitischer Verständigungsprozesse.

Alles das, was man in der Tagespolitik, und das heißt: in Quartalen, entscheiden kann und entscheiden muß und auch in Politiker-Verhandlungsrunden entscheiden kann, soll Ende 1993 oder vorher entschieden werden. Kritisch wird es nur, wenn man versucht, in solchen politischen Verhandlungsrunden mehr zu klären, als eben in der Zeit möglich ist. Wenn man es also thematisch überfrachtet und jetzt für alles und jedes immer der Begriff Kernenergiekonsens, Energiekonsens, nationaler Konsens, Konsensrunde oder Konsenskommission verwendet wird – also immer gleich diese Begrifflichkeit bemüht wird –, führt es vielleicht zu einer Irritation darüber, was denn tatsächlich an Aufgaben in Angriff genommen wird.

Vergessen wir nicht: Am 8. Februar haben sich die Politiker Fischer, Rexrodt, Schröder und Töpfer getroffen und haben dieses Modell – zwölf plus zwölf und so weiter – vereinbart. Eine Aussprache über eine Agenda, eine Aussprache über das, was denn da behandelt werden soll, hat ja noch gar nicht angefangen in diesem Vierer-Kreis, geschweige denn zu Ergebnissen geführt. In einer gelingenden Arbeitsteilung könnte man vielleicht sagen, da nehmen sich Politiker Verhandlungsprozesse vor.

Im übrigen sind wir hier mit Herms und Meyer-Abich und anderen dabei zu fordern – und Altners Wort heute morgen paßt dazu –, nicht nur in einer technisch-simplizistischen Art und Weise daranzugehen. Es geht ja hier in der Tat, ohne daß man nun sagen muß «weltanschaulich» – das wird jeder anders formulieren –, um ganz breite Lebensentwürfe, ganz breite Grundverständnisse unseres Zusammenlebens und um Klärungsfragen in der Kernenergieproblematik, die wir entweder gar nicht behandeln können, sozusagen in der fatalistischen Fortschreibung ihrer Analyse, daß wir dieses gar nicht behandeln können, oder aber in neuen Politikformen behandeln müssen, da die alten klassischen parlamentarischen und parteipolitischen Politikformen für diese Art komplexer Themen nicht geschaffen und geeignet sind. Das ist ja gar nicht dramatisch, denn das gehört zum Wesen und zur Stärke unserer westlichen Kultur, sich dann auch institutionell weiterentwickeln zu können, neue Verfahren, neue Politikformen entwickeln zu können. Nicht alternativ demokratisch oder nicht demokratisch-parlamentarisch, sondern etwas hinzuentwickeln zu können.

Das war die Diskussion mit der Bundesregierung 1991, als diese merkte, die Energiepolitik der Vergangenheit trägt nicht mehr, und man kann auch nicht im Schoße der Administration oder einer eigenen parlamentarischen Mehrheit, ja nicht einmal der engeren politisch parlamentarisch daran Beteiligten eine neue gesellschaftliche Energiepolitik entwickeln. Das war das Problembewußtsein, das da gereift ist und das zu dieser Teilziffer 10 geführt hat und deshalb zu einem Modell, bei dem eine Kommission in der ersten Arbeitsphase die Aufgabe hätte, gesellschaftliche Diskussions- und Verständigungsprozesse vorzubereiten.

Wenn Sie schon solche Beispiele bringen, Frau Breyer, ist es doch schade, daß Sie die Planungsstudie zur Förderung gesellschaftlicher Verständigungsprozesse bisher nicht gelesen haben, denn die Skandinavier haben genau das gemacht. Sie haben nicht einfach gesagt, jetzt machen wir hier 600 Versammlungen, fangt mal an zu diskutieren, sondern meines Erachtens kommt es auch sehr stark darauf an, daß wir, wenn wir die Diskussionsprozesse intensivieren, auch qualifizierte Vorarbeiten leisten, um überhaupt zu wissen, über welche Themen wir sprechen. Und auch da sollten wir uns einig werden können, daß die Fähigkeit, überhaupt Themen auszuarbeiten, natürlich sehr unterschiedlich gegeben ist, wenn wir die großen Institutionen, Unternehmen, Regierungen, Oppositionsparteien, kleineren Parteien, Bürgergruppen usw. vergleichen.

Hier geht es doch darum: Wir brauchen eine Kapazität, die auch für die nicht über wissenschaftliche Institute oder Abteilungen verfügende Gruppen da ist. Und deshalb soll diese Kommission den Meinungsstand voranbringen durch Diskussionsvorschläge und auch durch die Erarbeitung – es steht ja explizit da drin, was Sie hier anmahnen – von Modellen gesellschaftlicher Verständigung.

Sie haben heute mindestens 15 Redner oder Rednerinnen gehört, die es angesprochen haben: Die Wahrscheinlichkeit, daß so etwas kommt, ist gering, wenn nicht gar auszuschließen; die Wahrscheinlichkeit, daß unser politisches System im Zweifelsfalle durch Akteure der Berufspolitik dominiert wird – und ich spreche hier aus eigener Erfahrung als früherer Abgeordneter oder Senator –, ist hingegen sehr groß. Die Verlockung ist auch sehr groß, es wieder in die Berufspolitik hineinzubringen, und die Gefahr einer Alibikommission ist die letzte Gefahr, die ich derzeit sehen kann.

Die Gefahr besteht eher darin, daß alle Initiativen, die angedacht werden, aus unterschiedlichen Gründen kollabieren. Herr Fischer ist jetzt sehr skeptisch bei der Frage, was er wo noch mitmachen soll. Ich bin äußerst skeptisch, wenn ich vier oder fünf Quartale lang erlebe, wie ein solcher Vorschlag, der schon eine ziemlich breite Zustimmung – vom DGB bis zum Öko-Institut, von den EVU bis zur CDU, von der SPD bis zu den Grünen – hatte und man sich vorstellen konnte, daß die Bundesrepublik ein solches Experiment vielleicht einmal eingehen will, abgelehnt wird.

Deshalb müssen wir meines Erachtens auch neben diesen verschiedenen Ansätzen, die heute besprochen worden sind – Stichwort: institutionelle Ressourcen –, uns auch noch stärker fragen, ob wir nicht mit Stiftungen, Akademien, Umweltforen wie hier, Unternehmen, die sich durch diese Fragestellungen betroffen sehen, die Aufgaben, die hier angesprochen worden sind, die Vorbereitung von komplexen Verständigungsprozessen auch auf den Weg bringen können, auch wenn Berufspolitiker aus verschiedenen wichtigen Parteien dies zur Zeit nicht wollen. Das ist die Frage, die wir vielleicht ventilieren müssen, ob wir als Gesellschaft zivilgesellschaftspolitisch aufhören, an diesen Fragen zu arbeiten, wenn es in den Terminkalender oder in die Zeitplanung oder die Aufgabenplanung bestimmter Berufspolitiker zeitweilig nicht hineinpaßt. Das ist eine Frage, die man sich stellen kann.

Moderator: Herr Ackermann und dann Herr Herms, und dann, wenn ich auf die Uhr sehe, als Schlußwort Herr Koenigs …

Prof. Dr. Ackermann: Was mir bei dieser Konsensdebatte nicht ganz zureichend scheint, ist die Tatsache, daß das Auflösen von Blockaden kein Wert an sich ist, also nur, um wieder Bewegung hineinzubringen oder so etwas. Das rechtfertigt meines Erachtens keine Konsenskommission oder Konsensdiskussion, denn für wen die Zeit arbeitet, ist von vornherein nicht klar.

Letztlich ist es doch so, daß eine Konsensfindung nur einen Sinn hat, wenn man den Wert angibt oder das Wertesystem, dem das dienen soll. Sie haben das ja auch angedeutet, Herr Herms, daß das immer im Hintergrund steht. Und deshalb meine ich, müßte einfach offen gesagt werden, die Konsensdiskussion am Beispiel der Energiediskussion dient folgendem. Und dann müßte gesagt werden, sie dient zum Beispiel dazu, dem Faktum Rechnung zu tragen, daß es Grenzen des Wachstums gibt, wie es in dem Buch *Die neuen Grenzen des Wachstums* so eindringlich dargestellt ist. Oder daß man Entwicklung statt Wachstum als Schlagwort setzt und fragt: Was kann die Energiepolitik dazu beitragen?

Wenn ich hier gehört habe, daß zum Beispiel der Herr Michaelis als Randbedingung genannt hat, man braucht wieder Zweikommasoundsoviel Prozent Wachstum, damit die Wirtschaft wieder vorankommt, dann ist das gerade eine Randbedingung, der ich mich nicht anschließen könnte. Gerade die Wachstumsrandbedingung führt ja letztlich ins Unheil. Es könnte auch sein, daß man sagt, Konsensfindung im Bereich der Energiepolitik als Beispiel aktiver Umweltpolitik, dann hätte das auch einen Sinn, aber nur Konsensdiskussion am Beispiel der Energiepolitik halte ich eigentlich für sinnlos. Da weiß man nicht, wo es hinführt, was der Zweck ist und wo es rausgehen soll. Es ist doch ganz klar, daß die Konsensdiskussion vom Standpunkt einer Kapitalgesellschaft ein völlig anderes Interesse ausdrückt – die möchte möglichst großen Profit machen, das ist auch legitim, dazu ist sie auch da. Andere wollen bei dem Konsens was anderes machen, und ich meine, um wirklich solchen Konsenskommissionen und -findungen zustimmen zu können, müßte das Werteziel jeweils genannt werden, dem sich diese Kommissionsarbeit unterordnet.

Moderator: Bevor hier alles nach und nach abbröckelt, bitte warten Sie die beiden Beiträge noch ab. Bitte, Herr Herms.

Prof. Dr. Herms: Die auffällige Situation ist doch folgende: Energiepolitisch sind die Optionen, zwischen denen zu wählen ist, gut durchgerechnet – technisch, ökonomisch, die Kosten-Nutzen-Rechnungen sind durchsichtig, schlagende Gegenargumente gibt es so gut wie keine. Jedenfalls kann der Außenstehende sich keine klarmachen. Die Frage ist dann: Warum werden die nicht zugemutet? Und die Antwort darauf möchte ich nicht einfach personalisieren. Ich kenne die politische Szene nicht so gut von innen, daß ich so vehement wie Herr Ueberhorst sagen könnte, der und der Berufspolitiker wählt nicht. Ich glaube, eine andere Überlegung ist näherliegend. Diejenigen, deren Geschäft es ist, nicht Profite zu sammeln, sondern Mehrheiten zu sammeln, sind der Überzeugung, daß diese Debatten der Mehrheit der Bevölkerung nicht öffentlich zugemutet werden können und von ihr nicht getragen werden.

Was heißt das? Das heißt, daß die Politiker der Meinung sind, die Mehrheit der Bevölkerung sei nicht so sozialisiert, daß sie die Komplexität der Materie nachvollziehen könnte. Rational nicht, aber vor allen Dingen emotional nicht, weil sie etwa einen Wertgesichtspunkt wie denjenigen, daß der Mensch nicht durch Entscheidungen etwa in der offenen Entsorgungsfrage Geschichte über einen längeren Zeitraum vorprogrammieren kann, als er sich überhaupt erinnern kann, weil er das nicht beurteilen könne. Solche Argumente seien öffentlich nicht vermittelbar, und das wirft eben ein sehr finsteres Licht auf die Politikfähigkeit der Öffentlichkeit.

Die energiepolitische Debatte bietet an dieser Stelle exemplarisch einen Hinweis darauf, daß wir ein lange aufgebautes kulturpolitisches Debakel zu verzeichnen haben.

Und das zeigt sich auch an anderen Attentismen unserer Politik. Die Wiedervereinigungspolitik ist nicht rational durchgeführt worden, da ist nichts diskutiert und zugemutet worden, sondern alles spült nur so an den Strand, und dann muß es getragen werden. In der Europapolitik haben wir dasselbe, daß eine Debatte vermieden worden ist, das hat doch Methode. Und zwar nicht so, daß man sie einzelnen Personen zuschreiben könnte, sondern das muß etwas mit langfristigen Programmierungen unserer Sozialisationsinstitutionen, unserer Gesprächsgewohnheiten zu tun haben.

Und bevor ich Politikern jetzt, ad hoc, eine schlechte Note ausstelle, denke ich, ist es fruchtbarer zu überlegen: Was müßte sich an dieser Stelle zeigen, was müßten wir dort langfristig anders machen, um eine widerstandsfähigere Öffentlichkeit zustande zu bekommen? Das bedeutet, wie Herr Ackermann es gesagt hat, deutlich über das zu reden, also öffentlich zu reden, was wir für die conditio humana, die schlechterdings verpflichtend ist für alle Entscheidungen, also für die unverfügbaren naturalen Gegebenheiten des Menschseins halten. Das ist ein ernstzunehmender Diskurs, und wir müssen uns abgewöhnen, daß das ökonomisch, politisch oder sonstwie kurzfristig nicht Machbare einfach immer marginalisiert wird.

Tom Koenigs: Ich möchte ein Wort des «vorvorherigen» Redners aufnehmen. Konsensdiskussion, da weiß man nicht, wo es hinführt. Das ist richtig: Das ist das Produktive daran. Ich bedanke mich sehr herzlich bei Ihnen, daß Sie sich dem ausgesetzt haben. Ich bedanke mich bei allen Referenten und Diskutanten im Saal und auf den Podien, daß Sie uns dem ausgesetzt haben. Und ich bedanke mich ganz herzlich bei Herrn Ueberhorst, daß er sich dem aussetzt, denn das ist produktiv.

Ich will ganz vorsichtig drei Punkte benennen, die überhaupt keine Zusammenfassung sind, sondern bei denen ich meine, daß ich etwas gelernt habe.

Erstens: Es scheint, daß es einen Klärungsbedarf gibt. Das ist Konsens. Zweitens: Es gibt Lösungsmöglichkeiten. Auch das ist Konsens. Und schließlich: Gibt es eine Methode? Es gibt eine Methode, oder – ich will das einmal mit Kurt Goetz formulieren – es wäre immerhin möglich, daß es eine Methode gibt. Wenn die Stadt Frankfurt und der heutige Tag mit dieser Debatte einen Beitrag dazu haben leisten können, daß Konsensarbeit fruchtbar wird, dann wäre es für uns eine Ehre. Es würde auch diesen Saal zieren, in dem schon sehr schwierige Kompromisse und Konsense gefunden worden sind. Vielen Dank und guten Abend!

Teilnehmerinnen und Teilnehmer des Symposiums *Energiepolitische Verständigungsaufgaben* am 26. Februar 1993 in Frankfurt am Main*

Prof. Dr. Hans Ackermann, Universität Marburg

Prof. Dr. Dr. G. Altner, Universität Heidelberg

Prof. Dr. Arno Anzenbacher, Johannes Gutenberg-Universität Mainz, Fachbereich Kath. Theologie, Abt. Sozialethik

Gundula Augustin, Netzwerk dezentrale Energienutzung, Niedernhausen

Manfred Augustin, Netzwerk dezentrale Energienutzung, Niedernhausen

Rainer Baake, Staatssekretär, Hessisches Ministerium für Umwelt, Energie und Bundesangelegenheiten, Wiesbaden

Rolf Bader, Internationale Ärzte gegen den Atomkrieg, Berlin

Heinrich Bartelt, Bundesverband erneuerbare Energie

Dr. Rolf Bauerschmidt, Stadtwerke Bremen AG

Dr. Hartmut Bäumer, Regierungspräsident, Gießen

Klaus Beberweil, Oberursel

Dr. Gotthard Bechmann, Abt. f. Angewandte Systemanalyse (AFAS) des Kernforschungszentrums Karlsruhe

Eduard Bernhard, Vorstandsmitglied und Pressesprecher, BBU e. V. Bonn

Undine von Blottnitz, Bürgerinitiative Umweltschutz Lüchow-Dannenberg e. V., Grabow

Dr. Karl-Werner Brand, TU München, Institut für Sozialwissenschaften, München

Hiltrud Breyer, MdEP, Fraktion DIE GRÜNEN im Europäischen Parlament

Dr. Günther Burckhardt, Ärzte gegen Atom, Bebra

Manfred Busch MdL, Fraktion Die GRÜNEN im Landtag NRW, Düsseldorf

Peter Dickel, AG Schacht Konrad e. V., Braunschweig

Winfried Didzoleit, Der Spiegel, Redaktion Bonn

Richard Donderer, Kollert & Donderer, Energie- und Umweltforschung/Technikfolgenabschätzung/scientific consulting, Bremen

Wolfgang Ehmke, Bürgerinitiative Umweltschutz Lüchow-Dannenberg e. V., Hamburg

Prof. Dieter v. Ehrenstein, Universität Bremen

Dr. Hans-Ulrich Fabian, Mitglied des Vorstandes, PreussenElektra-AG, Hannover

Dipl.-Ing. Dieter Ferchland, Prokurist, Cassella Aktiengesellschaft, Frankfurt

Dr. Alfred-Herwig Fischer, Mitglied der Enquete-Kommission Schutz der Erdatmosphäre des 12. Deutschen Bundestages, Bonn

Joschka Fischer, Minister für Umwelt, Energie und Bundesangelegenheiten des Landes Hessen, Wiesbaden

Dr. Gotthard Fuchs, Katholische Akademie Rabanus Maurus, Wiesbaden-Naurod

Klaus Gabbert, Campus Verlag, Frankfurt

Dipl.-Ing. Heinz Werner Gabriel, Nukleare Solare Energietechnik, Weinheim

Edgar Gärtner, Redakteur, Berater, Frankfurt

Direktor Dr. Helmut Gehrke, Leiter der Evangelischen Akademie Hofgeismar

Armin Geiß, Abteilungsleiter Bayernwerk AG, München

Dr. Wolf-Dieter Glatzel, Umweltbundesamt, Berlin

Hans Glauber, Toblacher Gespräche, Frankfurt

Fritz Gloede, Abteilung für Angewandte Systemanalyse, Kernforschungszentrum Karlsruhe GmbH

Lothar Hahn, Öko-Institut e. V., Darmstadt

Ruth Hammerbacher, Vernetzende Umweltplanung, Osnabrück

Bernd Hartmann, Wiss. Mitarb., Landtagsfraktion Bündnis 90/GRÜNE Sachsen-Anhalt, Magdeburg

Herr Haye, Chefredakteur, Neue Energie, Rhade

Dipl.-Ing. Herbert Heitmann, Fraktionsreferent für Forsehung und Technologie der FDP-Bundestagsfraktion, Bonn

Prof. Dr. Peter Hennicke, Wuppertal Institut

Dr. Hans-Wilhelm Hentze, Umweltamt, Leiter der Abteilung Umweltvorsorge/Umweltplanung, Düsseldorf

Prof. Dr. Eilert Herms, Universität Mainz

Hans-Jürgen Hielscher, Energiepolitischer Sprecher der FDP-Fraktion im Hessischen Landtag, Wiesbaden

Horst Hochgreve, DGB-Landesbezirk Hessen, Frankfurt am Main

Dr. Dieter Hocke, Referatsleiter Energie, DGB-Bundesvorstand, Düsseldorf

Franz-Gerd Hörnschmeyer, Industriegewerkschaft Bergbau und Energie, Bochum

Carl Graf Hohental, Frankfurter Allgemeine Zeitung, Redaktion Bonn

Dr. Winfried Hoffmann, Nukem GmbH

Wolfgang Hoffmann, Redaktion Bonn, DIE ZEIT

Dr. Stefan Hoppenau, Max-Planck-Institut für Meteorologie, Hamburg

Michael Hustedt, Bundesgeschäftstelle der Grünen, Bornheim-Roisdorf

Dipl.-Ing. Uwe Ilgemann, Öko-Institut Freiburg

Dr. Thomas Jahn, Institut für sozial-ökologische Forschung, Frankfurt am Main

Dr.-Ing. Eberhard Jochem, Fraunhofer Institut für Systemtechnik und Innovationsforschung, Karlsruhe

Henning Kaul MdL, CSU-Fraktion im Bayerischen Landtag, München

Karl Kerschgens, Energiepolitischer Sprecher der Fraktion DIE GRÜNEN im Hessischen Landtag, Wiesbaden

Martin Kessler, Wirtschaftswoche, Redaktion Bonn

Dr. Friedrich Kienle, Abteilungsleiter Kernenergie, VDEW e. V., Frankfurt am Main

Bernd Kistner, Parlamentarischer Referent der SPD-Fraktion im Hessischen Landtag, Wiesbaden

Klaus Köhler, Umweltbehörde Hamburg

Tom Koenigs, Dezernent für Umwelt, Energie und Brandschutz der Stadt Frankfurt am Main

Dr. Reinhard Klopfleisch, ÖTV-Hauptvorstand, Vorstandssekretariat VIII, Stuttgart

Roland Koch MdL (CDU), Energiepolitischer Sprecher der CDU-Fraktion im Hessischen Landtag, Wiesbaden

Stephan Kohler, Niedersächsische Energie-Agentur GmbH, Hannover

Horst Kubatschka MdB (SPD), Mitglied der Enquete-Kommission Schutz der Erdatmosphäre, Bonn

Jörg Kuhbier, Senator a. D., Rechtsanwalt, Hamburg

Dr. Klaus Kübler MdB (SPD), Stellv. Vorsitzender der Enquete-Kommission Schutz der Erdatmosphäre, Bonn

Wolfgang Kühr, Referent für Umwelt- und Energiepolitik bei der PDS/Linke Liste, Bonn

Kurt Kreß, Studiendirektor a. D., Frankfurt am Main

Reinhard Kuhlmann, Leiter der Grundsatzabteilung beim Vorstand der IG Metall, Frankfurt am Main

Heinz Laing, Bereichsleiter Atom/Energie, Greenpeace, Hamburg

Dipl.-Phys. Harry Lehmann, Stellv. Vorsitzender Eurosolar/Sektion Deutschland, Wuppertal Institut

Dr. Georg Löser, Leiter Bundesarbeitskreis Energie, BUND e. V., Freiburg

Dr. Frank Ludwig, Hauptabteilungsleiter Verkehrs- und Unternehmenspolitik bei der Deutschen Bundesbahn, Frankfurt am Main

Dipl.-Ing. Karl Heinrich Maier, Leiter Energiewirtschaft, Degussa Aktiengesellschaft, Frankfurt am Main

Dr. Peter Mendler, Zentralstelle, Wirtschaftsministerium Baden-Württemberg, Stuttgart

Ullrich R. Menges, Unternehmenssprecher, BEP Erdgas und Erdöl GmbH, Hannover

Dr. Heinrich Merten, Hoechst-AG, Abteilungsleiter Energieversorgung, Frankfurt am Main

Prof. Dr. Klaus M. Meyer-Abich, Essen

Prof. Dr. Hans Michaelis, Köln

Anja Mikkola-Rachor, Journalistin, Frankfurt am Main

Dr. Christian Mittag, Präsidium des Naturschutzbundes Deutschland, Krefeld

Martin Mitterer, Referatsleiter Strom- und Gaswirtschaft, Bayerisches Staatsministerium für Wirtschaft und Verkehr, München

Manfred Morgenstern, Leiter des Abfallamtes, Stadt Frankfurt am Main

Dr. Tilman Morovic, Geschäftsführer der Forschungsgesellschaft für umweltschonende Energieumwandlung und -nutzung mbH, Kiel

Hans-Joachim Mosig, Redakteur, Bonner Energie-Report

Dr. Eberhard Moths, Bonn

Anette Mühlberg, Fraktion DIE GRÜNEN im Römer, Frankfurt am Main

Michael Müller MdB (SPD), Umweltpolitischer Sprecher der SPD-Bundestagsfraktion, Bundeshaus, Bonn

Heinrich Mundt, AG Schacht Konrad e. V., Braunschweig

Dr. Patrick Neumann-Opitz, Referent für Umweltvorsorge, Flughafen Frankfurt am Main AG

Dr. Joachim Nitsch, Deutsche Forschungsanstalt für Luft- und Raumfahrt (DIR), Studiengruppe Energiesysteme, Stuttgart

Rolf Obertreis, Wirtschaftskorrespondent, Stuttgarter Nachrichten

Jobst Oldenburg, Frankfurt am Main

Gunnar Pihl, Robin Wood, Energiefachgruppe, Hamburg

Ludolf Plass, Geschäftsführer, Lurgi Energie- und Umwelt GmbH, Frankfurt am Main

Rupert von Plottnitz MdL, Fraktionsvorsitzender der Fraktion DIE GRÜNEN, Hessischer Landtag, Wiesbaden

Gabriele Purper, Hessisches Ministerium für Umwelt, Energie und Bundesangelegenheiten

Prof. Dr. Joachim Radkau, Fakultät für Geschichtswissenschaften an der Universität Bielefeld

Thomas Rahner, DIE GRÜNEN im Römer, Frankfurt am Main

Prof. Dr. Michael Reimann, Hochschule für Technik und Wirtschaft, Saarbrükken

Michael Rost, Bündnis 90/Die Grünen Sachsen-Anhalt, Magdeburg

Peter Samol, Lahntal-Goßfelden

Harald B. Schäfer, Minister für Umwelt des Landes Baden-Württemberg, Stuttgart

Roland Schaeffer, Leiter Umwelt Forum Frankfurt am Main

Stefan Scheloske, Bürgerinitiative für die Stillegung der Atomanlagen, Karlsruhe

Mario Schmidt, Fachbereichsleiter, IFEU-Institut, Heidelberg

Verena Schmitt, Frankfurter Allgemeine Zeitung, Rhein-Main-Zeitung

Joscha Schmierer, Redakteur der Zeitschrift Kommune, Frankfurt

Dir. und Prof. Jürgen Schmölling, Fachbereichsleiter II, Umweltbundesamt, Berlin

Horst Schörshusen, Referatsleiter im Planungsstab der Niedersächsischen Staatskanzlei, Ressortkoordination Energie- und Ausstiegspolitik

Dr. Mathias Schreiber, Vernetzende Umweltplanung, Osnabrück

Dr. R. Schmalz-Bruns, Universität der Bundeswehr, Hamburg

Jörg Schwämmle, Umwelt Forum Frankfurt

Dr. Ewold Seeba, Ministerium für Wirtschaft und Verkehr des Landes Niedersachsen, Hannover

Jürgen Senkpiel, Robin Wood, Energiefachgruppe, Hamburg

Jürgen Siebert, Robin Wood, Energiefachgruppe, Hamburg

Dr. Heinrich Stiens, Vorstand der Main-Gaswerke AG, Frankfurt am Main

Ingo Therburg, Umweltamt-Energiereferat, Stadt Frankfurt am Main

Dr. Klaus Thomsen, Leiter der Planungsabteilung, Bundeswirtschaftsministerium, Bonn

Prof. Dr. Klaus Traube, Universität Bremen

Dr. Bernhard Traulich, Umweltamt, Umweltberatung Frankfurt

Reinhard Ueberhorst, Beratungsbüro für diskursive Projektarbeiten und Planungsstudien, Elmshorn

Dr. Thomas Unnerstall, Persönlicher Referent, Umweltministerium Baden-Württemberg, Stuttgart

Petra Unterwerner, Institut für Sozialforschung, Frankfurt am Main

Dipl.-Kfm. Dirk Utermark, Vorstandsmitglied Westmecklenburgische Versorgung-AG, Schwerin

Dr. Fritz Vahrenholt, Senator, Umweltbehörde, Hamburg

Wolfgang Vogelmann, Pastor, Geschäftsführender Direktor der Nordelbischen Akademien, Evangelische Akademie Bad Segeberg

Dr. Hugo Graf Walderdorff, Direktor der Deutschen Bank AG, Filiale Frankfurt

Bernd Warnat, Wissenschaftlicher Referent bei der SPD-Bundestagsfraktion, Bundeshaus, Bonn

Dr. Thomas Weber, Persönlicher Referent, Umweltministerium Baden-Württemberg, Stuttgart

Georg Wedemeyer, Journalist, STERN, Hamburg

Hans-Jörn Weder, Redakteur, Hessischer Rundfunk, Frankfurt am Main

MR Dr. Dieter Weingärtner, Umweltministerium Stuttgart

Joachim Wille, Redakteur, Frankfurter Rundschau

Dipl.-Phys. Heino von Winnig, Prokurist, Lahmeyer International GmbH, Frankfurt am Main

Prof. Dr. Ing. Carl-Jochen Winter, Deutsche Forschungsanstalt für Luft- und Raumfahrt, Studiengruppe Energiesysteme, Stuttgart

Dipl.-Volksw. Dietrich Wittmeyer, Geschäftsführer der Fachvereinigung Organische Chemie, VCI, Frankfurt am Main

Walter Witzel, Energiepolitischer Sprecher der Fraktion Die Grünen im Landtag Baden-Württemberg, Freiburg

Dr. Wolfgang Zängl, Gesellschaft für ökologische Forschung e. V., München

Dr. Angelika Zahrnt, Stellv. Vorsitzende des Bundes für Umwelt und Naturschutz Deutschland, Neckargmünd

Christoph Zielonka, Umwelt Forum Frankfurt am Main

Dr. Hans-Jochen Ziesing, Deutsches Institut für Wirtschaftsforschung, Berlin

Ralf Zimmermann, Mitglied des Vorstands, Gewerkschaft Öffentliche Dienste, Transport und Verkehr

Dr. Herrmann Zinn, Leiter der Energieabteilung, Hessisches Ministerium für Umwelt, Energie und Bundesangelegenheiten, Wiesbaden

* Diese Liste wurde auf Grundlage der schriftlichen Voranmeldungen sowie der ausgelegten Anwesenheitslisten erstellt. Da keine Eingangskontrolle erfolgte, können im Einzelfall Personen aufgeführt sein, die nicht anwesend waren, bzw. Teilnehmerinnen oder Teilnehmer der Veranstaltung, die sich nicht eingetragen oder angemeldet haben, fehlen.

Materialien und Kommentare

RWE/Veba-Brief an den Bundeskanzler

Der Vorsitzende des Vorstandes der RWE AG, Dr. Friedhelm Gieske, und der Vorsitzende des Vorstandes der Veba AG, Klaus Piltz, nannten am 23.11.92 in einem Schreiben an den Bundeskanzler, Dr. Helmut Kohl, die Möglichkeiten für einen parteiübergreifenden Kernenergiekonsens.

Das Schreiben im Wortlaut:

«Sehr verehrter Herr Bundeskanzler,

am 2.10.92 hatten Sie vorgeschlagen, daß auch wir seitens der Energiewirtschaft Gespräche mit Vertretern der Parteien führen sollten, um zu erkennen, ob überhaupt und gegebenenfalls mit welchem Inhalt ein überparteilicher Kernenergie-Konsens gefunden werden könnte. Angesichts eines Beitrags der Kernenergie zur Stromerzeugung von rund 30% halten wir einen solchen Konsens im Interesse der Versorgungssicherheit und zur Erlangung verläßlicher langfristiger Planungsgrundlagen für dringend erforderlich.
Wir haben aus verschiedenen solcher Gespräche den Eindruck gewonnen, daß die pauschale programmatische Forderung des <Kernenergie-Ausstiegs> auf ein geordnetes Auslaufen der heute genutzten Kraftwerke präzisiert und zugleich Kernenergie als eine Option für die langfristige Energiezukunft bei Weiterentwicklung der Kerntechnik sehr wohl akzeptiert werden könnte. Dabei sind wir auf die Überlegungen gestoßen, die wir Ihnen als Anlage übermitteln möchten.
Ob auf Basis des skizzierten Gedankens schlußendlich ein parteiübergreifender Kernenergie-Konsens möglich sein wird, können wir nicht vorhersagen; immerhin aber haben wir erfahren, daß hierüber bei den kernenergie-kritischen Parteien eine große Bereitschaft zum Gespräch unter Ihrer Leitung besteht.
Deshalb, sehr verehrter Herr Bundeskanzler, wären wir Ihnen sehr verbunden, wenn Sie Vertreter der in Bund und Ländern in Regierungsverantwortung stehenden Parteien zu diesem Gespräch zu sich bitten würden. Selbstredend stehen auch wir Ihnen jederzeit zur Verfügung.

Mit freundlichen Grüßen

Ihre
Friedhelm Gieske Klaus Piltz

Anlage: Sachthemen für einen Kernenergie-Konsens.

A: Ziel und Inhalt der weiteren Kernenergie-Forschung/-Entwicklung zur Energiegewinnung.
B: Bedingungen für den Neubau von kommerziellen Kernenergieanlagen.
C: Restlaufzeit bestehender Kernkraftwerke.
D: Entsorgung der bestehenden Kernkraftwerke.

Zu A: Verständigung auf ein Procedere (als ein Beispiel: BT-Enquete) zur Findung von Rahmenbedingungen/Vorgaben an die Kernenergie-Forschung/-Entwicklung, bei deren Erfüllung die kommerzielle Gewinnung von Wärme und Strom aus Kernenergie wieder breite politische Akzeptanz finden wird.

Zu B: Voraussetzung: Breite politische Zustimmung.

Zu C: Voraussetzung: Inbetriebnahme eines neu errichteten Grundlastkraftwerks vor dem planmäßigen Auslaufen eines Kernkraftwerks; Vereinbarung einer definierten Regelbetriebszeit (Laufzeit als Nettowert ohne Stillstandszeiten) für alle Kernkraftwerke unter Einschluß eines politisch störungsfreien Betriebs bei geprüfter Sicherheit.

Zu D: Bei direkter Endlagerung als alleiniger Entsorgungsweg vertragsgemäße Abarbeitung der Wiederaufarbeitungsverträge mit England und Frankreich sowie Verarbeitung des vorhandenen und noch anfallenden Plutoniums zu sogenannten Mox-Brennelementen.

Bezüglich Bereitstellung von Endlagern: Für schwachradioaktive Betriebsabfälle Wiederinbetriebnahme des Endlagers Morsleben sowie zügige Fertigstellung des Endlagers Konrad vordringlich und unverzichtbar. Für hochradioaktive Abfälle Projektbeendigung Gorleben nur bei gleichzeitigem Ersatzstandort – ggf. auch international – in Verbindung mit Schaffung ausreichender Zwischenlager-Kapazitäten.»

Atomkonsens ist Nonsens
– Vorsicht Falle –

Seit Dezember ’92 ist er groß im Gespräch, der energiepolitische Konsens über den weiteren Betrieb von Atomkraftwerken. Die Chefs zweier Atomstromkonzerne, Gieske (RWE) und Piltz (VEBA), hatten mit Ministerpräsident Schröder (SPD/Niedersachsen) ein Papier ausgekungelt, das ein absehbares Ende der sogenannten friedlichen Nutzung der Atomkraft zu versprechen schien. So wurde es wenigstens in der Öffentlichkeit verkauft.

Heute, am 26. Februar, richtet das grüne Umweltdezernat in Frankfurt eine Veranstaltung mit dem Titel «Energiepolitische Verständigungsaufgaben» aus. Eingeladen sind über 120 als bedeutend betrachtete Personen mit dem Ziel, «die Vielzahl der Vorstellungen über <Verständigung> in der Energiepolitik zu diskutieren.»

Nur, über was soll da eine Verständigung erreicht werden? Über den Ausstieg aus der Atomkraft? Daß dies nicht das Ziel sein kann, zeigt schon ein Blick in das Programm, denn dort ist davon nicht einmal ansatzweise die Rede. Beabsichtigt ist lediglich die <Erfindung> von Verfahren für einen angemessenen Umgang mit gesellschaftlichen Kontroversen». D. h. es soll ein Weg «erfunden» werden, auf dem das öffentliche Aufeinandertreffen unvereinbarer Interessengegensätze vermieden wird. Dies ist aber der Fall, wenn nur am Profit orientierte Konzerne auf der gefährlichen und unverantwortlichen Anwendung von Atomkraft beharren, während die Bevölkerung nicht bereit ist, sich diesem Risiko auszusetzen.

Wem nutzen dann aber solche Veranstaltungen? Es ist kaum damit zu rechnen, daß hier endlich nach Jahrzehnten Atommafiosi das Verantwortungslose ihres Treibens einsehen werden. Es war in der Vergangenheit ein (bis auf minimale Ausnahmen) aussichtsloses Unterfangen, sie überzeugen zu wollen, und dies hat sich auch nicht geändert. Es geht wohl eher darum, den bestehenden, manifesten Interessengegensatz auf eine «Kontroverse» unter ExpertInnen herunterzukochen und ihm damit seine gesellschaftliche Brisanz zu nehmen. Gleichzeitig sollen atomkraftkritische ExpertInnen in einen Dialog mit den Mächtigen eingebunden werden.

Damit feiert auch eine Forderung der Atommafia aus den siebziger Jahren seine fröhliche Wiederauferstehung, nämlich daß über Atomkraft lediglich Experten zu diskutieren hätten, da das gemeine Volk eh’ zu blöd sei, einem derart komplexen Thema gerecht zu werden. Dazu paßt

auch, daß AtomkraftgegnerInnen aus BIs vom Veranstalter nicht zugelassen und damit kritische Öffentlichkeit ausgeschlossen werden sollte. Schon deshalb kann eine derartige Veranstaltung nicht dazu beitragen, dem Ziel der Stillegung aller Atomanlagen näher zu kommen.
Ohnehin ist fraglich, ob dies das Ziel der VeranstalterInnen ist. Die praktische Politik und Äußerungen diverser rot-grüner PolitikerInnen erwekken nicht den Eindruck, als ob sie gegen alle Atomanlagen vorgehen wollten.
Der Hintergrund, vor dem sich diese Veranstaltung abspielt, die Schröder-Gieske-Piltz-Gespräche, halten auch nicht, was ihre erste euphorische Darstellung zu versprechen schien. Denn die scheinbaren Ausstiegsangebote hatten nichts grundlegend Neues. Schon seit längerer Zeit war von Teilen der Stromkonzerne betont worden, daß neue AKWs nur vor dem Hintergrund eines sogenannten «gesellschaftlichen Konsenses» gebaut werden würden, da ihnen sonst das Kostenrisiko möglicher Nachrüstungen zu groß sei. So boten sie nichts an, was nicht ohnehin schon verloren war, um damit den Weiterbetrieb ihrer bestehenden Anlagen für Jahrzehnte zu sichern. Darüberhinaus rücken Piltz und Gieske inzwischen von ihren Scheinangeboten immer mehr ab.
Es darf keine Verhandlungen zwischen AtomkraftgegnerInnen und der Atommafia über einen Atom-Konsens geben, denn jeder Tag, den AKWs in Betrieb sind, bedeutet einen Tag, an dem ein Super-Gau geschehen kann. Ein Sich-Einlassen auf derartige Verhandlungen aus einer vorgeblichen Verantwortungsethik heraus bedeutet, sich auf die Erpressungen der Atommafia mit dem Super-Gau einzulassen. Bedeutet die unverantwortliche Bereitschaft, seine Möglichkeit auf Jahrzehnte hin festzuschreiben.
Der Kern der fehlenden Akzeptanz der Atomkraft ist nicht die mangelnde Kommunikation, sondern die Gefahr des Super-GAUs. Deshalb wird es immer Widerstand gegen die Nutzung der Atomkraft geben. Dies ist durch kein Konsensgespräch und keine Verhandlung, auch wenn sie noch so geschickt verkauft wird, zu überdecken. Es wird nicht zur atomaren Friedhofsruhe kommen, die sich die Atommafia wünscht. Widerstand statt Verständigung ist und bleibt angesagt.

Graben wir die Streitaxt aus!
Stillegung aller Atomanlagen – Jetzt!

Anti-Atom-Plenum Hessen/Baden

ROBIN WOOD
Kampagne
Konzernmacht brechen – Energiewende durchsetzen

Presseerklärung vom 26.02.1992

Zwischen Pro-Atom und Anti-Atom gibt es keinen Konsens!

Atomenergie war und ist die gefährlichste Möglichkeit der Stromerzeugung.

Wer Konsensverhandlungen mit der Atomindustrie befürwortet, macht sich zum Komplizen von SuperGau und Leukämie.

Hinter den Konsens-Angeboten der Atomindustrie (Gieske/Piltz/Schröder-Initiative) steht das Interesse, die Milliarden-Investitionen zu retten, Gewinne weiterhin auf Kosten der Umwelt abzuschöpfen und eine Option auf die weitere Nutzung der Atomenergie zu erhalten.

Dieses Ansinnen muß zurückgewiesen werden!

Die Umweltorganisation ROBIN WOOD ist für Verhandlungen über eine klima-, umwelt- und sozialverträgliche Energieversorgung. Diese Verhandlungen beginnen aber jenseits der Frage der Atomenergienutzung.

Bezüglich der Atomindustrie kann es nur einen Weg geben, und der heißt: kompromißloser Ausstieg.

Jürgen Siebert – Pressestelle
Nernstweg 32 – W-2000 Hamburg 50 –
Tel.: 040/3 90 95 56/53 – Fax: 040/39 28 48

Teilnehmer an den Bonner «Konsens-Gesprächen»

1. «Verhandlungsgruppe Energie-Konsens» (politische Parteien)

a) **CDU**

Heinz Seesing, MdB: Energiepolitischer Sprecher der CDU/CSU-Bundestagsfraktion

Dr. Kajo Schommer: Wirtschaftsminister des Landes Sachsen

Prof. Dr. Klaus Töpfer: Bundesumweltminister

b) **CSU**

Dr. Kurt Faltlhauser, MdB: Sprecher des Energiefachausschusses der CSU

Dr. Peter Gauweiler: Umweltminister des Landes Bayern

c) **FDP**

Klaus Beckmann, MdB: Energiepolitischer Sprecher der FDP-Bundestagsfraktion

Dr. Günter Rexrodt: Bundeswirtschaftsminister

d) **SPD**

Wolfgang Clement: Minister für besondere Aufgaben und Chef der Staatskanzlei des Landes Nordrhein-Westfalen

Hans Eichel: Ministerpräsident des Landes Hessen

Volker Jung, MdB: Energiepolitischer Sprecher der SPD-Bundestagsfraktion

Michael Müller, MdB: Umweltpolitischer Sprecher der SPD-Bundestagsfraktion

Harald B. Schäfer: Umweltminister des Landes Baden-Württemberg

Gerhard Schröder: Ministerpräsident des Landes Niedersachsen

e) **Die Grünen**

Undine von Blottnitz: Beisitzerin im Vorstand der Grünen

Joschka Fischer: Umweltminister des Landes Hessen

2. Berater-Gremium der «Verhandlungsgruppe Energie-Konsens»

a) **Umweltverbände**

Dr. Arndt Dohmen: Vorstandsmitglied der «Ärzte gegen Atomkrieg» (IPPNW)
Heinz Laing: Koordinator Kernenergie bei Greenpeace
Onno Poppinga: Bundes-Geschäftsführer des BUND

b) **Gewerkschaften**

Hans Berger: Vorsitzender der IG Bergbau und Energie
Michael Geuenich: Mitglied des DGB-Bundesvorstands
Monika Wulf-Mathies: Vorsitzende der ÖTV

c) **Industrie**

Dr. Jürgen Heraeus: Vorsitzender des Energieausschusses des BDI
Adolf Hüttl: Vorsitzender des BDI-Arbeitskreises Kernenergie und Vorstandsvorsitzender von Siemens/KWU
Steffen Lorenz: Sprecher des Verbandes der Energieabnehmer

d) **Elektrizitätswirtschaft**

Dr. Dietmar Kuhnt: Mitglied des VDEW-Vorstandsrates und Vorstandsvorsitzender der RWE Energie AG
Dr. Horst Magerl: Vorsitzender der VDEW und Mitglied des Vorstands der Technischen Werke der Stadt Stuttgart AG
Dr. Karl Stäbler: Obmann des Fachausschusses «Kernenergie» der VDEW und Vorstandsmitglied der Energie-Versorgung Schwaben AG

3. Die «Arbeitsgruppe Energie-Konsens» besteht aus der Verhandlungsgruppe (1) und dem Beratergremium (2)

Dr. Wolfgang Zängl

Der Energiekonsens als Politik

Eine ausgewählte Presse-Chronologie

Seit Mitte der siebziger Jahre wird kontrovers über die langfristige Gestaltung unserer Energiepolitik diskutiert. Bis dahin waren sich – von einzelnen kritischen Stimmen abgesehen – alle Parteien und gesellschaftlichen Verbände mit der Energiewirtschaft über eine versorgungsorientierte Energiepolitik, verbunden mit einer wachsenden Nutzung der Atomtechnologie zur Stromerzeugung, einig.

Erst die Konflikte beim Bau der Atommeiler von Wyhl, Brokdorf und Kalkar haben diese Gemeinsamkeit zerstört. Hinzu kamen unterschiedliche Optionen in der Kohle- und Erdölpolitik und erste Überlegungen zu den Möglichkeiten einer Energiesparwirtschaft. So gibt es seit Mitte der siebziger Jahre ein strategisches Energiekonsensproblem, das weit über die bloße Verständigung zur kontrovers beurteilten Kernenergienutzung hinausgeht.

Die erste energiepolitische Enquete-Kommission des Deutschen Bundestages unter der Leitung von Reinhard Ueberhorst hat erstmals die strategischen Alternativen in Form von unterschiedlichen Entwicklungspfaden herausgearbeitet. Die von der Kommission kooperativ und mit großer Mehrheit entwickelten Empfehlungen für die Energiepolitik der achtziger Jahre wurden aber weder von der SPD/FDP-Regierung noch von der ihr folgenden Bundesregierung nach der Wende 1982 umgesetzt. Darüber hinaus erfolgte zu keinem Zeitpunkt in den achtziger Jahren ein Versuch, eine gesellschaftliche Verständigung über die identifizierten strategischen Alternativen herbeizuführen.

In den Monaten nach der Tschernobyl-Katastrophe 1986 gingen dann alle Parteien auf Distanz zur Atomenergie, die – so die Regie-

rungsparteien CDU/CSU und FDP – nur für einen nicht genau festzulegenden Übergangszeitraum verantwortbar sei. Während sich die SPD auf eine Ausstiegsfrist von zehn Jahren festlegte, blieben die Grünen bei ihrer Forderung nach einem Sofortausstieg.

In Bewegung kam die Diskussion erst wieder Anfang der neunziger Jahre. Nachdem Sprecher der Energiewirtschaft darauf hinwiesen, daß sie ohne einen breiten gesellschaftlichen Konsens keine großen Investitionen durchführen könnten, entwickelte der Bundeswirtschaftsminister in Abstimmung mit seinen Kabinettskollegen und führenden Vertretern der SPD einen Verfahrensvorschlag, der in der Teilziffer 10 des Energieprogramms der Bundesregierung vom 19. Dezember 1991 beschlossen wurde. Die darin von der Bundesregierung angestrebte Kommission unter Leitung von Reinhard Ueberhorst konnte aber nicht offiziell eingesetzt werden, weil die Bundesregierung keine ausreichende parlamentarische Unterstützung für die Bewilligung der erforderlichen Finanzmittel im Haushaltsausschuß des Bundestages erreichte.

Die Herausgeber

Dezember 1992:

Am 5. 12. wird ein Brief der Vorstandsvorsitzenden von VEBA und RWE, Klaus Piltz und Friedhelm Gieske, an den Bundeskanzler in der Presse veröffentlicht (vgl. den Abdruck in diesem Band auf S. 209). Piltz und Gieske fordern, politisch unterstützt durch den niedersächsischen Ministerpräsidenten Gerhard Schröder, einen gesellschaftlichen Konsens über die zukünftige Energiepolitik als Voraussetzung für langfristige Investitionssicherheit. Im einzelnen schlagen sie vor:

- Vor dem planmäßigen Auslaufen eines Kernkraftwerkes soll ein neu errichtetes Grundlastkraftwerk in Betrieb gehen;
- eine definierte Regelbetriebszeit für Kernkraftwerke soll festgelegt werden;

- die Wiederaufarbeitungsverträge mit England und Frankreich sollen vertragsgemäß abgearbeitet werden;
- die direkte Endlagerung soll als alleiniger Entsorgungsweg anerkannt werden;
- das vorhandene und noch anfallende Plutonium soll zu MOX-Brennelementen verarbeitet werden;
- das Endlager Morsleben soll wieder für schwachradioaktive Betriebsabfälle in Betrieb genommen werden; das geplante Endlager Gorleben für hochradioaktive Betriebsabfälle soll nur bei einem (evtl. internationalen) Ersatzstandort aufgegeben werden.

Noch am gleichen Tag bezeichnet der Vorstandsvorsitzende der Bayernwerk AG, Holzer, das Vorgehen von Piltz und Gieske als «Alleingang». Er verweist auf die Entwicklung der neuen Reaktoren von SIEMENS und FRAMATOME, die in den Konsens eingeschlossen werden müßten. (SZ, 5.12.1992) Die CSU verkündet, daß ein Kurswechsel in der Energiepolitik für Bayern «auf keinen Fall in Frage» kommt. Der bayerische Umweltminister fordert die beiden Konzerne RWE und VEBA auf, sich zum MOX-Brennelemente-Einsatz zu äußern. (Am 14.1.93 beginnt in Bayern das Erörterungsverfahren für deren Einsatz.) Vom Siemens-Konzern erfolgte zunächst noch keine Stellungnahme. (SZ, 5.12.1992)

Der Vorsitzende der Vereinigung Deutscher Elektrizitätswerke (VDEW) warnt am 8.12.92, daß ohne den Beitrag der Kernenergie die drohenden Risiken für das Weltklima nicht abgewendet werden könnten. Der Hauptgeschäftsführer der VDEW, Grawe, erklärt, die größte CO_2-Minderung könne nicht durch Sparen bewirkt werden, sondern durch den Ausbau der Kernenergie. (*Atomwirtschaft* 1/1993, S. 24f.)

Der scheidende Vorstandsvorsitzende der Vereinigte Elektrizitätswerke Westfalen (VEW), Knizia, votiert für die weitere Nutzung der Atomenergie, da durch die zwanzig deutschen Kernkraftwerke der Umwelt jährlich rund 150 Mill. Tonnen CO_2 erspart blieben. – Betriebsräte der Energieversorger und von Zulieferfirmen üben Kritik an der Offerte von RWE und VEBA; man fühle sich verschaukelt und hinters Licht geführt. (SZ, 10.12.1992)

Die Reaktion auf den Brief von Piltz und Gieske war also recht heftig. «Der Brief ist kurz, das Echo überwältigend.» (*Blick durch Wirtschaft und Umwelt* 12/1992) – «Ein Brief gibt Rätsel auf: Die Verwirrung ist groß. ... In der Tat, die Wertung dessen, was da vorliegt, ist nicht einfach.» (Helmut Maier-Mannhart in: SZ, 7.12.1992)

Thomas Fröhlich skizziert die Konsequenzen des Briefes folgendermaßen:

- RWE und VEBA könnten Kernkraftwerke abschalten, ohne daß Ersatzkraftwerke wiederum Kernkraftwerke sein müßten.
- Als Ersatz könnte aber auch der neue europäische Druckwasserreaktor zum Einsatz kommen, den Siemens mit der FRAMATOME bauen will und der ab 1998 lieferbar sein soll.
- RWE und VEBA könnten auf die Wiederaufarbeitung und Mischoxid-(MOX-)Brennelemente verzichten, wenn direkte Endlagerung als Entsorgung zugelassen wird.
- Die SPD müßte den Nürnberger Ausstiegsbeschluß vom Tschernobyl-Jahr 1986 «flexibel interpretieren»; sie wäre MOX und Gorleben los, müßte aber das Endlager Schacht Konrad für schwach- und mittelradioaktiven Atommüll akzeptieren.
- Das Problem des Exportes hochradioaktiver Abfälle ist für die Bonner Politik nicht zu vermitteln. (SZ, 9.12.1992)

In einem offenen Brief der Umweltorganisationen BUND, Greenpeace, Öko-Institut, Deutscher Naturschutzring und Anti-Atom-Forum an Bundeskanzler Kohl wird Skepsis über die zu kurz greifende Konsens-Politik geäußert: «Ein Ausstieg aus der Atomkraft kann nur mit einem Einstieg in die Technik der effizienten Energienutzung gelingen.» (*Natur und Umwelt* 1/93)

Am 16.12. treffen sich Bundesumweltminister Töpfer und Vorstandschefs deutscher EVUs. Ein bereits geplantes Treffen bei Kohl wird auf das kommende Jahr verschoben. Der (damalige) Bundeswirtschaftsminister Möllemann und Töpfer werden mit der weiteren Führung der Konsensgespräche betraut, die im Januar 1993 aufgenommen und bis Sommer 1993 abgeschlossen sein sollen und an denen auch Vertreter von SPD und Grünen beteiligt werden. (SZ, 17.12.1992)

Der Sprecher der Siemens-Tochter Kraftwerk-Union (KWU), Erlangen, «legt Wert auf penible Lektüre jenes Konsens-Papiers aus den Führungsetagen der beiden größten deutschen Stromversorger RWE und VEBA, das vielerorts schon als Einstieg in den Ausstieg aus der Atomenergie gefeiert wurde. Dort werde nämlich keineswegs pauschal der Abschied von der weltweit erfolgreichen Reaktorlinie, den sogenannten Leichtwasserreaktoren (LWR), in Aussicht gestellt. Vielmehr sei die

Rede von ‹der heute genutzten LWR-Technik›.» (Gerd Rosenkranz in: SZ, 17.12.1992)

Der Chefredakteur der Zeitschrift *Atomwirtschaft* schreibt im Januar-Heft, daß die Fakten des Briefes an den Bundeskanzler «klar definieren, daß die Rahmenbedingungen für einen politisch störungsfreien Betrieb der Kernkraftwerke geschaffen werden müssen». (*Atomwirtschaft* 1/1993) Im selben Heft wendet sich die Kerntechnische Gesellschaft (KTG) «mit aller Entschiedenheit gegen die Aufgabe des Endlagervorhabens in Gorleben und der MOX-Brennelementefertigung in Hanau».

SIEMENS betont zwei Punkte: Zum einen werde mit FRAMATOME ein europäisches Reaktorkonzept entwickelt, das ab 1995 angeboten und ab 1998 gebaut werden soll: «Eine bloße ‹Option›, die je nach Bedarf auch als ‹Einstieg in den Ausstieg› interpretiert wird, reicht dazu nicht aus.» Zweitens müssen die vorhandenen rund 30 Tonnen spaltbaren Plutoniums in der Brennelementefabrik in Hanau noch zu Mischoxid-Brennelementen verarbeitet werden – hierfür wird ein Zeitraum von zehn Jahren angesetzt. (*Atomwirtschaft* 1/1993, S. 23f.)

Januar 1993:

Der PREAG-Vorsitzende Hermann Krämer, ein entschiedener Befürworter der Atomenergie, opponiert seit langem gegen die Energiepolitik von Klaus Piltz. Am 15.1. wird bekannt, daß Krämer sein Amt aufgeben wird. Unter der Überschrift «Ein Hardliner geht» schreibt Werner Jaspert: «Vollends überquer sind Piltz und Krämer, seitdem Piltz und RWE-Chef Friedhelm Gieske ihre Vorschläge für einen politischen Kernenergiekonsens vorgelegt haben.» (SZ, 16.1.1993)

Ministerpräsident Schröder bekräftigt Mitte Januar sein Ziel, «den Versuch eines energiepolitischen Konsenses mit dem Ziel des Ausstiegs aus der Kernenergie weiterzuverfolgen». Entscheidend für ein Gelingen des energiepolitischen Konsenses sei die Mitarbeit der Stromkonzerne. (SZ, 18.1.1993)

Der Hamburger Umweltsenator Fritz Vahrenholt (SPD) äußert in einem Interview: «Die politischen Beschlüsse über das sofortige oder schnelle Abschalten der Kraftwerke, die von SPD und Grünen nach dem Super-GAU von Tschernobyl gefaßt worden sind, haben uns nicht weitergebracht. Ich war schon immer der Meinung, daß wir für den Ausstieg aus einer Technologie, für deren Aufbau wir 25 Jahre gebraucht haben, eine ähnlich lange Zeitspanne benötigen. Die Zeit ist erforderlich, um eine andere Energiebasis zu finden und herzustellen. Andererseits sehe ich in dem sogenannten Konsenspapier einen ganz wesentlichen Mangel: Es ist allein auf die Kernenergie beschränkt. ... Der Weg der Umsteuerung und des Verzichts ist aber viel schwieriger und steiniger.» (*Der Spiegel* 4/93, S. 50, 55)

Ende Januar präzisiert Klaus Piltz bei der Wintertagung des Deutschen Atomforums in Bonn seine Vorstellungen zum Energie-Konsens, der auch deshalb nötig sei, weil das langjährige energiepolitische Patt zu Milliardenschäden geführt habe. Piltz präsentiert sieben «Konsens-Bausteine»: die Festlegung von Regelnutzungsdauern, die Akzeptanz der Stromerzeugung in großen Kraftwerken, die Ablehnung eines verstärkten Stromimports, den Verzicht auf die Wiederaufarbeitung nach Auslaufen der internationalen Verträge, die Verarbeitung des Plutoniums zu MOX-Brennelementen (wodurch die Hanauer Siemens-Brennelemente-Firma für weitere zehn Jahre beschäftigt sei), die Suche nach einem internationalen Alternativ-Standort zum Endlager Gorleben sowie die Verfügbarkeit der Endlager Morsleben und Konrad. (SZ, 27.1.1993)

Februar 1993:

Töpfer erteilt seinem hessischen Kollegen Fischer die Weisung, 24 Baumaßnahmen beim Neubau des Siemens-MOX-Brennelementewerkes in Hanau zuzustimmen.

Fischer äußert in einem Interview: «Ich habe die Formulierung ‹Einstieg in den Ausstieg› für diesen Versuch, einen Energiekonsens jenseits der Atomenergie zu finden, immer für eine zu optimistische Interpretation gehalten. Und jetzt zeigt sich in der Tat, daß doch offensichtlich in der Stromwirtschaft die Widerstände größer sind als geglaubt. Die haben jetzt wohl erkannt, daß ein Energiekonsens doch auch von der Stromwirtschaft erhebliche Opfer erfordern wird. VEBA steht vielleicht noch, RWE ist bereits auf dem Rückzug, und die süddeutschen Stromerzeuger wollten den Konsens nie. In Ergänzung dazu muß man natürlich auch sagen, daß vor allen Dingen aus dem Haus des Bundesumweltministers, aber auch von der CDU/CSU ‹Energiekonsens› im wesentlichen so definiert wird, die SPD von ihrem Nürnberger Beschluß zu einem Zehn-Jahres-Ausstieg runter zu haben ...» (SZ, 4.2.1993)

Auf die Interview-Frage nach einem möglichen Konsens äußert Fischer: «Zu einem Konsens kommt es also nur, wenn die ältesten Atomreaktoren in relativ kurzer Zeit tatsächlich stillgelegt werden, wenn die MOX-Verarbeitung und damit die Plutoniumwirtschaft beendet wird, die Entsorgungsfrage geklärt und der Einstieg in ein neues, umweltverträgliches Energiesystem begonnen wird. Das sind die Punkte, die unverzichtbar zu einem Konsens gehören. Die andere Seite verlangt ja drei wesentliche Dinge von uns: erstens Restlaufzeiten von erheblichem Ausmaß; zweitens die Übernahme der Entsorgungsverantwortung durch die Atomopposition – beides zusammen führt ja zu einer Bestandsgarantie für einzelne Reaktoren und für die atomare Stromerzeugung insgesamt für einen längeren Zeitraum -; drittens gesicherte zukünftige Investitionsgrundlagen. Wer das haben will, wird sich grundsätzlich bewegen müssen.»

Heinz Laing von Greenpeace schrieb zur Initiative der Energieversorger: «Sie bieten nichts und fordern viel.» (*Greenpeace Magazin* 1/1993)

Eine Woche später einigen sich der neue Bundeswirtschaftsminister Rexrodt, Töpfer, Schröder und Fischer auf die Weiterführung der Konsensgespräche im März und den Abschluß bis zum Jahresende. In einer Arbeitsgruppe sollen Parteienvertreter von Bund und Ländern zusammenkommen, in einer zweiten gesellschaftliche Gruppen von der Energiewirtschaft über Gewerkschaften bis zu Umweltverbänden. «Rexrodt wies darauf hin, daß die Bundesregierung an der friedlichen Nutzung der Kernenergie festhalte, während Schröder und Fischer aussteigen wollten. ... Fischer warnte davor, die Grünen darauf festlegen zu wollen, daß sie die Kernenergie teilweise akzeptierten. Dies werde es nicht geben.» (SZ, 9.2.1993)

Gestützt auf ein im Auftrag des Umweltministeriums erstelltes PROGNOS-Gutachten legt Niedersachsen ein Programm für den Ausstieg aus der Atomenergie vor. Die vier niedersächsischen Atomkraftwerke mit 4600 Megawatt Leistung könnten durch Kohlekraftwerke, andere Energieträger und vor allem Energiesparen ersetzt werden. (SZ, 11.2.1993)

Mitte Februar distanziert sich der Vorstandsvorsitzende der Bayernwerk AG, Holzer, ausdrücklich auch im Namen der Vereinigung Deutscher Elektrizitätswerke von der Initiative von VEBA-Chef Piltz. Holzer, dem «derzeit wohl verbissensten Verfechter eines Ausbaus der Atomenergie in Deutschland» (Gerd Rosenkranz im *Deutschen Allgemeinen Sonntagsblatt* vom 30.4.1993), zufolge hätte sich auch Gieske vom RWE inzwischen klar von den Ausstiegsabsichten distanziert. (Dazu schreibt *Der Spiegel*: «Aus der gesamten Industrie hagelte es Proteste. Gieske zeigte schließlich Wirkung und rückte von seinen Überlegungen wieder ab.» Nr. 16/1993.) «Die Option Kernenergie müsse ‹konkret und belastbar› offengehalten werden. Dies gehe nur mit dem deutsch-französischen Gemeinschaftsprojekt eines neuen Reaktors, der als besonders sicher gilt. Ziel der Konsens-Verhandlungen müsse es sein, sich auf Sicherheitsanforderungen zu einigen und dann den Bau solcher Anlagen im Konsens zuzulassen.» (SZ, 13.2.1993)

Dies kommentiert Thomas Fröhlich in der SZ folgendermaßen: «Die Gespräche über einen energiepolitischen Konsens scheinen zu Ende zu sein, bevor sie überhaupt begonnen haben. ... Der Verband der Stromversorger hat sich dazu entschlossen, einen Vordenker der eigenen Zunft ziemlich einsam aussehen zu lassen. Veba-Chef Klaus Piltz, umstrittener Autor des inzwischen schon legendären Briefs an den Bundeskanzler, kann so viele Konsens-Bausteine aneinanderreihen, wie er will – die Stromversorger wollen über diese Brücke nicht gehen. Ein Mann, der das Wort ‹Ausstieg› nicht mit Abscheu und Empörung zurückweist, ist für die Vereinigung der Deutschen Elektrizitätswirtschaft so unmöglich wie ein Rohrriß in Brunsbüttel. Gieskes Rückzieher (hat der Mann eigentlich den Brief an den Kanzler gelesen, bevor er ihn unterschrieben hat?), die Stromwirtschaft wieder stromlinienförmig auf Atomkurs und Piltz völlig isoliert – so stellt sich die Lage in der Energiewirtschaft dar. Dies ist ein Sieg für den Chef des Münchner Bayernwerks, Holzer, der sich von Anfang an gegen die Initiative von Piltz/Gieske gewandt hat.» (Ebenda. Die Brunsbüttler Rohrrisse waren gerade durch die Presse gegangen; W.Z.)

Dem Bayernwerk-Vorsitzenden Holzer zu Hilfe eilt umgehend der Chef der SIEMENS-Tochter KWU, Hüttl: «Wir halten den Verzicht auf Kernenergie in den Industrieländern für absurd»; das gleiche gilt nach Hüttl auch für den Verzicht auf die Fertigstellung der Hanauer MOX-Brennelementefabrik. (SZ, 16.2.1993)

In der ZEIT werden die unterschiedlichen Interessen benannt: «Das Bayernwerk hat im Gegensatz zu RWE und PreussenElektra keine billige Braunkohle zur Verfügung. Siemens könnte mit Kernkraftwerken mehr Geld verdienen als mit Kohlekraftwerken der gleichen Leistung.» (DIE ZEIT, 19.2.1993)

Holzer hat Piltz das Recht bestritten, für die Stromwirtschaft zu sprechen. Nun wirft der niedersächsische Wirtschaftsminister Holzer vor, nicht für die gesamte Branche zu sprechen. (SZ, 19.2.1993) Und die ZEIT kommentiert wie folgt: «Bevor das energiepolitische Konsensgespräch zwischen Regierung und Parteien richtig begonnen hat, wurde die zarte Konsenspflanze, die Niedersachsens Ministerpräsident, die Chefs von Veba und RWE sowie die IG Chemie gepflanzt haben, von den Hardlinern der bayerischen Kernenergielobby wieder niedergewalzt. ... Es war von Anfang an falsch, überhaupt von Konsens zu reden. Zur Diskussion steht allenfalls ein Kompromiß, das Kernenergieinvestment befristet zu sichern, die Entsorgungsfrage zu klären und konkrete Schritte für einen vielleicht möglichen Kernenergieausstieg einzuleiten.» (DIE ZEIT, 5.3.1993)

Am 26. Februar findet in Frankfurt jene Tagung zum Energiekonsens statt, die Gegenstand dieses Buches ist.

März 1993:

Bundeswirtschaftsminister Rexrodt äußert zur Haltung der Energiewirtschaft bezüglich des Konsenses: «Der Wunsch, einen Energiekonsens zu erzielen, geht ja von der Industrie aus, und das ist auch verständlich. Sie kann es sich nicht leisten, ohne einen Konsens im Hintergrund die riesigen Forschungsaufwendungen zu finanzieren und möglicherweise zu riskieren, daß sie sich ohne einen solchen Konsens niemals amortisieren.» (SZ, 4.3.1993)

Bei interfraktionellen Gesprächen der CDU/CSU formuliert Bundesumweltminister Töpfer das Ziel der Union, die Möglichkeit für die Genehmigung neuer Kernkraftwerke zu schaffen. (SZ, 11.3.1993)

Vier Tage vor den Verhandlungen von Bundesregierung, SPD und Grünen zum Energiekonsens (u.a. mit Töpfer, Rexrodt, Schröder, Fischer und dem bayerischen Umweltminister Gauweiler) fordert der Bundesverband der Deutschen Industrie (BDI) den Bau neuer Atomkraftwerke. «Zur Zukunftsvorsorge gehöre auch der Bau neuer, ‹noch sichererer› Atomkraftwerke als Ersatz für ältere Anlagen, erklärte der neue Vorsitzende des BDI-Arbeitskreises Kernenergie, Adolf Hüttl.» (SZ, 16.3.1993. Hüttl ist, wie erwähnt, Vorstand der SIEMENS-Kraftwerkstochter KWU; W.Z.)

Hermann-Josef Tenhagen schreibt dazu in der *Tageszeitung*: «Skepsis gegenüber dem gut funktionierenden Kartell von Atomlobbyisten in den Ministerien und in der Regierung ist berechtigt. So befleißigte sich der Bundesverband der Deutschen Industrie (BDI) vor einer Woche in seiner Positionsbeschreibung exakt der gleichen Formeln, die sich in dem internen Positionspapier von Bundesumweltministerium und Bundeswirtschaftsministerium finden. ... Der Repräsentant des BDI in den Konsensgesprächen, Adolf Hüttl, ist nicht nur langjähriger Atomkraftpropagandist von Siemens-KWU. Er pflegt auch einen engen Draht zum Leiter der Atomabteilung im Bundesumweltministerium, Ministerialdirektor Walter Hohlefelder.» (*taz*, 19.3.1993)

Zur Zusammensetzung der «Arbeitsgruppe Energiekonsens» äußert der Robin-Wood-Vertreter Henrik Paulitz: «Sechs Industrievertretern und drei Gewerkschaftsvertretern stehen drei Alibi-Vertreter von Umweltverbänden gegenüber, die ihren Einfluß in dieser Sache wohl überschätzen. Selbst in der von Ex-Bundeswirtschaftsminister Jürgen Möllemann vorgeschlagenen sogenannten Ueberhorst-Kommission war die gesellschaftliche Mehrheit gegen die Atomkraft besser repräsentiert.» (*taz*, 19.3.1993)

Am 20. März beginnen in Bonn die Konsens-Verhandlungen. Teilnehmer sind u.a. Rexrodt und Töpfer, Gauweiler und Faltlhauser (CSU), die Ministerpräsidenten Schröder und Eichel sowie die Minister Clement und Schäfer (SPD); die Grünen sind mit Fischer und Undine von Blottnitz vertreten. (SZ, 20.3.1993) Eine Einigung ist nicht in Sicht.

Fischer beklagt danach einen «tiefen Dissens» und «null Bewegung» bei den Verhandlungsführern der Regierung und deutet den Ausstieg aus den Beratungen an.

Rexrodt spricht sich auch für die nächsten Jahre für den Energiemix aus Kern- und Kohlekraft aus. Gauweiler betont, daß er nicht bereit sei, die sicheren deutschen Kernkraftwerke stillzulegen, um dann Atomstrom aus Frankreich oder Rußland zu kaufen (aus Osteuropa planen die Bayernwerke Stromimporte im großen Stil; W.Z.). Töpfer sieht «gute Chancen auf eine Einigung». Schröder spricht von einer «ergebnisorientierten Atmosphäre». Der SPD-Umweltexperte Michael Müller nennt die Kernenergie «die größte Bremse für den Umstieg in eine moderne und umweltverträgliche Energieversorgung». (*taz* , 22.3.1993; SZ, 22.3.1993)

Thomas Fröhlich kommentiert in der SZ: «Nach den Verhandlungen sind sich die Parteienvertreter über die künftige Nutzung der Kernenergie so uneins wie zuvor. Wenn nicht alles täuscht, wird das so bleiben. Damit zeichnet sich bereits jetzt ab, wie die Diskussion über den Energiekonsens ausgehen wird. Weil die Kernenergie streitig bleibt, wird man am Ende Vereinbarungen zu anderen energiepolitischen Teilfragen präsentieren, bei der Atomkraft aber so tun, als spiele sie in der Energiepolitik keine Rolle.» (SZ, 22.3.1993)

Zwei Tage später warnt Eberhard Wild, der Beirats-Vorsitzende des «Informationskreises Kernenergie», eines Zusammenschlusses der EVU, vor den «fatalen Folgen für die ökologische und ökonomische Entwicklung in Deutschland» bei einem Ausstieg aus der Kernenergie. (SZ, 24.3.1993; Wild ist Vorstandsmitglied der Bayernwerk AG; W.Z.)

In einer Stellungnahme schreibt Günter Rexrodt: «Die Kernenergie ist in einem ausgewogenen Energiemix unverzichtbar. ... Ein Ausstieg hätte fatale Folgen für die Stabilität unserer Energieversorgung und damit unserer Wirtschaft. ... Wollen wir die Zukunft des Wirtschaftsstandortes Deutschland sichern, so müssen wir dringend Investitionsblockaden durch verzögerte Genehmigungen von Kraftwerken, Leitungen und Entsorgungsanlagen überwinden.» (SZ, 25.3.1993)

Am 24.3.93 gibt die VEBA ihre Jahres-Leistungszahlen für 1992 bekannt. Bei über 65 Mrd. DM entfielen auf den Stromumsatz knapp 12 Mrd. DM – das ist eine der Erklärungen für die relativ große strategische Flexibilität der VEBA gegenüber ihrer Elektrizitätssparte, auch wenn diese der Hauptgewinnbringer ist. (SZ, 25.3.1993) (Ähnlich sieht es beim RWE aus. Im Gegensatz zu den beiden größten Stromerzeugern ist die Bayernwerk AG überwiegend auf den Stromverkauf konzentriert – bei einem Minimum an Kohle- und einem Maximum an Atomstrom, nämlich 60 Prozent der gesamten Stromerzeugung; W.Z.)

April 1993:

«Rückkehr zum Konsens» – Überschrift einer Anzeige des Informationskreises Kernenergie Anfang April 1993 in den großen Tageszeitungen

Am 12. April kommt der VEBA-Vorstandsvorsitzende Piltz bei einem Lawinenunglück in den Alpen ums Leben. «Nun bleibt Piltz' Platz leer und seine Position unvertreten, wenn am nächsten Montag in Bonn die Konsensgespräche in die nächste Runde gehen. Haben sie diesen Namen ohne ihn noch verdient?» (Werner Jaspert, SZ, 15.4.1993)

Der RWE-Vorsitzende Gieske fordert spätestens bis 1995 politische Klarheit über die energiepolitische Weichenstellung. «Der dann in der Elektrizitätswirtschaft anstehende Ersatz von veralteten Kraftwerkskapazitäten und die damit verbundenen Investitionen in Milliarden-Höhe erlaubten keinen weiteren Aufschub mehr.» (*Blick durch Wirtschaft und Umwelt* 4/1993, S. 12) Dagegen äußert der Vorstandsvorsitzende der RWE-Energie AG, Dietmar Kuhnt, daß erst gegen Ende des Jahrzehnts ein Beschluß über den Ersatz der bestehenden Kernkraftwerke anstehe. Die Nutzung der Kernenergie sei durch das Atomgesetz legitimiert; deshalb sei ein politisch störungsfreier Betrieb der Anlagen «eigentlich eine Selbstverständlichkeit in unserem Rechtsstaat». (SZ, 16.4.1993)

Der baden-württembergische Umweltminister Harald B. Schäfer erneuert vor der neuen Energiekonsens-Runde die grundsätzliche Forderung der Sozialdemokraten nach Ausstieg aus der Kernkraft und wirft der Bundesregierung vor, die Wende zur ökologisch sinnvollen und ökonomisch rentablen Energieversorgung verschlafen zu haben. Der niedersächsische Ministerpräsident Schröder weist den Vorwurf zurück, die Zustimmung zum Atomendmüll-Lager Schacht Konrad als «Bauernopfer» für den von ihm angestrebten Energiekonsens anzubieten. «Es müsse klar sein, daß ein Ausstieg aus der Atomwirtschaft nicht von heute auf morgen realisierbar sei. Erreichbar sei aber ein Kompromiß darüber, wann das letzte Atomkraftwerk in Deutschland vom Netz gehen müsse.» (SZ, 17.4.1993)

Dem neuen PREAG-Vorsitzenden und Nachfolger von Hermann Krämer, Hans-Dieter Harig, zufolge werden die Gespräche über einen Energiekonsens nicht in einen geordneten Ausstieg aus der Kernenergie münden. (SZ, 16.4.1993)

Die drei Umweltschutzverbände Bund für Umwelt und Naturschutz Deutschland (BUND), Greenpeace und Internationale Ärzte für die Verhütung des Atomkriegs, die an den erweiterten Konsensgesprächen beteiligt werden, fordern nicht nur einen Ausstieg aus der Atomenergie, sondern einen Einstieg in eine neue Energiepolitik ohne Kernenergie.

Auch die neue Reaktorlinie von Siemens und Framatome wird abgelehnt («Dieser Reaktor ist eine Totgeburt»). Das Einspar-Argument von 150 Mill. Tonnen CO_2 ist «scheinheilig und verlogen»; mit höherer Energieeffizienz könnte ein weit besseres Ergebnis erzielt werden. «In den Konsens-Gesprächen wolle man die nur an Wahlperioden orientierte Politik, aber auch die Wirtschaft auf langfristige Positionen festlegen. Politik und Wirtschaft müßten Farbe bekennen, ob sie ihr verbales Bekenntnis zu Energiesparen und höherer Energieeffizienz in wirksame Maßnahmen umsetzen wollen.» (SZ, 19.4.1993)

Kurz vor dem ersten großen Konsens-Gespräch (unter Mitwirkung von Wirtschaft, Umweltschützern und Gewerkschaften) tritt die IG Bergbau für die Erhaltung der Option auf Kernenergie ein.

Bei dem Gespräch selbst äußert der Vorsitzende der RWE-Energie AG, Kuhnt, die Versorgungssicherheit sei auch ohne Atomstrom gegeben. Auch würden «Großprojekte im Bereich der Kernenergie nicht gegen den Willen der großen, Staatsverantwortung tragenden Parteien realisiert». Eine «desolate Situation» sei bei der Entsorgung des Atommülls gegeben – nach Kuhnt eines der Hauptmotive für die jetzigen Verhandlungen. Über die Zusammensetzung des künftigen Energiemixes aus Energieeinsparung, fossilen und regenerativen Energien soll beim nächsten Treffen Anfang Mai verhandelt werden. (*taz,* 21.4.1993)

Der Vorsitzende der Bayernwerk-AG äußert auf einer Pressekonferenz erneut seine unveränderten Vorstellungen: «Im übrigen sei auch in der Bundesrepublik der Bau von Kernkraftwerken notwendig, meinte Holzer in Anspielung auf die vor einigen Wochen begonnenen Energiekonsens-Gespräche. Er plädiert für einen Energie-Mix aus Kohle und Kernenergie.»(SZ, 23.4.1993)

Am 23.4. wird der Nachfolger von Klaus Piltz gewählt: Ulrich Hartmann, dem eine ähnlich «weiche» Kernenergie-Politik wie seinen beiden Vorgängern v. Bennigsen-Foerder und Piltz nachgesagt wird. Er sagt anläßlich der VEBA-Aktionärsversammlung am 27.5.1993 in Düsseldorf: «Zur Kernenergienutzung vertrete ich – in Kontinuität zu Herrn Piltz – die Auffassung, daß ein Ausstieg aus der Kernenergie der falsche Weg ist. … Wofür wir heute eintreten, ist das Offenhalten der Kernenergie als Option …» (Abdruck in: SZ, 30.5.1993)

Ende April äußert sich der RWE-Vorsitzende Gieske zum «Konsensbrief»: Von Anfang an sollte das Ergebnis nicht der Ausstieg aus der Kernenergie sein. Es ging um den wirtschaftlichen Bestandschutz und um den politisch ungestörten Betrieb bis zum Ende ihrer Betriebszeit. «Der Bund ist gefordert, die termingerechte Bereitstellung von Endlagern und die Voraussetzungen für die Rückführung der wiederaufgearbeiteten Brennelemente zu schaffen.» (SZ, 28.4.1993)

Mai 1993:

Mitte Mai drohen die drei Umweltschutzverbände mit dem Ausstieg aus den Gesprächen, da sie nicht als «grünes Feigenblatt für kurzsichtige Politkungeleien» zur Verfügung stehen wollen. (SZ, 14.5.1993)

Die PreussenElektra, Hannover, teilt ebenfalls Mitte Mai mit, daß ein Stromliefervertrag über 25 Jahre mit Norwegen abgeschlossen wurde und der Konzern seinen Anteil am schwedischen Stromerzeuger Sydkraft auf 12 Prozent erhöht hat. (SZ, 19.5.1993)

Kurz vor dem nächsten Konsensgespräch am 27. Mai legt sich die CDU/CSU-Bundestagsfraktion auf die weitere Nutzung der Atomenergie fest. Sie billigt fast einstimmig ein Positionspapier ihrer Unterhändler bei den Energiekonsens-Gesprächen, das die Nutzung der Atomenergie für «unverzichtbar» erklärt. Die Endlagerstätten Gorleben, Morsleben und Konrad müßten «zügig und ohne weitere politische Behinderungen» weitergeführt werden. (SZ, 27.5.1993)

Juni und Juli 1993

SPD und Grüne reagieren auf den CDU-Vorstoß verärgert. Joschka Fischer kommt zu dem Urteil, daß die Atomkonsens-Gespräche tot seien. (SZ, 29.5.1993) Besorgniserregend sei auch die Erpreßbarkeit der SPD durch die Unionsparteien über die künftige Kohlepolitik, speziell im Hinblick auf Nordrhein-Westfalen und das Saarland. (*taz*, 14.6.1993)

Diverse Vorgefechte vor der nächsten Konsensrunde finden statt. Der designierte Vorstandsvorsitzende der Bayernwerk AG, Majewski, warnt vor einem Ausstieg aus der Atomenergie; ein «Sofortausstieg» bis zum Jahre 1999 koste allein seinen Konzern 40 Milliarden DM. «Wir brauchen jetzt eine Verständigung in der Energiepolitik, die ein klares Ja zur Kernenergie beinhaltet und ihr eine Option für die Zukunft sichert.» (SZ, 2.7.1993)

Am 30. Juni 1993 fand das vorerst letzte Konsensgespräch aller Parteien statt. Joschka Fischer und Undine von Blottnitz vom Bündnis 90/Die Grünen erklärten ihren Auszug, da, wie Fischer deutlich machte, die Regierungskoalition nur einen «Konsens über die Beibehaltung der Atomkraftwerke für die nächsten 40 Jahre» erreichen wolle. (*taz,* 2.7.1993) «Fischer kritisierte außerdem, daß die Bundesregierung finanzielle Zusagen für die Kohleländer in Aussicht gestellt habe, falls sich die SPD auf einen Konsens zur Fortführung der Atomenergie zubewege.» – «Der CSU-Bundestagsabgeordnete Kurt Faltlhauser erklärte dagegen, der Auszug der Grünen erleichtere eine Einigung.» (SZ, 2.7.1993)

Wirtschaftsminister Rexrodt erklärt, er wolle auf dem Bau der neuen Reaktorgeneration (von Siemens/Framatome) «in jedem Fall bestehen». Umweltminister Töpfer will die Betriebsdauer der bestehenden Atomkraftwerke auf 40 Jahre festlegen.

Der niedersächsische Ministerpräsident Schröder will während der Sommerferien untersuchen, «ob sich die Standpunkte annähern lassen». (*taz*, 2.7.1993) Auch die Umweltverbände wollen vorerst am Verhandlungstisch bleiben. Sie fordern aber, daß über den Ausstieg aus der Atomenergie und die notwendigen Rahmenbedingungen wenigstens diskutiert werde. (*taz,* 3.7.1993)

Statt eines Nachworts

Christiane Grefe

Die klebrige Spur der Fortschritts-Schnecke

Ohne einen neuen Politikstil muß der Energiekonsens scheitern

«Tot», «festgefahren», «in der Klemme» – so klangen die Schlagzeilen, nachdem letzte Woche ein weiteres All-Parteien-Gespräch über den zukünftigen atompolitischen Kurs gescheitert war. Tiefer denn je hingen die Nasen im «Dissens um den Energiekonsens». Joschka Fischer stand kurz vor dem Ausstieg. Doch daß in den seit ein paar Wochen inszenierten Verhandlungen, so, wie sie geführt werden, eine Annäherung einem Wunder gleichkäme – das hätten alle Beteiligten schon vor langer Zeit nach- respektive vorauslesen können. Es lohnt sich, eine Geschichte noch einmal zu erzählen, die schon vor fast zwei Jahren spielt – die jedoch kaum einer kennt, obwohl sie überaus lehrreich ist, gerade in diesen lähmenden und gelähmten politischen Tagen.

Es war nämlich einmal ein Bundeswirtschaftsminister, dem hätten wir so etwas kaum zugetraut. Doch gerade der umtriebige Jürgen Möllemann hätte während seiner Amtszeit beinahe ein märchenhaft spannendes politisches Zukunftsstück geschrieben, mit dem weitblickenden Titel: «Die Parteien geben freiwillig ein Stück Macht in die Gesellschaft zurück.»

Die Not, die Kreativität gebiert, war seine Ausgangslage: Genau wie alle anderen Politiker stand auch Möllemann im Jahre 1991 ohne Schwert vor dem gordischen Knoten der Energiepolitik. Vor einer Regierungs-Koalition, die die Atomkraft ausbauen wollte – während die SPD ihrer inneren Zerstrittenheit einen nie ernstgenommenen, aber doch radikal klingenden Ausstiegsbeschluß aufgedeckelt hatte. Vor einer starken Anti-Atom- und Umweltbewegung – unversöhnlich im Zwist mit Energieversorgungsunternehmen und Kernkraftbauern, die bei ihren Zukunftsentscheidungen im politischen Patt unter Zeitdruck gerieten. Vor einander widersprechenden Expertenstudien – und vor der völlig ungelösten Entsorgungsfrage. Das alles zusammen ergab, verklebt mit gut gemeinten, bis auf die Ziffer versprochenen, aber konsequenzlosen Bekenntnissen aller Beteiligten zur dringlichen Verringerung des CO_2-Ausstoßes, einen bleiernen Entscheidungsstau – seit fünfzehn Jahren.

Da bat der Minister den Elmshorner Planungsexperten Reinhard Ueberhorst um Inspiration, von dem er ein Zauberwort wußte: «Kooperative Konzeptualisierung komplexer Kontroversen» oder auch, etwas weniger abschreckend, «K4». Möllemann kannte den Berater von dessen Tätigkeit als Vorsitzender der «Enquete-Kommission Zukünftige Kernenergiepolitik» aus dem Jahre 1980. Und Ueberhorsts Methode, auch unter politischen Gegnern alternative Lösungsvorschläge für schwierige Zukunftsfragen gemeinsam zu erarbeiten und in gemeinsam akzeptierte praktische Empfehlungen umzusetzen, schien Möllemann aktueller denn je.

Die Enquete hatte damals vier ganz unterschiedliche «Energie-Pfade» zwischen konsequentem Atomenergieausbau und radikaler Sparstrategie vorgestellt und damit vor allem bewiesen: Es gibt eben nicht nur die aus dem jeweiligen Graben im Kontroversen-Krieg behaupteten technologischen Sachzwänge, sondern Wahlmöglichkeiten. Allerdings bedeutet die Entscheidung für ein bestimmtes Energie-Konzept gleichzeitig auch die für ein politisches, soziales und wirtschaftliches System: Atom- oder Kohle-Großkraftwerke stehen eher für weiteres Energiewachstum und zentrale Strukturen – während Sparen, Kraft-Wärme-Kopplung, Solartechnik und ein höherer Energiepreis weniger Mobilität, die Aufwertung der Region, mehr Bürgerbeteiligung und -verantwortung nach sich ziehen. Es reicht also nicht zu fragen: «Welche Technologie wollen wir?», sondern muß viel komplexer heißen: «Wie wollen wir leben?» Und an diese umfassende Aufgabe inklusive knallharter Interessenkonflikte hat sich seit 1981 niemand herangetraut: Zäher Problemaufschub, zwischen den Zeilen der vergilbten Papiere von damals hindurch zieht sich die klebrige Spur der Fortschritts-Schnecke. Selbst

Manager der Energiewirtschaft haben deshalb erklärt, sie wollten ihre Investitionsentscheidungen in Zukunft nicht mehr nur auf die wackligen Beine einer Regierungsmehrheit, sondern auf die festeren eines «staatstragenden Parteienkonsenses», manche gar auf den noch stabileren Sockel einer «gesellschaftlichen Verständigung» stellen.

Denn eine derart «komplexe Kontroverse» können die Parteipolitiker allein offenbar nicht mehr in Handeln auflösen: Als Wähler-Fänger neigen sie dazu, unbequeme oder angstbesetzte, aber notwendige Veränderungen zu scheuen. Zudem läßt sich die Langfristigkeit von Problemen wie der Energiepolitik nicht zwischen zwei Wahlkämpfe in eine Legislaturperiode klemmen: Was nicht schnell geht, geht meist gar nicht. Vor allem aber ist das Bonner Ritual viel zu sehr darauf angelegt, daß Lobby-Vertreter in Machtkonkurrenz nur taktieren, aneinander hin- und einander schließlich ergebnislos niederreden. Günter Rexrodt und der Sprecher des Bundes für Naturschutz, die im Scheinwerferlicht täglich mehrmals unerschütterliche Positionen verlautbaren müssen, sind beide gleich unfrei, sich kurzfristig anders überzeugen zu lassen.

Es ist wie bei einer Landschulheimwoche mit Vegetariern, Liebhabern gutbürgerlicher Küche, Fast-Food-Fans und Makrobiotikern, die alle an einem Eßtisch sitzen müssen: Sie können, irgendwann unbezahlbar, im totalen Küchen-Chaos alles gleichzeitig kochen. Das Menü täglich wechseln. Schrittweise immer mehr Gemüse verwenden. Nur eines ist sicher: Wenn die Schweinebraten- zusammen mit der Hamburger-Fraktion auf ihre fleischeslustige knappe Mehrheit pocht, dann wird den Gesundheitsfans beständig schlecht sein – mit ebensolcher Laune und Rachegelüsten.

In erster Linie ein Kommunikationsproblem sei, so betont Reinhard Ueberhorst, auch die Handlung-Blockade in der Energiepolitik: Weil jeder stur auf seiner Wahrheit insistiert, kommt keine gemeinsame, schon gar keine neue heraus.

Also muß man andere Verständigungsformen, einen neuen Politikstil finden: Statt Hauen und Stechen die Suche erst einmal danach, welche Fragen die Vertreter kontroverser Interessen gemeinsam stellen wollen und können. Im Augenblick haben ja alle nur Antworten: Die einen die Kernenergie, die anderen deren Abschaffung; die einen die Öffnung des Energiemarktes, die anderen die Aufrechterhaltung ihrer Monopole – und doch tun alle so, als redeten sie über das Gleiche. Gemeinsam die von allen getragene große Linie zu erringen, erfordert kontinuierliche

Arbeit, den Austausch mit Bürgern, Kommunen und Experten – und sehr viel soziale Phantasie. Also eine Art kontrovers angelegten Runden Tisch, ein geduldiges Palaver der höheren, der sokratischen Art: die als Prozeß realistisch auf mehrere Jahre hin angelegte Suche nach dem fünften «K», dem (damals war das noch kein inflationär verwendetes Wort) «Konsens». Ein Prozeß, viel zu auslastend für schnelle Treffen überforderter Spitzen-Funktionäre.

Der Wirtschaftsminister bat also im Dezember 1991 den Planer Ueberhorst, nach dessen «Prinzip produktiver Pluralität» eine Kommission aus unabhängigen Persönlichkeiten vorzuschlagen, die ihre Offenheit für das unbekannte Dritte schon unter Beweis gestellt hatten. Dazu sollte etwa der Mitbegründer des Öko-Instituts, Günther Altner, gehören, aber auch der (mittlerweile verstorbene) VEBA-Vorsitzende Klaus Piltz.

Es muß einen kurzen Augenblick lang ungewöhnlich still gewesen sein in Bonn: Das leise Knistern der Vernunft war zu hören. Denn nicht nur Jürgen Möllemann, sondern das ganze Kabinett und zahlreiche Oppositionsführer stimmten der «Ueberhorst-Kommission» zu. Und das, obwohl die Parteien erst in einem zweiten Schritt in die Konsens-Arbeit einbezogen werden sollten – und obwohl es sich bei dem Projekt um einen durchaus riskanten Aufbruch handelte, mit offenem Ausgang. Die Einladungen zur ersten Sitzung wurden verschickt. Es hätte richtig aufregend werden können.

Doch in diesem Moment begannen die Bonner Zank-Tiraden auch schon wieder ohrenbetäubend zu zirpen. Denn: «Nein», entschied der Haushaltsausschuß mit seiner Regierungsmehrheit, aufs Eis damit – unter anderem, weil der Moderator Ueberhorst Sozialdemokrat und außerdem Atomkraftkritiker sei. Dabei hat der notorische Fachmann mit besten Kontakten zu Gegnern und Betreibern der Kernenergie nicht nur auf diesem Gebiet vielfach bewiesen, daß er, so der umweltengagierte Philosoph Klaus Meyer-Abich, «das seltene Talent hat, Kontroversen quer zu den Fronten zu diskutieren».

In das Vakuum stieß nun Gerhard Schröder: Mit seiner «Energiekonsens»-Initiative wollte er endlich dem SPD-Ausstiegsbeschluß auf die Beine helfen – und gleichzeitig Niedersachsen von Gorleben befreien. Zwar brachte der Vorstoß des Ministerpräsidenten Bewegung in die öffentliche Diskussion: Kongresse tagen, Studien werden erstellt, neue zarte Bande zwischen Umweltbewegung und Gewerkschaft werden geknüpft. Doch wenn man beobachtet, wie die Treffen zwischen Parteien, Industrie, Gewerkschaften und Umweltschützern, wie dieser «Mißbrauch einer sehr wichtigen Idee» (Meyer-Abich) nun abläuft, dann erscheint Ueberhorsts kritische Analyse des destruktiven Positions-Abklatsches wie ein Drehbuch für diese parteiendominierte «Phantom-Oper»:

Jeder hält seine Fahne so hoch er kann: Ja oder nein, als Verlierer möchte keiner herauskommen, und damit verlieren alle. Nach dem ersten Treffen der Parteien mit den gesellschaftlichen Gruppen beklagen Teilnehmer enttäuscht einen «Schlagabtausch in gewohnter Manier», «deklamatorische Darstellungen des eigenen Standpunkts», ein «gegenseitiges Vornölen». Der neue Wirtschaftsminister stellt seine Konsensbereitschaft gleich zu Anfang mit dem Versuch unter Beweis, die Termine vor der Sommerpause möglichst weit auseinanderzulegen. Annäherungen werden von den Regierungsvertretern Rexrodt und Töpfer als Moderatoren schleunigst abgebrochen; jede überraschend versöhnliche Äußerung aus Angst vor Gesichtsverlusten am nächsten Tag schnell dementiert. Beim zweitenmal steht statt Energiesparen einzig die Kohlefinanzierung auf der Tagesordnung. Die CDU veröffentlicht kurz vor der letzten Runde ihr ungebrochenes Bekenntnis zur Atomenergie. Und hinter vorgehaltener Hand prophezeien sogar Beteiligte schon lange das Scheitern des vollkommen unsystematischen Ganzen. Gerhard Schröder hat von Anfang an das Hintertürchen offengehalten, man müsse «die Entscheidung eben, wenn kein Konsens gelingt, an den Wähler zurückgeben».

Worüber aber befindet der? Was bedeutet es etwa über die Angst hinaus konkret, wenn zwei Drittel der Gesellschaft gegen die Atomenergie sind? Welche Risiken, Verzichtsleistungen und praktische Verantwortung sind sie zu akzeptieren bereit? Kann Gerhard Schröder die Haltung zu derart komplexen Sachfragen tatsächlich aus dem Kaffeesatz eines Wahlergebnisses lesen, das den Parteien 1994 wahrscheinlich ohnehin vor allem eines verpassen wird: einen Denkzettel? Und: Welches Wahlergebnis, welche wie auch immer gefärbte Koalition signalisierte dann einen Energie-Konsens?

Nein – der erkämpft sich nicht im üblichen Politik-Power-Play, ohne langfristigen Fahrplan und ohne gemeinsamen Bezugsrahmen. So werden sich, wenn sie nicht vorher platzen, die Verhandlungen bis Ende 1993 hinschleppen, spätestens ab 1994 brodelt der Wahlkampf, dann muß sich eine neue Regierung erst zusammenraufen – und zwei weitere untätige Jahre sind verloren, in einer wichtigen Überlebensfrage.

Für diesen Fall des Scheiterns befürwortet Jürgen Möllemann jetzt als Bundestagsabgeordneter, ebenso wie der umweltpolitische Sprecher der SPD, Michael Müller, jedenfalls nach wie vor die Ueberhorst-Kommission – damit es auch während der Wahlkampfhektik in der Sache weitergehen kann. Auch Joschka Fischer liebäugelt. Selbst wenn also, so melancholisch endet die Geschichte, die Idee schon Bonn-beerdigt ist – vielleicht lebt sie ja dann morgen. Und sei es nur bei denen, die weiterdenken.

(Der Beitrag wurde zuerst veröffentlicht in *Wochenpost*, Nr. 23/93.)

Klima-Bündnis/
Alianza del Clima e.V. (Hg.)

Klima
- lokal
geschützt!

Aktivitäten europäischer Kommunen

Mehr als 350 Städte und Gemeinden aus sechs europäischen Ländern haben sich seit 1990 dem "Klima-Bündnis Europäischer Städte mit den indigenen Völkern der Regenwälder zum Erhalt der Erdatmosphäre" angeschlossen. Die Halbierung der CO_2 Emissionen bis zum Jahre 2010, die Reduzierung treibhausrelevanter Gase und der Verzicht auf Tropenholz sind die formulierten Ziele.

Der vorliegende Band zeigt, inwieweit die Kommunen ihrer Selbstverpflichtung zum Schutz des Weltklimas in den Bereichen Energie, Verkehr und Stadtentwicklung nachgekommen sind. Darüberhinaus werden die Arbeit und die Organisationen der indianischen Bündnis-Partner vorgestellt.

Klima-Bündnis/Alianza del Clima e.V. (Hg.)
KLIMA – LOKAL GESCHÜTZT!
Aktivitäten Europäischer Kommunen

360 Seiten, DM 26.-/S 203.-/SFr 27.30

ISBN 3-922696-38-4

vRAaBEN VERLAG

VERK.-NR.: 15174
VON WITTERN KG
80807 MÜNCHEN

FAX: 089/ 359 66 22
TELEFON: 089/ 359 48 79
FROHSCHAMMERSTR.: 14

Mit dem 1980 erstmals verliehenen Alternativen Nobelpreis sind in den vergangenen Jahren sowohl bekannte Persönlichkeiten als auch bis dahin hierzulande nahezu unbekannte Gruppen, Initiativen und Projekte vor allem aus der "Dritten Welt" ausgezeichnet worden. Gemeinsam ist allen Preisträgern ihr Engagement für Menschenrechte, Umweltschutz, ökologisches Bewußtsein und politische Alternativen (ökologische Umorientierung, Entwicklung von Alternativen zur industriellen Produktionsweise).

Der Band enthält die Reden sowohl der Preisträger als auch der Laudatoren zu den bisherigen Preisverleihungen (in gekürzter Form), die Biographien der Preisträger bzw. eine Darstellung der Entwicklung der ausgezeichneten Projekte bis zum heutigen Zeitpunkt.

Jakob von Uexküll / Bernd Dost (Hg.)

PROJEKTE DER HOFFNUNG

Der Alternative Nobelpreis

400 Seiten, DM 34.-/ÖS 265.-/ Sfr 35.20

ISBN 3-922696-58-9

VERK.-NR.: 15174
VON WITTERN KG
80807 MÜNCHEN

FAX: 089/ 359 66 22
TELEFON: 089/ 359 48 79
FROHSCHAMMERSTR.: 14

vRеAгBlEаNg